U0803359

中大哲学文库

近代日本哲学中的田边元哲学：比较哲学与跨文化哲学的视点

廖钦彬　著

商務印書館
创于1897 The Commercial Press

2019年·北京

图书在版编目（CIP）数据

近代日本哲学中的田边元哲学：比较哲学与跨文化哲学的视点 / 廖钦彬著. —北京：商务印书馆，2019
（中大哲学文库）
ISBN 978-7-100-17463-3

Ⅰ. ①近… Ⅱ. ①廖… Ⅲ. ①田边元（1885—1962）—哲学思想—研究 Ⅳ. ①B313.4

中国版本图书馆CIP数据核字（2019）第085372号

权利保留，侵权必究。

中大哲学文库
近代日本哲学中的田边元哲学：
比较哲学与跨文化哲学的视点
廖钦彬 著

商 务 印 书 馆 出 版
（北京王府井大街36号 邮政编码 100710）
商 务 印 书 馆 发 行
三河市尚艺印装有限公司印刷
ISBN 978-7-100-17463-3

2019年6月第1版 开本 680×960 1/16
2019年6月第1次印刷 印张 18

定价：68.00元

中大哲学文库编委会

主　编 张　伟

编　委（按姓氏笔画排序）

马天俊　方向红　冯达文　朱　刚　陈少明

陈立胜　吴重庆　赵希顺　徐长福　倪梁康

龚　隽　鞠实儿

总　序

中山大学哲学系创办于1924年，是中山大学创建之初最早培植的学系之一。1952年全国高校院系调整撤销建制，1960年复系，办学至今。先后由黄希声、冯友兰、杨荣国、刘嵘、李锦全、胡景钊、林铭钧、章海山、黎红雷、鞠实儿、张伟教授等担任系主任。

早期的中山大学哲学系名家云集，奠立了极为深厚的学术根基。其中，冯友兰先生的中国哲学研究、吴康先生的西方哲学研究、朱谦之先生的比较哲学研究、李达与何思敬先生的马克思主义哲学研究、陈荣捷先生的朱子学研究、马采先生的美学研究等，均在学界产生了重要影响，也奠定了中大哲学系在全国的领先地位。

复系五十多年来，中大哲学系同仁勠力同心，继往开来，各项事业蓬勃发展，取得了长足的进步。目前，我系是教育部确定的全国哲学研究与人才培养基地之一，具有一级学科博士学位授予权，拥有"国家重点学科"2个、"全国高校人文社会科学重点研究基地"2个。2002年教育部实行学科评估以来，我系稳居全国高校前列。2017年9月，中大哲学学科成功入选国家"双一流"建设名单，我系迎来了难得的发展良机。

近几年来，在中山大学努力建设世界一流大学的号召和指引下，中大哲学学科的人才队伍也不断壮大，而且越来越呈现出年轻化、国际化的特色。哲学系各位同仁研精覃思，深造自得，在各自的研究领域均取得了丰硕的成果，不少著述还产生了国际性的影响，中大哲学系已逐渐发展成为哲学研究的重镇。

“旧学商量加邃密，新知涵养转深沉。”为了向学界集中展示中大哲学学科的学术成果，我们正式推出这套中大哲学文库。中大哲学文库主要收录哲学系现任教师的代表性学术著作，亦适量收录本系退休前辈的学术论著，目的是为了更好地向学界请益，共同推进哲学研究走向深入。

承蒙百年名社商务印书馆的大力支持，中大哲学文库即将由商务印书馆陆续推出。“一元乍转，万汇初新”，我们愿秉承中山先生手订“博学、审问、慎思、明辨、笃行”的校训和哲学系“尊德问学”的系风，与商务印书馆联手打造一批学术精品，展现“中大气象”，并谨以此向2020年中大哲学系复办60周年献礼，向2024年中山大学百年校庆献礼！

中山大学哲学系

2018年1月6日

目　录

第二部分 历史哲学

第三部分 存在论与现象学

导　论

笔者的著作《宗教哲学的救济论：后期田边哲学的研究》（台湾大学出版中心 2018 年版），探讨了从中期田边哲学“种的逻辑”到后期田边哲学，即忏悔道哲学、基督教哲学、死的哲学中“救济”的哲学意涵及其局限性。本书虽是其后续，但研究的出发点不同，并非纯粹的田边哲学研究，而是透过思想史、哲学史、比较哲学、跨文化哲学等视野，来开启田边哲学所潜藏的哲学对话之可能性及其当代性意义[①]。为了便于读者阅读此书，以下先简介田边元的生平、重要著作、哲学发展的区分及本书内容的概要。

一、田边元的生平[②]

田边元，1885 年生于东京，1904 年毕业于第一高等学校理科。

---

① 日本当代著名西田几多郎哲学的研究者小坂国继出版过一本题为《近代日本哲学中的西田哲学：比较思想的考察》（京都密涅瓦书房 2016 年版）的专著。该书将研究内容分成三个部分：一、纯粹的西田哲学研究。二、在近代日本哲学中西田哲学所占的位置。三、西田哲学与西方传统哲学（柏拉图哲学）之比较。本书在形式上和该书相同，亦采用思想史、哲学史、比较哲学、跨文化哲学等视野来探讨田边元的哲学。

② 田边元的生平及其著作一览，皆依据《田边元全集》第 15 卷的“年谱”（东京筑摩书房 1973 年第 2 版［1964 年初版］，第 477—490 页）。本书有关《田边元全集》（第 2 版）的引用，一律采用夹注方式，并用“T 卷号 · 页号”标示。

1908年于东京帝国大学文科部哲学科毕业后，进入该校研究所，从学于井上哲次郎（1856—1944）、柯贝尔（Raphael von Koeber，1848—1923）等人。1913年任职于东北帝国大学理学部，讲授科学概论与德语等，其间主要的研究焦点在自然科学。1916年因安倍能成夫妇的媒妁之言，与千代结婚。1919年应西田几多郎（1875—1945）之邀，任职于京都帝国大学文学部，与西田几多郎逐渐形成“京都学派”[①]。

1922—1924年，田边以文部省在外研究员身份赴德，跟随胡塞尔（Edmund Gustav Albrecht Husserl，1859—1938）学习现象学，后转向青年海德格尔（Martin Heidegger，1889—1976），回国随即讲授“现象学的发展”。1924—1934年致力于研究现象学与德国观念论（康德、费希特、谢林、黑格尔），此间开始关注马克思主义。1934—1937年建构自身的哲学体系“种的逻辑”[②]，并将关心点转到实存哲学、神学及历史哲学。1942—1945年，因战争停止一切文笔活动。

1945年退休隐居于群马县北轻井泽，开始建构自身独特的宗教哲学（忏悔道哲学、基督教哲学、死的哲学），并以此为基础开展政治哲学、艺术哲学、历史哲学、数学、物理学等领域的研究。1951年获得日本文化勋章，同年妻子千代辞世。1957年获得弗莱堡大学名誉博士

---

① 此学派名称由来并非西田几多郎和田边元自称，而是来自该学派左翼哲学家户坂润（1900—1945）从外部对西田与田边等人的观念论之批判，参见《京都学派的哲学》（1932，收于《户坂润全集》第3卷，东京劲草书房1966年版）。竹田笃司的《物语“京都学派”》（东京中央公论社2001年版）一书以该学派哲学家的书信往来等资料及个人的想象力编织了一部京都学派的故事，虽不能称得上研究专书，却能为不知京都学派的读者勾勒该学派的轮廓。藤田正胜的《何谓京都学派：从近年的研究谈起》（《日本思想史学》第41号，2009年）则整理了京都学派这一称谓的历史脉络以及京都学派研究史的脉络。藤田所谓京都学派是以西田与田边为首所发展出来的学派，其范围广泛，包含其周边哲学家、弟子、再传弟子及受其影响的当代日本哲学研究家。

② 形成“种的逻辑”的一系列论文有《社会存在的逻辑：试论哲学的社会学》（1934—1935）、《种的逻辑与世界图式》（1935）、《存在论的第三阶段》（1935）、《逻辑的社会存在论结构》（1936）、《回应对“种的逻辑”的批评》（1937）、《阐明种的逻辑的意思》（1937）。收录于《田边元全集》第6卷。“种的逻辑”早在《社会存在的逻辑》中已具有完整的体系。参见伊藤益：《爱与死的哲学：田边元》，东京北树出版2006年版，第27页。

称号（推荐人：海德格尔、芬克）。1961年脑软化症并发入院，1962年辞世。

二、重要著作

《最近的自然科学》（最近の自然科学，1915）

《科学概论》（科学概論，1918）

《康德的目的论》（カントの目的論，1924）

《现象学的新转向》（現象学に於ける新しき転向，1924，论文）

《现象学的发展》（現象学の発展，1924—1925，未出版）

《认识论与现象学》（認識論と現象学，1925，论文）

《数理哲学研究》（数理哲学研究，1925）

《关于儒教的存在论》（儒教的存在論に就いて，1928，论文）

《求教西田先生》（西田先生の教を仰ぐ，1930，论文）

《综合与超越》（綜合と超越，1931，论文）

《人学的立场》（人間学の立場，1931，论文）

《黑格尔哲学与辩证法》（ヘーゲル哲学と弁証法，1932）

《从图式“时间”到图式“世界”》（図式「時間」から図式「世界」へ，1932，论文）

《哲学通论》（哲学通論，1933）

《宗教与文化的关系：来自巴特与布鲁内尔的论争》（宗教と文化の関係一バルトとブルンナーの論争に因みて，1934，论文）

“种的逻辑”（系列论文，1934—1937）：

《社会存在的逻辑：试论哲学的社会学》（社会存在の論理一哲学的社会学試論，1934—1935，论文）

《种的逻辑与世界图式》（種の論理と世界図式，1935，论文）

《存在论的第三阶段》(存在論の第三段階，1935，论文)

《逻辑的社会存在论结构》(論理の社会存在論的構造，1936，论文)

《回应对“种的逻辑”的批评》(「種の論理」に対する批評に答ふ，1937，论文)

《阐明种的逻辑的意思》(種の論理の意味を明にす，1937，论文)

《哲学与科学之间》(哲学と科学との間，1937)

《实存哲学的极限》(実存哲学の限界，1938，论文)

《正法眼藏的哲学私观》(正法眼蔵の哲学私観，1939)

《国家存在的逻辑》(国家的存在の論理，1939，论文)

《历史的现实》(歴史的現実，1940)

《永远、历史、行为》(永遠、歴史、行為，1940，论文)

《国家的道义性》(国家の道義性，1941，论文)

《思想报国之道》(思想報国の道，1941，论文)

《实存概念的发展》(実存概念の発展，1941，论文)

《忏悔道：Metanoetik》(懺悔道—Metanoetik—，1944，演讲)

《私观教行信证的哲学》(私観教行信証の哲学，1944，讲义)

《作为忏悔道的哲学》(懺悔道としての哲学，1946)

《政治哲学的急务》(政治哲学の急務，1946)

《种的逻辑的辩证法》(種の論理の弁証法，1947)

《实存、爱、实践》(実存と愛と実践，1947)

《基督教的辩证》(キリスト教の弁証，1948)

《哲学入门——哲学的根本问题》(哲学入門—哲学の根本問題，1949)

《哲学入门——补说第一、历史哲学・政治哲学》(哲学入門—補説第一、歴史哲学・政治哲学，1949)

《哲学入门——补说第二、科学哲学・认识论》(哲学入門—補説

第二、科学哲学・認識論，1950）

《瓦勒里的艺术哲学》(ヴァレリイの芸術哲学，1951）

《哲学入门 —— 补说第三、宗教哲学・伦理学》(哲学入門一補説第三、宗教哲学・倫理学，1952）

《哲学、诗、宗教：海德格尔、里尔克、贺尔德林》(哲学と詩と宗教一ハイデッガー・リルケ・ヘルダーリン，1953，未完成的遗稿）

《数理的历史主义展开》(数理の歴史主義展開，1954）

《理论物理学新方法论提说》(理論物理学新方法論提説，1955）

《相对性理论的辩证法》(相対性理論の弁証法，1955）

《死的哲学》(死の哲学，1957—1959，构思笔记）

《不要忘记死》(メメント　モリ，1958，论文）

《禅源私解》(禅源私解，1960，论文）

《马拉美笔记》(マラルメ覚書，1961）

《是生的存在论还是死的辩证法？》(生の存在学か死の弁証法か，1962，论文）

译作：

庞加莱：《科学的价值》(ポアンカレ：科学の価値，1916）

普朗克：《物理学式世界图像的统一》(プランク：物理学的世界像の統一，1928）

三、田边哲学的区分

田边哲学有几种区分方式。比如京都学派第二代弟子高坂正显（1900—1969）将田边哲学分成四个时期：《科学概论》(1915）与《康德的目的论》(1924）的时期、与黑格尔辩证法对立及吸纳的时期、

“种的逻辑”的时期、忏悔道哲学以后的时期。[①] 田边晚年弟子武内义范（1913—2002）将田边哲学分成四个时期，以《康德的目的论》、《黑格尔哲学与辩证法》（1932）、《哲学通论》（1933）的时期为第二期，将在那之前的诸论著视为第一期，把“种的逻辑”的论文集（收于《田边元全集》第6、7卷）时期视为第三期，忏悔道哲学以后则视为第四期。（参见T9・500）该学派的战后哲学家辻村公一（1922—2010）依据田边晚年讲座《哲学入门》的顺序，将田边哲学分为三个时期：“科学哲学、认识论”为第一期，“历史哲学、政治哲学”为第二期，“宗教哲学、伦理学”为第三期。（参见T11・639）首本田边哲学研究专著的作者冰见洁将田边哲学分为四个时期：第一期认识批判的时期（1910—1922），第二期接受辩证法的时期（1922—1934），第三期“种的逻辑”的时期（1934—1943），第四期随顺他力的宗教哲学的时期（1944—1962）。[②] 近年还有佐野之人的“科学哲学—哲学—宗教哲学”的三阶段之区分。佐野根据田边自身的宗教回心体验之有无，大致将田边哲学分为忏悔道哲学（1944）以前及以后两个阶段。[③]

笔者的区分和上述各种区分方式不同，主要是以忏悔道哲学中的“三愿转入”[④] 论为基础，将田边哲学区分成三个时期：初期的“科学哲学、数理哲学”，中期的“批判哲学、实存哲学、辩证法”，后期的“宗教哲学”。代表初期田边哲学特色的是《最近的自然科学》、《科学概论》、《数理哲学研究》（1925）等。中期田边哲学范围较广，指的

---

① 参见《高坂正显著作集》第8卷，东京理想社1965年版，第308页。

② 参见冰见洁：《田边哲学研究：从宗教哲学的观点》，东京北树出版1990年版，第14—20页。

③ 参见佐野之人：《何谓忏悔：田边哲学的根本问题》，《东亚大学纪要》第6号，2006年。

④ 在《大无量寿经》里，三愿原指阿弥陀佛四十八愿中救济十方众生的三个愿，即第十八、十九、二十愿。然而相对于第十九、二十愿的抽象阶段，第十八愿可说是最具体的阶段。而十九→二十→十八的救济过程，即从自力圣道门到他力念佛门的过程（参见T9・190—192），则成为田边区分自己战前与战后哲学面貌的分水岭。笔者是在此基础上，使用“三愿转入”论来区分田边哲学的发展时期的。关于详细论述，请参见本书第一部分和第二部分的相关探讨。

是田边经两年留德后，逐渐将关注重心从科学哲学与数理哲学转向德国观念论、现象学、马克思主义、实存哲学、神学、历史哲学等领域，他在此时期构思并撰写了《现象学的发展》(1924—1925)、《康德的目的论》、《黑格尔哲学与辩证法》、《哲学通论》与一系列的“种的逻辑”论文(1934—1937)，直到昭和十六年(1941)秋天停止撰写哲学论文与著作。后期田边哲学则以田边在京都哲学会公开演讲“忏悔道”(1944)为开端，包含战后出版的《作为忏悔道的哲学》(1946)、《基督教的辩证》(1948)，晚年的“死的哲学”(1953—1958)，以及到田边逝世为止的著作和论文。

四、各章的研究概述

本书第一章概略式地整理出从“种的逻辑”到忏悔道哲学、基督教哲学，亦即从自力哲学到他力哲学的开展过程，以便读者掌握中、后期田边哲学的面貌。第二章试图透过探讨、比较净土真宗哲学家清泽满之(1863—1903)以及西田几多郎与田边元对净土真宗思想的哲学诠释，勾勒一条近代日本宗教哲学史的脉络。第三章则以《大乘起信论》这部经典为背景，透过研究西田几多郎与久松真一(1889—1980)师徒以及田边元的绝对无哲学，来回应当代“批判佛教”① 对京都学派的实体论立场之批判。在此过程中总结出田边的宗教哲学因标榜彻底媒介(缘起)的原因，与西田、久松的宗教哲学之实体论倾向有一线之隔。笔者将此三章划分在第一部分“宗教哲学”，目的在于为读者介绍田边宗教哲学的独特性和其所带出的近代日本宗教哲学史的发展脉络及思想史意义。

---

① “批判佛教”是由驹泽大学的袴谷宪昭(1943—)与松本史朗(1950—)所提出的当代理性佛教之哲学口号。关于批判佛教，张文良《“批判佛教”的批判》(人民出版社 2013 年版)一书有详尽的介绍与探讨。

第二部分“历史哲学”涵盖的时期从战前、战后到田边的晚年。第四章主要阐明田边在战时的历史观或世界史言论异于当时的“近代超克”论坛[①]之主张，和其自身主张的忏悔以及他力宗教哲学的萌芽有密不可分的关系。第五章一方面梳理田边战前与战后的历史哲学图像，另一方面研究其晚年弟子大岛康正（1917—1989）的《时代区分的成立根据》（1949），借以阐明田边与大岛师徒共同建构的宗教实存式之历史哲学。此外，本章试图描画出田边、大岛及京都学派末学伊藤益所共同构成的历史哲学脉络。第六章则借由探讨日本首位维特根斯坦专家、分析哲学家大森庄藏（1921—1997）的时间论，来思考田边战后展开的历史哲学中“个人、共同体、世界”（个别、特殊、普遍）的时间观之关联。两者的时间论因各自的分析哲学与辩证法立场有别而产生不同的面貌，继而显示出其当代性意义，提供吾人思考历史与时间的哲学资源。

第三部分“存在论与现象学”的探讨，主要围绕“无教会”[②]基督徒南原繁（1889—1972）和瑞士神学家卡尔·巴特（Karl Barth，1886—1968）的神学思想对田边战前与战后的“种的逻辑”的变迁带来何种影响，以及在田边哲学的形成、转变过程中海德格尔哲学如何成为其养分。第七章主要是透过介绍南原繁对田边元的“种的逻辑”之批判，来突显出作为绝对媒介辩证法的“种的逻辑”掉入理论矛盾的历史轨迹。从对南原繁神学思想的研究中，不仅可以鲜明地指出田边国家哲学的问题，更能看出其对战后被修正过后的“种的逻辑”之影响。第八章借由分析田边对卡尔·巴特的辩证法神学（dialektische

---

① 关于“近代超克”的两个重要论坛，有中央公论社主办的“世界史的立场与日本”（1941年11月）及《文学界》主办的“近代的超克”（1942年7月）。出席这两场论坛的是以西谷启治（1900—1990）等人为首的京都学派第二代弟子，西田几多郎与田边元并未出席。

② “无教会”理念由日本明治时期基督教思想家内村鉴三（1861—1930）提出，他反对基督教的教会制度、组织等，认为教会无须受到任何形式的拘束，并主张回归路德的宗教改革精神，抑或回归原始教会的福音信仰。

Theologie）之批判与继承，来思考战后“种的逻辑”的转向及其问题点。与南原繁的哲学位置（与日本主义、天皇中心主义对立）类似，卡尔·巴特的政治神学和纳粹政权的对立对战前“种的逻辑”的形成极具参考价值，其教义学（如圣徒相通［communio sanctorum］）更是对田边的基督教哲学有很大的启发。第九章为东西哲学的比较研究，试图为当代的现象学研究者提供不同的研究视角。此章首先阐述现象学与京都学派相遇的历史脉络，并针对西田几多郎到田边元的宗教哲学转变以及从胡塞尔到海德格尔的现象学转向这两个轴心进行分别探讨，最后总结出田边哲学与海德格尔哲学的分歧以及海德格尔对田边哲学的影响。

第四部分“比较哲学与跨文化哲学研究”为跨文化哲学视域下的研究成果。第十章探讨了田边元唯一一篇有关中国哲学（特别是宋学、阳明学）的文章《关于儒教的存在论》（1928）与阳明学者高濑武次郎（1869—1950）的《易学讲话》（1926）。此章试图阐明“种的逻辑”与儒教道德之存在论的关系，并揭示田边对《易经》的太极和阴阳这两组概念之探究，及其《易经》存在论如何影响初期“种的逻辑”的建构。第十一章以实存哲学（existential philosophy）在东亚的发展脉络为研究背景，首先探讨实存（Existenz，今译存在、生存）概念在当代日本的发展，并追溯与阐明此概念经田边元的介绍与再诠释后，所呈现出的宗教实存概念之过程。第十二章探讨田边的海德格尔批判与“种的逻辑”的形成之间的关联以及后者的时间结构，接着阐明田边对道元禅的现代诠释，并在探讨道元禅与田边哲学之间的继承与发展关系后，以时间性存在这一视域比较田边、道元及海德格尔三者的哲学差异。

以上是为方便读者大略掌握本书的内容所撰写的要旨。每部分主题及每篇文章之间，虽有连贯，但也可当成独立的部分和文章来阅读。本书的每一章因田边哲学的特征之缘故，大多无法和“种的逻辑”脱离关系，在表述上虽有重叠之处，但顾虑到阅读的节奏与关联性，因此不得不这么做。本书的目的不仅止于近代日本哲学的研究，还希望透过各种不同的研究视角、方法与主题，唤起对哲学有兴趣的人或哲学研究者的关注与对话。本书的研究内容若能有任何回响或贡献，全都是拜读者所赐。

[第一部分]

宗教哲学

第一章　田边元的宗教哲学：从忏悔道哲学到基督教的辩证

一、前言

日本偷袭珍珠港对美宣战后，田边元因自身哲学“种的逻辑”之发展的挫败，被迫处于哲学思考停顿的困境。在战争接近尾声之际，田边受净土他力门的感召，最终于 1944 年秋天公开演讲《忏悔道：Metanoetik》[①]。田边自此将自身的哲学推展至宗教哲学的领域，并称之为他力哲学。

本章目的在于，借由检证田边宗教哲学的形成与发展过程，即其忏悔道哲学到《基督教的辩证》（1948）的开展过程，来阐明田边宗教哲学的实存式实践，进而试图探讨吾人在研究哲学或宗教时应具何种实践态度。

以下首先简述“种的逻辑”的结构及其挫败的缘由。其次，究明透过绝对他力的感召，继自力哲学“种的逻辑”死而复活的他力哲学，

① 此演讲稿现为日本群马大学田边文库所藏。笔录者为田边的弟子上田泰治（1918—1992）。此手稿原先由笔者从田边文库中发掘出来，并将其收录在《求真》（第 15 号，2008 年），后被收录于藤田正胜编的《作为忏悔道的哲学》（载《田边哲学选集Ⅱ》，东京岩波书店 2010 年版）。关于日本战败前后的忏悔道哲学的面貌之探究，参见拙论《〈作为忏悔道的哲学〉：关于战败前后的忏悔与三愿转入》，《哲学·思想论丛》第 24 号，2006 年，第 51—65 页。

即忏悔道哲学的基础结构，也就是阐明忏悔道哲学的理论与田边的宗教体验过程。以此为基础，进而突显忏悔道哲学中宗教与哲学之间的张力关系，并说明此时田边透过对日本佛教（即净土真宗与禅宗）的解构所形成的宗教哲学面貌[①]。接着，分析田边以上述的宗教哲学立场，来辩证基督教历史发展的宗教实存式实践，换言之，即分析在面临基督教信仰发展中出现的“究竟是耶稣还是保罗？”此二择一的难题时，田边所做的“回归耶稣”此一宗教实存的抉择。由此说明此时田边解构基督教发展所形成的宗教哲学的面貌。最后，通过以上的论证，本章试图探讨后期田边哲学提供吾人思考何谓宗教哲学的当代性意义。

二、“种的逻辑”及其挫败

（一）“种的逻辑”

田边于《关于儒教的存在论》（1928）一文中，将西方哲学思想的根基，即希腊哲学与基督教的存在论，分别定义为艺术的存在论及宗教的存在论，并判定作为中国思想根底的儒家存在论为道德的存在论（参见T4・289—301）。六年后，田边发表论文《社会存在的逻辑》（1934—1935），在此提出他独特的社会存在论[②]。此可说是田边哲学显著于世的一大契机。其背后潜藏着对黑格尔、西田几多郎、海德格尔

① 林镇国指出西田几多郎早年习禅，晚年则接近华严与净土。相对于西谷启治安顿于禅，田边元则归向净土。（参见林镇国：《空性与现代性》，台湾立绪文化事业有限公司1999年版，第47页）无论何种区分方式，都证明了净土真宗与禅宗在京都学派的宗教哲学建构上占有很重要的地位。

② 田边的“种的逻辑”之形成过程及背景极为复杂。笔者曾在《田边元的“种的逻辑”及其挫折》（《求真》第15号，2008年，第57—72页）中探讨田边批判滕尼斯（Ferdinand Tönnies，1855—1936）谈“共同社会”到“利益社会”的问题点及柏格森（Henri-Louis Bergson，1859—1941）在《道德与宗教的两个来源》（1932）中提出的“封闭社会”与“开放社会”之问题点。本章论及“种的逻辑”的结构及其挫败，目的在于说明田边哲学的转向，厘清自力哲学与他力哲学之不同处，阐明何谓绝对媒介（绝对批判）的辩证法。关于“种的逻辑”与西方人类学、社会学、宗教学之间的关联，请见本书第七章。

等人的哲学批评，在此因焦点不同不进行展开。

田边以批判的方式回应当时民族主义、国家主义、个人主义等风潮，借用生物的分类“类、种、个”，将人的存在规定为社会存在，即其所谓“种的存在”，并称以其为内容的哲学为“种的逻辑”。[①] 他指出，种并非界于个与类此两端之间的中间存在，种不会是“没有相对性内容的中间存在”（T6・59），种必须在个与类之间带有积极作用的媒介力，并主张以此为内容的理论并非一般的解释性或诠释性理论，非得是推论式的理论不可，因此“种的逻辑”不能脱离推论时所依据的媒介性。“种的逻辑”在上述定义下，成为绝对媒介的理论。关于绝对媒介，田边说明如下：

> 绝对媒介是指在建立一方的同时，必以另一方为媒介。然而，此与彼毕竟是相互否定，因此绝对媒介意味着无论任何肯定，都不能在没有否定媒介的情况下来进行。所谓否定即肯定，肯定必定是以否定为媒介的肯定。此可说是绝对媒介的要求。因此绝对媒介排拒所有的直接形态。虽说是绝对，若没有以否定绝对的相对为媒介，绝对毕竟无法直接成立。在此种作为绝对媒介的逻辑里，媒介者——种必须容许否定。（T6・59）

然而，一般分析逻辑中所说的种，并没有“种的逻辑”中所说的绝对媒介性。原因在于，分析逻辑的种因处于个与类的“中间者之形式，所以只能履行观念上的媒介任务”（T6・59—60）。也就是说，分析逻辑的种“只不过是拥有一个完全没有自身固有内容的相对中间者

---

① 在此要澄清的是，“种的逻辑”并非是为日本帝国服务的哲学体系，相反地，它是牵制、批判包含日本帝国在内的所有殖民主义国家之哲学体系。笔者在此试图忠实阐释该哲学的形成过程及其挫败的经过。理由是该哲学虽标榜批判现实国家的自同性，最终却缺乏真正的历史现实性与道德性。

的形式而已”（T6・60）。须注意的是，田边将存在的理论称为“种的逻辑”，并不全然是对外主张的日本存在论。田边尝试以哲学的方式来建构人类存在与行为的动机，可说是来自其自身的哲学使命。

如上所述，相对于类与个，拥有自立性的种，因自身绝对媒介性的缘故，为了维持自身存在，并无法直接进行自我肯定。种作为类与个的媒介者，必会借由自我否定来进行自我肯定。“种的逻辑”在这层意义上，只能透过不断地自我否定即肯定来维持自身逻辑的自立性。田边借此将存在的逻辑规定为“种的逻辑”，并强调其自我否定即肯定的转换所带来的自我维持与存续。“种的逻辑”可说是田边为了存续（或肯定）哲学而形成的绝对媒介或绝对否定的逻辑。而将“种的逻辑”建构成绝对媒介的逻辑，显然是田边让哲学用哲学的方式存续，即田边从相对的立场让哲学死而复活的哲学使命。

由此可知，田边的哲学使命在于让哲学死而复活。换言之，维持“种的逻辑”中所提的类、种、个（人类国家、种的共同体、个人）三者的绝对媒介关系，可说是田边当时的最大课题。针对类、种、个三者之间否定媒介关系，田边如此说明道：

> 个预测种，将种的生命视为其根源，一方面以种的直接限定为其母体，另一方面却又对立于自身的直接母体且为出生根源的种，将后者的限定剥夺占为己有，并篡夺自身的根源，企图排他性地从根源分立出来。在这种反叛分立的自由中所谓个体存在的非合理性才能得以成立。个必定是位于种里的个，并没有脱离种的单一个体。而类的绝对统一以这种个体的自由为否定契机，以其为媒介，将种的原始统一扬弃到绝对媒介的形态里，借此作为绝对否定的绝对媒介而显现……因此类的逻辑必定会成为种的逻辑与个的逻辑的综合。而在无任何媒介的情况下来思维类的统一，可说是类的种化。此即为逻辑的否定。（T6・70—71）

个虽以种为根源，却带有与种对立并篡夺它的特性。个与种，依上述论述有明显的区分，种通过在未消灭带有反叛性质的个的情况，以此为否定媒介，进而转换到类的阶段。此处的种与类，又因个的否定媒介而产生本质上的区分。类可以说是种与个的对立统一形态。田边透过揭示类、种、个三者的绝对否定媒介关系，来建构"种的逻辑"。

然而，在此若直接将上述"种的逻辑"固定化，田边主张的逻辑的绝对媒介性便会消失殆尽。田边为防止此一"种的逻辑"陷入自我矛盾的情况，为了维持类、种、个三者否定媒介的动态关系，主张相对的种与个即使转换到作为绝对否定形态的类，也不应该局限于类的境地。接着，借由区分相对的种、个与绝对的类，来维持类、种、个三者否定媒介的动态关系，并使作为绝对媒介的逻辑（"种的逻辑"）得以成立。①

田边为使"种的逻辑"透过死与复活的转换而存续下去，不仅主张逻辑本身的绝对媒介性，亦论及他力宗教的他力救济。也就是说，"种的逻辑"不单只是从哲学的立场，亦是从宗教的立场所建构而成的哲学。据此可知，田边是从相对的哲学立场来探究绝对的宗教立场。此看法，可从以下内容得到佐证：

> 类是种与个的救济者。为类所回向，种作为种，个作为个，两者变成类所持有的统一与分立方向的两项契机之代表。由于反

---

① 关于此处，可参考以下引文："类以种为基体，却透过个的反省来将其否定解体，而与此同时，个亦不得不被否定，在其内失去自我。类可说是空的统一。如此一来，个的分立对立则被扬弃，有限性的自觉反而以转换至类的扬弃为媒介，在一切众生皆为罪人的情况下，进入彼此相互哀怜的慈悲之绝对摄取。在此种绝对媒介中，作为借由死而复活的个人菩萨所建造出来的国家，再次将民族的种于否定之中给予肯定，在此若把将其统治转换到自由的协同视为国家基本功能的话，那么国家正是类的实现，即其具体化表现。若将人类视为个所敞开的社会的话，那么有资格成为人类成员的个人所形成的国家，可说是作为类的存在的人类国家。然而，只要民族还存在的话，人类是不可能存在的。人类国家亦然，并无法如同民族国家直接存在一样存在于世。人类可以说是绝对否定之形态。"（T6・131—132）

> 抗此种应带有代表类的意义之种，个的我性，可以说是同时反抗了类。换言之，个可以说是反对了自身的否定性普遍之本质，因此被称为恶。在这一层意义上，恶可以说是逻辑性的矛盾。然而，类作为绝对否定之形态，亦非得将此恶作为恶，扬弃于自身当中不可。如此一来，个的我性，因而被摄取至类的救济，个却因此不得不被消解自身的我性。恶人成佛的绝对他力信仰，可以说是消解了对于否定我性束手无策的自力，并与之一同将我性的否定作为媒介。福音教导人们“不要审判”，告诫人们“爱你们的敌人”，这些都是因为以赦免个人背叛篡夺的爱为绝对性的原理。而且作为绝对的类之结构，不仅赦免个的背叛亦扬弃了恶的原理。此种类的结构需要个所对立的种的媒介，若屏除此媒介的话，类的绝对普遍性就无法做解释了。（T6・141）

田边在此强调逻辑的绝对媒介性以及如净土真宗与基督教等他力宗教之他力救济，借此促使“种的逻辑”进行死与复活的转换运动。田边既站在哲学立场，又援用宗教资源，使“种的逻辑”进行自我否定即肯定的转换。

（二）“种的逻辑”的挫败

上述“种的逻辑”在逻辑上看似没有矛盾。但随时局（如日本侵华战争）的变化，他在《国家存在的逻辑》（1939）中，开始脱离绝对媒介的逻辑框架。简言之，类、种、个三者的绝对否定媒介的动态关系，呈现出停滞不前的固定状态。田边在此文中，将民族国家绝对化[①]的同时，把在其中生存的个人自由意志完全抹除。此时的种与个，并

---

① 此时田边认为国家是存在的原型，它拥有绝对的相对，也就是无的有化之存在性，并视国家是神下降到相对界所应现的存在。国家在此为人世间的神，也就是绝对的应现存在。

没有在不灭对方的前提下，进行相互否定媒介的作用。种与个的关系密不可分，形成一体。在种个一如的关系里，显然无法看到类的救济，亦即绝对宗教的慈悲救济。关于上述种与个的关系，可从以下的文本中窥知：

> 就个人立场来看，为了他人而牺牲自我，甚至为了国家而奉献自己，这些都是被周遭所赞赏的善行。自我否定，反而是对人类的一种贡献。因为其本质是彻底否定媒介的。然而，国家在其种的基体契机里，因为直接是个人的生命根源，所以始终带有维持伸张自身势力的对他肯定面。这是因为其存在即价值的缘故，所以国家与个人不同，根本无法自己否定自身存在来实现其价值。个人的自我否定，反而是为了母体，也就是种的基体的永续存在，透过这种对国家的奉仕，可以贡献人类的文化。不过一个国家为了另一个国家牺牲自我、否定自身存在，同时意味着，以其为母体的个人的基体丧失，因此这可以说是直接或间接地自己杜绝对人类做贡献的路。这里有着个人和国家在存在意义上的根本之不同，以及异于个人私斗的国家战争能被肯定的理由。（T7・90—91）

此处说明自国不能为了他国而牺牲自我，作为绝对的相对（类的种），无法对自己进行自我否定。若依照“种的逻辑”来看的话，现实世界的民族国家原本为相对的存在，即使与其他民族国家对立，在不消灭对方及其国民的前提下，理应与之（他国）一同透过自我否定即肯定的转换，进而朝向人类国家（理想国家）发展，且不滞留在类的境地。与此同时，在每个民族国家中生存的个人以类为否定媒介，也理应与其母体（国家）对立，不为其母体所吞噬。然而，田边在此却表明现已成为人类国家的民族国家（类的种），无法再进行自我否定即肯定的转换，并将民族国家与国民合为一体。个人对国家的反抗对立，也因此消失殆尽。此处间接说明，救济种与个（各个民族国家及其国民）的类显然已不存在。

在此若容笔者在哲学评述之外，基于中国视角来谈论该哲学的挫败，就可以很容易理解。我们若把国家绝对化的理论套用在日本的军国主义行径上，便可清楚地看到日本帝国以绝对存在的姿态出现，不仅抹杀个人（日本国民），甚至抹消他者（对华侵略）以确保自身存在。田边所谓的种也必须进行自我否定的论调，显然随着时局变化成为空谈，甚至有帮凶之嫌。这是我们必须深刻探讨与批判的。虽然我们从他的公开哲学论述中无法看出其与“共荣圈”概念有直接的关联，但站在历史观点来评述的话，显然这是无法被允许的道德恶。

那么田边为何会在此处使自身建构的哲学陷入逻辑上的矛盾？也就是说“种的逻辑”为何会挫败？若在此回顾上述田边试图落实“种的逻辑”于现实世界时，不难发现究竟是什么令田边遂行其哲学使命的疑问。也就是说，“种的逻辑”虽借由自身的绝对媒介性与他力宗教的救济论，能够维持自身合理性的存续，但毕竟建构此哲学并实践它的是田边本身。因此“种的逻辑”的形成、发展甚至落实，毕竟只停留在相对者的层面。在此，田边并没有经过宗教的慈爱所唤起的改心体验，也就是绝对他力的感召。因此其哲学虽论及救济（或存续），却只停留在相对者探究宗教绝对的自力行为。此时的田边哲学，可说是自力哲学。原因在于其缺乏依据绝对他力所带来的田边自身的否定自觉。而“种的逻辑”的挫败，在田边经过他力救济的体验之后，呈现出另一番风貌。此即为后期田边哲学的开端，也就是忏悔道的哲学。[①]

---

① “种的逻辑”在经过田边的宗教体验与哲学转向后，以他力哲学的姿态出现。这可在《种的逻辑的辩证法》（1947）中窥见。笔者认为在探究忏悔道哲学的结构后，顺势重新探讨死后复活的“种的逻辑”的新面貌，是一条分析后期田边哲学面貌的重要路径。从冰见洁的《应现存在与方便存在：田边哲学国家观的暗示》（《人间存在论》第 9 号，2003 年，第 171—183 页）中便能间接窥见此一研究路径的必要性。本章的研究重心仅放在绝对媒介的辩证法与他力宗教之间的关系上。

三、忏悔道哲学的结构：宗教与哲学之间的张力

（一）忏悔

1944年10月21日，日本于“二战”中节节败退之际，田边在京都哲学会公开演讲会中说道：“随着时局变化，我自己也不得不被迫站在忏悔的立场。”“站在私人立场，对国内一些不合理的事感到义愤填膺的，包括我在内大家都一样。战时于敌前透过公家机构来揭发自国的不合理面，等同于通敌，很明显地是利敌行为。”[①] 田边接着对自己无论在实践上还是在认知上都对国内的不合理无能为力表示感到非常愤恨，并指出默认国内不合理的事且无法对此进行批判或纠正，皆是国民应负的连带责任。

当田边在公众场合弹劾国家政策的不合理时，此言论对田边而言是否会带来危机，已不再是问题。此时的言论早已超越生死。这已不是其自身能力所及。前节指出“种的逻辑”挫败原因在于，没有对自身进行自我否定的“至高存在”，也就是国家在现实世界的横行，对此母体束手无策的个体完全失去自由意志，以及宗教慈爱的消灭。当田边随着当时国策及局势提出言论上的协助，亦即将国家绝对化时，确实意味着宗教慈爱的消失与个人自由意志的挫败。

但到了演讲《忏悔道》的时候，与其说田边鼓起勇气放弃自身生命（指来自日本军政府的危害），倒不如说是受到绝对他力（佛的慈悲行）的感召，进而指出国家的不合理政策、行为以及对其采取逃避心理的国民所应负的连带责任。此言行无疑是田边受绝对他力感召所带来的忏悔。此忏悔并非一般所说的战后思想转向，而是田边深刻地从生命、理论、信仰的层面，对日本帝国及所有日本国民（包含自身）

---

① 藤田正胜编：《作为忏悔道的哲学》，载《田边哲学选集Ⅱ》，第15页。

之存立进行的忏悔，亦可说是对日本过去（包含对华侵略等）非人道行径所进行的总体忏悔。这在他从退休隐居山上17年，直到辞世为止几乎没下山，进行深刻忏悔的晚年生活中可以看到。

田边在战后出版的《作为忏悔道的哲学》（1946）一书中，对忏悔做了以下的说明：

> 所谓忏悔是指后悔自己所犯的过错，将此恶之难以补偿的罪过背负在身上并为之烦恼，惭愧自己的无力、无能，绝望地将自己抛弃的意思。这是否定我的行，所以既是我的行，同时又不是我的行。这不是我的他者所唤起。然而，这个他者反而将我转换式地转向，使我重新出发朝向和以往迥异的新道路。因此，忏悔不外乎他力行。催促我让我往哲学重新出发的他力，在我的忏悔中起作用。我委身于他力的催促来进行忏悔，信赖他力进而证明自己的转换与复活。如此一来，此忏悔的行信证，便成为我的复活哲学。这可称为忏悔道 Metanoetik，正是他力哲学。就这样，一度死于哲学的我，在忏悔道中再次复活于哲学。然而，虽说是复活，并不是再次将一度被绝望抛弃的哲学提出来，令之复活于此道的意思。因为这种既没有否定也没有转换的自我同一之反复是不可能的。在精神上，所谓反复是超越，复活非得是新生不可。此时的我并不是自己活下去，而是经由既非生亦非死的绝对者之超越性的活用而活下去。（T9・4—5）

所谓忏悔，是超越自己的绝对者所带来的自我否定，所以此行为并非属于自己。然而，此行为却又属于进行否定的主体，因此亦可说是自己的行为。换言之，忏悔既是绝对者在自己的内部所产生的慈悲行，又是在此慈悲行的摄取下自己所进行的自我否定行为。因此，忏悔行带有“既不是自己的行又是自己的行，既是自己的行又不是自己的行”（T9・163—64）之二重性。此二重性结构，正表示自力行与他力行相即不离的关系，也间接说明“种的逻辑”（自力哲学）与忏悔道哲学（他力哲学）的转换与相即关系。

进一步来说，相对者因自身“存在即罪恶”的缘故，无论对过去的行为如何表示悔改或反省，都只停留在相对者自身能力所及的阶段。在此情况下，相对者自然对自身无法进行忏悔或反省感到绝望无力。在绝望无力的极限状态下，忏悔的他力出现在自己身上，令自己进行忏悔、放弃自身存在的能力。如此一来，在自力的极限状态下所出现的，正是绝对他力的作用。自己在他力的作用下进行自他力相即的忏悔行（自我否定行），顺从忏悔的他力并相信它，借以达到自我恢复或复活。

如田边说道：“促使我放弃自己的力量，是同时恢复了我，将一度被否定的我的存在性再次于肯定中唤回的力量……我的存在被转到此种绝对转换中，在被否定的同时又受到肯定。进行忏悔的我的存在是因绝对转换而恢复，因救济而复活的存在。”（T9・20—21）由此可知，忏悔包含不断改心、转换的意思，带有自我否定即肯定（死与复活）的结构。田边借用西欧语 Metanoetik 来表示忏悔道。此造语有超越“理（性的直）观”（T9・18）的含义，即所谓“超观道”（T9・18）。此与一般的直观哲学不同，是一种“非哲学的哲学（哲学ならぬ哲学）”（T9・4）。也就是说，忏悔道哲学是为忏悔的他力所摄取，透过不断自我批判来回复自我的“非哲学的哲学”[①]。

---

① 关于“非哲学的哲学”，田边如此说道：“何以是非哲学的哲学在于它替代哲学，出现于哲学一度被绝望地抛弃灭绝之后，而且满足哲学目的——极限的思索与彻底的自觉——的要求。当然，这不是因为自身的无力，而一度抛弃自我的我，用自身的力量所能从事的哲学。而是在我的忏悔之中将我转向，在此无力的自觉中，令我重新出发的他力让我去实践它。”（T9・4）也就是说，“非哲学的哲学”是田边元“自力”（理性）的哲学转换到自他力相即（理性与非理性相即）的宗教哲学之意。这里是指自力（理性）的哲学受他力（非理性）宗教的介入后，所产生的一种宗教哲学形态。但这种形态并无固定的形态，是一种自他力彼此不断辩证下去的形态，因此也被田边称为绝对无的哲学。

据上可知，当田边欲使自己的哲学（“种的逻辑”）透过死与复活的转换运动，来达到自身合理性的存续时，自己就必须经过绝对他力的感召，使自己进行自我忏悔即救济的宗教体验。而这种忏悔即救济的转换，不止于个人自身，还必须扩及自身以外的他者，因为体验过自我忏悔即救济的个人，必会协助绝对者的救济事业，不断地随之还相到尚未经过忏悔而得救的他者。因此忏悔亦包含连带忏悔。（参见T9・12、14）

若回顾上述“种的逻辑”的绝对媒介，因田边站在相对者立场论及宗教慈爱所带来的转换毕竟只留在自力阶段，因此不得不走向自我毁灭的逻辑矛盾。这里可发现，否定即肯定、死与复活、忏悔即救济等转换运动，必得来自绝对宗教的力量。重生的田边哲学（忏悔道哲学），不再只是从相对的哲学立场来论及绝对的宗教立场。它还必须同时包含从绝对的宗教立场来接触相对的哲学立场。在此不难看出，忏悔道哲学中哲学与宗教之间的张力关系。

（二）绝对批判的逻辑：哲学的死与复活

然而，死去的哲学（“种的逻辑”）中的绝对媒介，并无法原封不动地运用在复活后的哲学（忏悔道哲学）。根据前述内容，前后者之不同，在于田边自身宗教体验的有无。至于在此种体验下重新出发的哲学，究竟带有何种新的逻辑？田边说道：“忏悔道并不是我主观的感情产物，也不是亲鸾的净土真宗影响我，让我去模仿并思考它。其可说是作为理性批判哲学不可避免的命运所导致的必然结果。我将此归结命名为绝对批判。绝对批判可说是忏悔道的理论性层面，所以亦可称为忏悔道的逻辑。”（T9・46）

田边在此提出康德的批判哲学，认为它最终必会走向忏悔道哲学的逻辑，即绝对批判。田边主张将批判哲学推向绝对批判[①]，须凭借“如在禅宗修行中的严格彻底以及超越生死向前迈进的勇猛心”（T9 · 47）。换言之，须以彻底的自我否定（忏悔）为契机。在此宗教成为督促哲学进行自我反省或自我否定的原动力。关于绝对批判，田边如此说道：

> 理性的彻底自律，穷尽于自我突破，理终结于理的分裂破碎，这些是理性的命运、理的真相。然而若是如此，将自身埋没于无、突破自身的理性，依据自我突破而同时突破危机，再次从无转换、复活到有的境地究竟为何？其在唯有无的转换才能得以成为绝对的现实结构上，相同地只能依靠理性的自我批判而别无他法。处于危机发生前的立场之理，只要依自我突破而被粉碎，之后所剩的，就只有从其自我突破的无复活过来的超理性的理性的行为事态。此行为事态以行为的超理性为性质，无法从理性的立场来被合理化。在此情况下，行为事态被迫忏悔，因此早已不再是属于自己的行为，亦不是以自律的批判为依据。此行为事态只能转向顺从无的转换的行，即为无作的作，在绝对他力的立场上，只能是作为方便性存在的事之立场而已。（T9 · 48）

理性不会只终结于自我的极限、无力的告白，即使面对自我的支

---

① 田边认为，康德在《纯粹理性批判》中虽然指出认识本身的结构以及理性的本性有其极限，然而其标榜此说法的先验辩证论（transzendentale Dialektik）却无法调停其自身对知（intelligam）与信（Credo）的严格区分，因此和标榜哲学与宗教、理性与信仰之间既对立又统一的忏悔道哲学有一线之隔。（参见 T9 · 42—43）田边始终认为康德的批判哲学尚未脱离理性主义的立场，理由在于康德虽表示理性的自我批判之重要性，却没有将理性批判本身视为问题，也就是说康德并没有再进一步对批判的能力以及批判的可能进行批判，这样很容易造成理性批判的循环。（参见 T9 · 47—48）在忏悔道哲学的脉络里，能够再进一步对批判的能力以及批判的可能进行批判的，是在绝对他力的介入之后。此处的“绝对批判”即是在这个意义上所出现的哲学概念。

离破碎而回归于无，亦不停于无，必因无的转换而转向有，亦即达到复活的境地。理性一旦通过自我否定，却反而转向自我肯定，迎来非理性的理性之新局面。而通过此转换的理性，可说是理性转向到自我突破的复活处，也就是“无即有”或“空有”。如此看来，作为空有的理性之所以能够成立，就在于被暴露在自我分裂的危机当中。理性能如上述般进行“死即复活”的转换，只能依靠超越理性的忏悔行，除此之外别无他法。康德的批判哲学，透过田边的忏悔行，进而发展到无理性批判的主体（空有）之绝对批判。在此种从批判哲学到绝对批判的发展中，不可或缺的不仅是禅宗的“大死一番”（彻底的自我批判），甚至还包括大乘佛教（日本净土真宗）中所说的绝对者（佛）救济一切众生的慈悲行（还相行）。关于此处，田边说道：

> 理性的自我，在执着于自我主张自我时，无法理解的矛盾，如今在理性肯定自我的死的同时，直接以矛盾的姿态来容许理解，借此反而超理性地让理性复活，并成为绝对转换的媒介。作为此绝对转换的绝对无的大非，即为摄取、救济吾人一度死去的自我并使之复活的大悲。此可说是绝对的大非即大悲的结构。顺从此转换并欢喜、感谢、报恩的正是忏悔道。（T9・52）

据上可知，绝对批判作为忏悔道哲学的逻辑，以康德批判哲学的自我矛盾为媒介，在绝对让相对的理性死而复活的大非即大悲的绝对转换中，才得以成立。若是如此，绝对批判的逻辑，透过田边自身以禅宗的绝对无性、净土真宗的往相与还相之宗教体验或实践，而达到包含康德批判哲学的自我否定即肯定（死与复活）的绝对转换之宗教哲学的逻辑。从此处可追寻到田边以“宗教即哲学”的方式，也就是其企图让哲学透过催促相对者自我否定的宗教之否定媒介，来达到自身理性恢复的思索痕迹。

（三）念佛禅：宗教的死与复活

田边在忏悔道哲学中，除了间接对华严宗的"理事无碍"进行解构外，在忏悔道哲学形成的过程中还做了大量对日本禅宗与净土真宗进行解构的工作。田边在企图解构西方哲学与自身自力哲学（参见《种的逻辑的辩证法》）的同时，亦让自力宗教（禅）与他力宗教（净土）进行死与复活的转换运动。田边认为，禅宗只停留在自力解脱（独觉）的无分别境地，尚未有如净土真宗所言的还相救济之社会实践，相反地，净土真宗强调还相救济的社会实践，并未有如禅宗所言彻底放弃、无执着的解脱境地。也就是说，净土真宗缺乏以绝对无性为否定媒介的往还二相之绝对转换。田边因此透过提出禅宗与净土真宗二者对立统一之辩证关系，来说明忏悔道哲学中宗教的死与复活的绝对转换形态。简言之，作为宗教哲学的忏悔道哲学，可说是禅宗与净土真宗的结合形态。田边称之为念佛禅。

> 若从结构上的类推，并依照前人走的路称相信忏悔道中大悲的他力，委身于此，彻底地肯定现实的限定并顺从它的行信证为念佛的话，那么以忏悔为公案的忏悔道，正好有被称为念佛禅的理由。此名称在历史上是指，明清禅宗衰退期时，早已失去见性的气魄与修禅的勇猛心的禅僧，心怀杂念，将他力混入自力，用称名念佛来替代公案商量的颓废产物。而我相信，作为忏悔的他力念佛，在结构上因用公案的性质来造就修禅的类推，所以在本质上当然有被称为念佛禅的理由。（T9・125）

忏悔道是含有行信证之三一性结构的念佛与带有绝对无性的公案禅之统一形态。也就是说，忏悔道不仅包含依绝对他力的慈悲进行忏悔，顺从并信赖大非即大悲的他力转换，透过协助绝对的救济事业，来证明自他者救济的行信证之三一性构造，还包含了公案禅中二律背反（绝对矛盾）的性质。田边如此定义忏悔道哲学中的宗教结构，接着将忏悔道、禅宗、净土真宗三者关系做以下的说明。“其（忏悔道——笔者注）正立足于禅与净土，也就是即自态与对他性之间，既不属任何一方，又通于任何一方。其以此种对自的立场为特色。”（T9・165）忏悔道既不是禅宗也不是净土真宗，而是二者的对立统一形态（念佛禅），也就是即自且对自（an und für sich，今译自在且自为）的立场。忏悔道既通于公案禅中二律背反所呈现的绝对无性，也通于念佛中行信证之三一性构造所带来的自他者救济之社会历史性。

然而，忏悔道哲学中此种念佛禅的日本宗教形态，并不会因此而固定。它（宗教）必须不断地借由绝对批判的逻辑（哲学），来显现自身的存续。换言之，宗教会借相对哲学的绝对否定媒介，来维持自身的自立性和绝对性。这可说是宗教的哲学化，亦可说是一种绝对宗教以相对哲学为否定媒介所带来的宗教哲学形态。依据田边哲学的性质来看，其只是不断忏悔所带来的一种“空有”形态而已。当然“空有”并不是单指无我性或无自立性的存在，而是指作为特殊的宗教与哲学，依据绝对的转换，在否定自我又不断我性的情况下，朝往普遍的宗教与哲学，又因其我性的缘故，而不固定于普遍的动态。对田边而言，在现实社会里，毕竟没有固定的终极宗教与哲学。一切只能在否定即肯定、死与复活、忏悔即救济等转换运动中显现出来。

四、绝对媒介的辩证法与基督教的发展

（一）预言者与救世主

若说经过田边宗教改心体验后的田边哲学，也就是后期田边哲学中的宗教与哲学，只能在否定与肯定、死与复活、忏悔与救济等转换运动中显现的话，那么田边在《基督教的辩证》中对基督教历史发展

所进行的辩证，可说是忏悔道哲学转换运动的深化。进一步来说，此转换运动的深化，正是忏悔道哲学自身前往永续发展的必然结果。然而，在基督教的发展历史中，并没有容许其他宗教与之存续发展的痕迹。

田边为了不让基督教陷入排斥其他宗教的特殊宗教或与世人隔绝的神秘宗教，援用《法华经·普门品》中的观自在菩萨应机现身说法，以及《哥林多前书》（9：22）中保罗言“向什么样的人，我就会做什么样的人，无论如何就是要救一些人”的例子。（参见 T9·366—367）田边在此的宗教实存式实践，不再单指为证明自身忏悔即救济而协同绝对者的救济事业，从自然法尔的普遍境地下降到分别现实界的还相救济行，另外还指涉为令基督教以及神学进行改革与复兴或死与复活的慈爱救赎。因此，绝对批判（绝对媒介）的辩证法，如何在基督教历史发展中开展，成为田边哲学此时的最大课题。关于绝对辩证法在基督教历史发展中的开展与深化，首先可从田边对犹太教到基督教、预言者到救世主的转换所进行的辩证过程来探讨。

基督教经过耶稣基督在十字架上的死后复活，从犹太教中独立出来发展成为爱的宗教。与其他民族崇拜生命的自然宗教不同，犹太教是经由神与人之间的契约所形成的伦理宗教。预言者在神与人之间所结合的契约中，扮演了重要的中介者角色。预言者乃神的代言人，听受神的旨意并将其转达给自己的民族。田边将犹太教（伦理宗教）与基督教（爱的宗教）做了区分，并在二者转换过程中探寻预言者的功能及其变迁，借由标明耶稣基督以前的预言者与耶稣基督的形象，来显示自身的绝对辩证法在保罗以前的基督教发展中的开展。

耶稣所传的福音为天国的福音，乃共观福音书所载，无须怀疑（《马太福音》4：17，《马可福音》1：14，《路加福音》4：43）。然而“你们应当悔改，天国近了”、“时期已满，天国近了。你们应该悔改，相信福音”的教义，乍看之下与前人洗礼者约翰所传完全相同（《马太福音》3：2）。耶稣的传教在一般宗旨上，确实可以说没有超出以约翰为始或古老的犹太预言者之教义。他被视为预言者之一，是理所当然的。然而，他相信自身使命超出预言者，是在即将到来的救世主当中，而所传福音开始历史的新时代，可以说是完全根据其福音内容中天国新意义的结果。事实上，基督教的跨时代意义，可以说在于天国的新内容。（T10·44）

耶稣基督作为传达天国福音的预言者与前人无异。然而，他不仅止于预言者，还背负福音达到救世主自觉的境地。此种作为救世主的实践自觉，与犹太教预言者的角色不同。不仅如此，耶稣基督甚至借此将限定于犹太民族的犹太教，推展、适应于其他民族或人类上。关于此种犹太教到基督教、预言者到救世主的连续性与非连续性之转换，田边说道："对基督而言，天国观念从现世的政治性净化，脱离其种性，直接类化、普遍化到在神面前的人类之平等，并在灵性的世界统一中进化、永远化。然而，其以犹太民族为中心的认同，却始终不变。对吾人而言，这可说是非常重要的着眼点。"（T10·45）

值得注意的是，基督教经过耶稣基督在十字架上的死后复活，虽以爱的宗教形态出现，却没有完全脱离作为伦理宗教的犹太教。基督教可说包含了伦理与爱这两种层面。此处间接说明犹太教到基督教、预言者到救世主的转换的一体两面性。此为田边着眼于预言者到救世主之转换的原因。田边指出耶稣基督不同于其之前的预言者（以赛亚、耶利米、第二以赛亚、但以理、约翰），原因在于其从预言者达到救世主之宗教实践自觉的转换。

田边认为以赛亚奉献自身的一切，为了救自己的民族而传达神意给他们，然而最后反招迫害而惨死。（参见T10·59—60）此中并没有犹太民族与以赛亚（种与个）之间的绝对否定媒介的关系。而田边说到耶利米，肯定他为了让民族自觉死亡的命运，令民族进行忏悔，而抛弃一切，过着活死人般的生活。此行径全然来自神的恩宠，虽已逐渐根植人民的内心，然人民最终却没有听从他所告诫的忏悔（参见T10・62），因此与耶稣基督的作为救世主的宗教实存式自觉不同。田边接着评价第二以赛亚预言中出现的末世论，认为此论已显示出将神对人民的审判或两者的契约关系转变成神对自民族与他民族的恩宠或救赎（参见T10・64）。此转换虽间接说明了从犹太教到基督教、义理的神到爱的神之转换，却因此预言未实现于世，而未达到从预言者到救世主的转换。到了但以理，田边批评其预言充满幻想与神话色彩，视其为堕落的预言（参见T10・65）。而将此堕落预言恢复原状的是约翰，但约翰同样没有达到救世主的宗教实存式自觉。（参见T10・65—66）

由上可知，忏悔道哲学中绝对批判（否定）的绝对转换，在基督教历史发展中，换言之，在基督教发展中的宗教形态与预言者内部的对立统一形态中发挥作用。若反过来看，基督教（宗教）亦须凭借绝对辩证法（哲学），才能得以发展与存续。耶稣基督的预言者到救世主之转换，前者依据自我牺牲（死），而转向为救赎世人的救世主实践自觉（宗教实存式自觉）。前后者在不失自我的前提下与他者结合，形成绝对否定媒介的辩证关系。而造成此种关系的自我否定，也就是悔改，相较前章所述的忏悔，究竟经过何种理论上的转换？关于此，将在下节探讨。

（二）悔改

耶稣基督依据神的福音，不仅背负自身的原罪，甚至背负民族的原罪，来进行彻底自我放弃的悔改。如此一来，意想不到的是，其反而与他者一同被神的恩宠所包摄，并与他们达到信证神的慈爱。在此可看到因自我牺牲所带来的自他救赎之实现。简言之，此处只有顺从神的爱，在牺牲自我的同时，实践邻人爱的自我与他者之救赎。若回顾前章的忏悔可知，忏悔与自我放弃的悔改并无二致。关于耶稣基督倡导的悔改，田边如此说明：

> 基督的福音告知天国已近，已开始在他的出现中显现出端绪，并劝说教化为了迎接准备所以必须悔改……因此为了迎接准备而被劝告的悔改，表面上看起来似乎是为了进入天国的条件，也就是为了带来赦罪宽容的手段。但，事实上，其可说是神的恩宠所唤起的，其自身即是天国的发端与征兆。也就是说，未来的天国已经开始。其于悔改中显现姿态并使之参与。（T10・95—96）

此处意味着，相对者无法凭恃自力来悔改自身的罪恶并直接进入天国。悔改的唤起，须依靠神的慈爱。因此悔改与忏悔相同，并非来自自力，而是来自绝对者慈爱的催促（他力）。未来的天国，必须倚靠绝对者的慈爱与相对者（种、个）的自我放弃之悔改，才能于现在得以显现。《路加福音》（17：21）中的“天国就在你们之中”，正是依据神的爱与相对者的悔改两者的绝对否定媒介的关系才能成立。此种悔改或改心，不仅止于赦罪的条件，而只要是来自神的恩宠，同时也可说是来自神赦罪的证明，亦即神的爱的流露。所以悔改并非单指个人的自我牺牲即救赎，还指涉透过耶稣基督在十字架上死后复活的绝对转换，进而与他者或种的共同体所进行的自他牺牲与复活。此即为基督教所谓的邻人爱。上述的忏悔与悔改的二重性，可从以下的引文中窥见：

> 忏悔或悔改成为赦罪的转机，理由在于其自我放弃的性质。只停留在有限的伦理性自力悔悟，自觉到其自身的无力，在转向

> 绝望的结果，为进出自力放弃的他力转换，内含式地必须面对根源恶无法拔除的无限束缚力，外延式地必须面对社会性罪过的无限连带责任，并为之所摄伏。此内外并行的罪恶、罪责之无限性，将忏悔的自力放弃、他力顺从给现实化。宗教式的忏悔，不仅系于自身一人的罪恶，亦必须关联到作为种的人类全体之罪业。此即为连带忏悔成为忏悔具体形态的缘由。（T10・106）

忏悔或悔改，原本皆由道德次元中自我同一性的后悔所产生。然而，后悔的缘由，也就是罪责，不仅止于现象的层面。其来自于存在即罪恶的根源恶。能自觉到它的，只有在自身权能陷入无力的时候，相对者从道德立场出发的后悔。此情况的后悔，在被推向对自（für sich，今译自为）的立场后，陷入彻底绝望的境地。而出现于此绝望危机的，正是绝对者的慈爱所引发的忏悔或悔改。此处可见伦理性的后悔到宗教性的忏悔或悔改之转换。此种绝对他力唤起的忏悔或悔改，在内必须以自身的罪恶，在外必须以自他民族或人类全体的罪恶为否定媒介。据上引文可知，忏悔道中的忏悔与此处所言的悔改带有相同的性质。然而，田边在以下引文中却主张忏悔对悔改而言，仅止于即自（an sich，今译自在）的立场：

> 然而，忏悔即使因其社会性而意味着自我放弃，并于其无限反复中实现无，其社会性仍然只停留在即自的消极面，尚未达到对自的积极面。因此，其实现的无，亦经常带有部分的观念性，并没有完全实质的保证。此正是其于无限反复中不断被更新的缘由。唯有达到爱的自我牺牲之行为，自我否定、自我放弃才能达到对自的层面，无才会有实质上的实现。（T10・130）

含有对自形态（即连带忏悔）的忏悔，在此依然只停留在带有观念性的即自立场。此说法有令人无法理解之处。因为先前所述忏悔，借由绝对者（类）与相对者（种、个）之间绝对否定媒介的转换运动，已达到即自且对自的立场。然而，须注意的是，作为绝对批判（绝对媒介）的辩证法，因其自身的绝对媒介性，并无法停留在即自且对自的立场。其必定会随绝对宗教的慈爱，进一步将自身暴露在批判中进行“非哲学的哲学”之转换。因此，忏悔道哲学中的忏悔虽包含连带忏悔，但到了田边对基督教的辩证时，即使成为爱的自我牺牲或悔改的即自形态，亦是作为绝对辩证法的田边哲学所带来的必然结果。更明确地来说，达到对自立场的忏悔，为永续发展，不得不再次依靠宗教绝对的慈爱掉落到其自身的即自立场。此种“完成即未完、未完即完成”的绝对转换，正是田边哲学的本质。[①] 而此亦是田边辩证耶稣基督与保罗、福音信仰与救世主信仰的立场。

（三）回归耶稣

田边在《基督教的辩证》的“序”当中，表明自己之所以想要对基督教进行辩证，是被德国神学家威列得（William Wrede，1859—1906）在《保罗》（1904）一书中提出“究竟是耶稣还是保罗？”的疑问所触发。然而，田边认为威列得的疑问只停留在怀疑论，没有积极走向解决两者对立矛盾的辩证道路。田边在此书中批判式地继承德国神学家史怀哲（Albert Schweitzer，1875—1965）、瑞士神学家卡

① 这种“完成即未完、未完即完成”的绝对转换，除了意味着宗教与哲学唯有抛弃自我同一或本位主义才有存续自身的可能性外，还意味着如何看待不断进行否定即肯定的行动模式，才是今后的哲学课题与使命。而这种不断进行否定即肯定的行动模式，即是田边晚年所提出的“死的哲学”中的宗教实存式的实践模式。田边认为海德格尔的哲学虽谈死（向死的存在，Sein zum Tode），但只停留在生命的可能形态上，并非真正行动上的死。因此无法在海德格尔的哲学中看到“完成即未完、未完即完成”、“死即生、生即死”的绝对转换运动（详见本书第九章）。对田边而言，唯有不断地行死，也就是不断地进行自我与他者的解构运动，才能存续自我与他者。无论是宗教、哲学，还是行动本身都是如此。

尔·巴特等人的神学，并试图以自身的绝对辩证法，来解构从耶稣基督到保罗（或其后）的基督教发展。田边认为基督教信仰的发展，是从耶稣基督的福音信仰到保罗的救世主信仰（即复活信仰）的发展，并说明此二者的对立矛盾。

> 与其说其（复活信仰——笔者注）是对任何人都客观地敞开大门，倒不如说是特定信徒——被复活后的基督救赎其罪而免于罪的象征，即死，寄身于在基督得永生的救赎恩宠，并被统合于此种被救赎者的统一集团，即教会中——的固有物。其必定会作为被主观所启示的自觉契机，与作为出现于历史末世的客观事态之天国信仰对立。（T10·41—42）

耶稣基督的死后复活，原本在保罗以前的原始教会中包含自然存在与自觉存在（预言者与救世主）的二重性。（参见 T10·157）然而，到了保罗神学，此二重性则完全分离。在保罗神学里，信证耶稣基督复活的“灵魂的灵性觉醒”（T10·157），即所谓宗教实存的自觉不再被重视，取而代之的是对最后奇迹的认同。自此，保罗以后的基督徒若不信保罗所建构的神学，就没有资格被称为基督徒。因此，基督徒不再正视自身罪恶的问题，皆一致认为只要信奉保罗神学的既存教义，就能被耶稣基督救赎，在耶稣基督中得永生。保罗神学的神秘主义色彩在此表露无遗。（参见 T10·197—198）由此可知保罗的神学与原始教会的复活信仰有所不同。

在原始教会里，神的救赎对象并非特定教会的信徒，而是神选的人民。被神的爱所救赎的信徒，必然会与耶稣基督相同，在神的爱的驱使下，显现未来的天国于现在，并体验显现于现在的天国之既存事实（或客观事实）。换言之，当信徒相信天国福音时，就已经与耶稣基督一同将人类原罪背负于自身，为了赎罪而进行十字架上的死与复活的转换。此可说是天国福音的实质内容。耶稣基督的天国信仰与保罗的复活信仰，因自身的积极主动性与消极被动性，呈现出明显的对立矛盾。也就是与耶稣基督一同信证天国福音的人所带来的自他救赎之积极主动性与复活后的耶稣基督代替人民赎罪，令人免于死亡恐惧的消极被动性（在耶稣基督中得永生的消极被动性）之间的矛盾。

据上可知，天国福音因耶稣基督死与复活中自然存在与自觉存在的二重性，而产生二元的对立。此处所言的二重性，即是耶稣基督的福音辩证法中所包含的即自形态与对自形态。也就是说，耶稣基督作为自然存在，为救赎他者带领其到天国，却因为没有达到神的爱所催促的为救他者而牺牲自我的爱，导致天国迟迟无法出现。耶稣基督为此极为苦恼。在进入苦恼绝望之际，耶稣基督终被神的爱所指引，进而达到救世主的实践自觉，决意将十字架上的受难作为天国到来的媒介。耶稣基督在神的爱的作用下，从自然存在转变为自觉存在，为唤起他者灵魂的灵性觉醒，而进行了十字架上的死后复活之转换运动。耶稣基督复活出现在热烈敬慕他的妇人面前（《马太福音》28：9—10，《马可福音》16：9），正说明了耶稣基督与信徒之间产生直接的灵性协同之事实。在神的爱的作用下，基督徒之间的灵性协同不再是理性难以理解的复活奇迹所带来的神秘救赎现象。

如上所言，耶稣基督的福音辩证法虽然包含即自且对自的立场，但对保罗而言，只不过是其宗教实践的即自形态而已。透过天国福音与哲学的媒介来完成基督教神学，可说是保罗的功绩。具体来说，此功绩的内容即为，借由耶稣基督的福音与哲学的媒介，把基督教的福音辩证法推向对自的局面，并将基督教从犹太教及犹太民族中解放出来，进而使基督教发展到救赎其他民族或人类全体的世界（普遍）宗教。（参见 T10・162）因此，基督教辩证法式的历史开展，必定可以在保罗的救世主信仰与神学中找到痕迹。

众所周知，在保罗神学的形成背景里，含有保罗自身在大马色郊外受耶稣基督灵魂的呼唤而体验到的改心经验（参见《使徒行传》第九章）。此改心，可以说是保罗与耶稣基督之间灵性协同的结果。关于此改心的二重性，田边如此说道："保罗说道：'神的仁慈引导你们悔改'（《罗马人书》2：4）。然而，神的爱须以基督的赎罪为媒介，才能显现。毕竟悔改是以基督的赎罪为媒介所产生的。此乃保罗的二重信仰，也就是依悔改进入天国的信仰与依基督赎罪的救赎信仰的交互媒介关系。"（T10・191）

耶稣基督的福音信仰中的二元对立，因神的爱而保持其统一形态。保罗的二重信仰，相同地亦是在神的爱的引导下，确保了其统一形态。然而，当田边面对"究竟是耶稣还是保罗？"此一疑问而被迫下决断时，他如此主张："说实在的，此决断已被包含在上述的辩证里。我相信应该回归到从与耶稣对立的保罗到自主性地与耶稣一致的保罗，换言之，即耶稣自身的福音信仰。这是最明白不过的。"（T10・234—235）田边呼吁"回归耶稣基督本身"，这不代表否定保罗的宗教实践，也就是保罗自主性地与强调爱与行信证之三一性的耶稣基督一同进行死与复活的转换运动。田边的呼吁可说是为了避免保罗神学的自我同一性及其神秘主义的倾向。田边提倡回归耶稣基督，并不是要抹消保罗在基督教中的历史意义，而是欲避开保罗过去信仰中的自我救赎之消极被动性。因为在此无法看到自我与他者救赎所带来的积极的宗教改革及其所带来的社会改革。

田边的绝对辩证法因其绝对媒介性，在保罗之前与之后的基督教发展过程中，发挥了积极作用。毕竟哲学的自我否定即肯定的绝对转换，也就是此转换运动的永续发展，非得借由宗教自身的自我否定与肯定之转换不可。简言之，哲学的死与复活，在绝对者（类）与相对者（种、个）之间的绝对否定媒介的转换运动下，必定会唤起宗教的死与复活。哲学与宗教在此形成对立统一的辩证关系。因此，田边呼吁回归耶稣基督，借以推动基督教的第二次宗教改革，使基督教朝向开放性的“绝对宗教”（基督教、马克思主义、日本佛教三者之对立统一形态），此亦可说是其绝对辩证法的绝对转换运动所带来的结果。[①]

五、结论

从上述田边哲学的转换过程（种的逻辑→忏悔道哲学→基督教的辩证）中，我们可见到田边经过宗教改心体验后的宗教实存式实践的轨迹。在此种“哲学→宗教哲学”的过程中，宗教与哲学之间的关系，可整理如下。田边在“种的逻辑”时期，为存续自身哲学的合理性，不断地以相对者立场来论及绝对宗教的立场。此时期的田边哲学，援用宗教以自救，却因田边（相对者）凭恃自身理性权能，而面临了理性矛盾的困境。此可说是理性哲学的极限。处在理性极限的哲学，直到 1944 年秋天，因田边自身受绝对他力的感召，随绝对他力宗教的大非即大悲，进行自他忏悔即救济的绝对转换，透过非理性宗教的否定媒介，来进行自我与他者哲学的否定即肯定，从非理性转换到理性，也就是达到自他哲学恢复自身的境地。与此同时，日本的禅宗及净土真宗（宗教），亦以前述相对理性哲学的绝对转换运动与田边的宗教实存式实践为否定媒介，而达到自他（宗派或宗教）的否定即肯定。

在此可窥见忏悔道哲学中宗教与哲学对立统一的绝对辩证关系。此即为忏悔道哲学被田边称为宗教哲学的缘由。宗教与哲学的关系，在此种作为绝对辩证法的宗教哲学中，因其逻辑的绝对媒介性，毕竟无法停留在前述忏悔道哲学之中。该哲学必随田边的宗教实存式实践，以他者（其他宗教、神学或哲学思想体系）为否定媒介，达到自他肯

---

① 参见《基督教的辩证》的附录“基督教、马克思主义、日本佛教”（T10 · 273—324）。此处所谓的“绝对宗教”是田边试图让完成于保罗的基督教发展形态（即自且对自的形态），透过和马克思主义之间的辩证关系掉落到即自形态，如此才能让基督教的发展更臻于完备。也就是说绝对宗教是田边辩证基督教与马克思主义结合之后所欲达到的一种理想的宗教形态。

定或恢复的境地。

若回顾田边对基督教历史发展的辩证与其试图对基督教进行第二次宗教改革的宗教实存式实践，可得知忏悔道哲学中宗教与哲学对立统一的形态，因其自身的绝对媒介性，在《基督教的辩证》中必掉落到自身的即自形态。换言之，此为对《基督教的辩证》而言的即自形态。而此种即自的形态，通过田边对基督教历史发展的解构，达到对自的形态，形成此时田边绝对辩证法的基督教展开。若是如此，忏悔道哲学中宗教与哲学的关系（日本佛教式的宗教哲学）与《基督教的辩证》中宗教与哲学的关系（基督教式的宗教哲学），前后者在互为根据的前提下，处于对立统一的局面。此种局面正是作为绝对辩证法的宗教哲学所带来的必然结果。

当吾人在无任何宗教改心或修证体验下援用任一哲学思想资源，来探讨宗教问题或站在相对的哲学思想立场援用宗教资源，来证成哲学思想中理性的绝对性或普遍性时，无论是前者还是后者，皆不出田边"种的逻辑"时期的哲学立场。简言之，即相对者站在相对的哲学立场来探讨绝对的宗教立场。这些都属于追求绝对知的哲学领域，也可说是自力哲学的领域。然而，此种哲学立场的理性极限，已经可以从"种的逻辑"的挫败中看出端倪。

相对地，若吾人能在自身任一宗教改心或修证体验下，对宗教进行哲学反思或随绝对者与相对者之"无即爱"的救济事业进行绝对转换，进而建构包含"宗教即哲学、哲学即宗教"的绝对辩证法结构之宗教哲学（也就是不断使宗教与哲学死与复活的宗教哲学）时，无论前者还是后者，皆可说是田边的忏悔道哲学、《基督教的辩证》时期的宗教哲学立场，换言之，即田边随绝对者（类）与相对者（种、个）的自我否定即肯定之转换运动，所呈现的"既非宗教又非哲学"的"绝对无的宗教哲学"立场。这些都属于存续绝对宗教的绝对性与相对哲学的自立性之宗教哲学领域，也可说是自他力相即的哲学领域。然而，此种建构宗教哲学体系的绝对转换运动，是否能持续不断下去？其在吾人存活的现实界里，是否具有可行性或实践性？换言之，后期田边哲学在吾人建构宗教哲学体系时，是否能发挥其现代性意义？面对这些问题，笔者尝试做出以下回应。

笔者并非某一宗教的信徒，也无特定的宗教信仰，因此不会有任何宗教改心或修证体验。笔者无法像田边一样，在“我相信。请救助没有信仰的我”（《马可福音》9：24），或“虽依归净土真宗，却难有真实之心。虚假不实的吾身，更无清净之心”①等矛盾真理中，为渡芸芸众生一切，不断地进行自他否定即肯定的绝对转换，来建构宗教哲学的体系。②笔者或许没有资格参与建构宗教哲学的工作。但笔者期望以此自觉，来探究指导我们应当怎么做的宗教哲学。田边哲学对于我们而言，是否具有现代性意义，或许在于吾人是否能自此批判式地继承它，并使之于具体的现实界不断发展下去。笔者认为这是一个艰辛、未完，也是一个新的哲学使命。本书的内容在某种程度上也在试图摸索这种实践可能性。

---

① 亲鸾：《愚秃悲叹怀述》，载石田瑞麿译：《亲鸾全集》第4卷，东京春秋社1986年版，第566页。

② 林镇国在《在废墟中重建净土：田边元的忏悔道哲学》（载林镇国：《辩证的行旅》，台湾立绪文化事业有限公司2002年版，第70—94页）中，以大乘佛教在东亚近代的发展为其关心的重点论及禅与净土两宗在近代中国或后来在中国台湾地区未能开花结果的遗憾。其以补此遗憾的心情，来看待传统真宗论述经由田边的哲学打造后，如何开启一条社会改革与建设的道路。笔者认为林镇国的观察透露出宗教社会主义路线在近现代社会开展的可能性。此外，若将田边的宗教哲学形态对照林镇国在《苦难与救赎：浅谈宗教哲学》（载林镇国：《辩证的行旅》，第234页）中所说的两种主要宗教哲学论述的形态（一为传统的神存在之论证与分析，一为宗教经典、体验的宗教意义之诠释）可发现，田边的宗教哲学既不为绝对者也不为理性服务。也就是说，其并非西方中世传统或近代以降的宗教哲学形态，而是一种不断对应现实世界的“绝对无”的宗教哲学形态。笔者认为这是一种东方式的宗教哲学形态。

第二章　近代日本宗教哲学的开展：清泽满之、西田几多郎、田边元

一、前言

日本进入明治时期（1868—1912）后，因政府的全面西化政策，除了开始大量吸收西方的科技外，亦积极汲取其背后的哲学思想。此因应之策取代了幕府末期“和魂洋才”的近代化口号，让日本逐渐走向“洋魂洋才”的西化模式。然而这种抛弃传统的新潮流，继而引来传统的反扑。换言之，异者与自我、外来与在地、新与旧、文明与野蛮、开放与保守之间的交战，时常出现在日本国内外。西方各种思潮随这股东西文化交汇的洪流，迅速地漫延在日本朝野。与此同时，日本的传统亦得到重新面对与改造自身的机会。在这种时代趋势下，自然产生出一种既非传统亦非现代的未来思想，亦即超克现代的理想境地。

明治元年（1868），日本政府颁布“祭政一致”、“神祇官复兴”及“神佛分离令”后，神道的国教化及神道主义的国民教化便如火如荼地展开。传统佛教随之受到打压，甚至遭遇了民间“废佛毁释”的命运。在此情况下，佛教对外必须面对西方近代思想的冲击，对内得面临被瓦解的危机，各个宗派也随即发起“护法运动”试图与之抗衡。

此举为式微的佛教带来了复兴及转型的机会。[①]

本章所欲探讨的是，在这种近代化浪潮下，日本净土真宗的思想发展及受其影响所产生的近代日本宗教哲学脉络。为了勾勒此脉络及其发展轨迹，本章以下将试图探究清泽满之、西田几多郎与田边元的宗教哲学面貌[②]。论述重点如下：首先，论述清泽与西田对宗教的定义。其次，探讨清泽与田边受他力感召所建立的“有限与无限论”与“法藏菩萨论”。接着，比较清泽、西田与田边所主张的“精神主义”、“逆对应”与“行死”。最后，在阐明清泽、西田与田边的自力与他力观之后，探讨三者宗教哲学的关联及其现代性意义。

二、清泽改心前的“有限与无限论”与西田的宗教观

清泽是真宗大谷派在明治期的重要思想家之一，其所著的《宗教哲学骸骨》[③]（1892）是日本第一本以宗教哲学为名的专著。他在该书中借由哲学的语境分析宗教与哲学、信仰与理性的关系，亦表明自身对宗教种种概念与经验的理解。以下略述他的“有限与无限论”[④]。

清泽在《宗教哲学骸骨》第二章以“有限无限”为题，界定与探讨相对（者）与绝对（者）之间的关联。清泽将前者称为有限（finite），将后者称为无限（infinite）。具体来说，有限即是“世间、

---

① 参见柏原佑泉：《近代大谷派的教团：明治以降宗政史》，京都真宗大谷派宗务所 1986 年版，第 3—22 页。

② 关于日本宗教哲学的探讨，有石田庆和：《日本的宗教哲学》，东京创文社 1993 年版。石田探讨了西田、波多野精一（1877—1950）、田边、西谷启治的宗教哲学，范围限定在京都学派及其周边思想家。量义治的《宗教哲学入门》（东京岩波书店 2008 年版）从更大的视野，即从佛教、基督教、伊斯兰教出发，探讨日本近代哲学家的宗教哲学。本论与前两者不同，以近代净土真宗及京都学派的发展进路，来探讨近代日本宗教哲学的其中一个开展面向。

③ 收于《清泽满之全集》第 1 卷，东京岩波书店 2002 年版。本章引用该全集以“K 卷数 · 页数”标示。

④ 拙论《清泽满之的宗教哲学：自我、世界、无限》（《揭谛》第 20 号，2011 年，第 31—72 页）详细探讨了清泽宗教哲学的结构及其思想转向的过程，在此只简述其重要部分。

星星、国家、人类、昆虫、石头、雨滴、分子、原子、单子（Monad）等”[①]。其属性为“依存、相对、单位、部分、不完全”（今村·12）。无限即是“实体（substance）、本体（noumenon）、观念（idea）、上帝、佛陀、真实（性）（reality）等”（今村·13）。其属性为“独立、绝对、一者、全体、完全”（今村·13）。清泽认为有限与无限的对立，并非相对与相对（如水与火、善与恶等）之间的对立，而是依存与独立、相对与绝对之间的对立，两者可说是完全不同属性的存在。（参见今村·13—14）另一方面，清泽所谓“对立的统一”却又是指有限与无限的统一。对清泽而言，宗教即是有限与无限、相对（者）与绝对（者）之间的统一态。

就清泽来看，绝对与相对（即无限与有限）是指“根源上的矛盾对立关系”，两者间并不存在因果或包摄关系。清泽认为“无限真如与有限万法是同体并立的存在，绝不是前后分别的存在”，并非黑格尔所主张的“一元自己发展至二元，绝对转化到相对”这种事态。（K1·22）然而无限与有限如何能同体并立？从清泽宗教改心前完成的《宗教哲学骸骨》中无法找到答案。他只说明有机组织或世间万物是有限与无限的对立统一态，并没有说明此状态如何可能。下节将有这方面的探讨。

西田的宗教论受到清泽宗教哲学的影响，在《善的研究》（1911）第四章“宗教”（共五节）当中承续清泽的“有限与无限论”。[②] 当西

① 今村仁司编译：《清泽满之语录》，东京岩波书店2001年版，第12页。引用以“今村·页数”标示。此书收录《宗教哲学骸骨》英语版 *The Skeleton of a Philosophy of Religion*（参见《清泽满之全集》第1卷，第109—150页）的日语翻译。在此使用英语版，是因为英语版谈论“有限无限论”时，有更详细的说明。

② 关于西田和清泽的接触与思想上的交汇，可参见竹村牧男：《西田几多郎与佛教：究明禅与真宗的根底》，东京大东出版社2002年版；藤田正胜：《清泽满之与西田几多郎》，载藤田正胜、安富信哉编：《清泽满之：其人与思想》，京都法藏馆2002年版。西田最初的宗教论《论述山本安之助君的宗教与理性论文读后感》（《西田几多郎全集》第13卷，东京岩波书店1987年版，第72—77页。本章引用该全集以“N卷数·页数”标示）表示宗教与理性必不冲突，此立场与清泽一致。本章在此将以《善的研究》中的宗教论为探讨的核心。

田谈论宗教本质时，主张宗教不外乎神与人（绝对无限者与相对有限者）之间的关系。他认为“若神与我在根源处本质不同，神只是超越人的伟大力量的话，那么我们面对祂根本无法找到宗教的动机”（N1・173），并主张神人拥有相同本质，两者的关系应该是，神让人舍弃自我回归祂的怀抱、得到祂的恩宠。此种“神人合一”（意味着人之外不会有一个神存在）以及他力救赎的想法，浓厚表现在西田的宗教观里。西田批判“有神论”（theism），表明自己的立场接近“泛神论”（pantheism），但不是指神遍布在万物之意，而是指万物寄寓在神之中的意思。（参见 N1・175—177）由此可知，西田的“神人合一”论继承了清泽的“有限与无限论”。两者认为宗教的本质奠基在绝对无限者与相对有限者之间的交涉关系，绝对无限者与相对有限者虽是完全不同的存在，但在根源上却是一体。然而《善的研究》和《宗教哲学骸骨》一样，并没有论证完全不同的存在要达到合一的境地是如何可能的（关于此点将于第三节探讨）。

至于《善的研究》的核心概念“纯粹经验”，则是西田借由解构西方哲学中主客、心物对立的二元论或知识论体系所提出的概念。“纯粹经验和直接经验相同”，是一种“既未有主亦无客，知识及其对象完全合一”的经验。（参见 N1・9）西田视“纯粹经验”为“唯一的实在”。西田认为，相对于思维因主客观的框架而被重新建构的普通经验，纯粹经验是在思维加工以前，也就是在见色、闻声的刹那，既没有主观亦没有客观之处，持续经验着的经验根源态。而这样的经验就如西田所主张的“宗教是哲学的终结”（N1・3）那样，必须和宗教，也就是神人交涉（神人中“超越与内在”之关系）有直接的关联。

西田认为自然与精神、物与心中各自有一个统一的力量，而两者之间又潜伏着一个更大的统一力量，也就是神。相同地，物体与我们的意识现象也不是分别的二物，是同一个实在的两个形态，而使之可能的则是实在的根源，也就是神。（参见 N1・179—182）至于“纯粹经验”与神的关系，西田如此说道：“我们的意识根柢无论在任何情况下，都会有纯粹经验的统一，我们根本无法跳脱其外……神在这一层意义上，可说是宇宙根柢中的一大知的直观，亦可说是包含宇宙的纯粹经验之统一者。”（N1・186）如此看来，神可说是“纯粹经验”的根源，换言之，神是在实在根柢中活动的根源性统一力量。如西田所言，所有现象皆是神（本体）的自我表现（参见N1・178），在这层意义上我们不得不承认人的所有认知、意识活动或经验结构，都必须奠基在宗教，即神人交涉的关系上。

这种以他力宗教（西田举的是基督教与净土真宗的例子）为依归的西田哲学论述与清泽的宗教哲学论述有异曲同工之妙，但两者论述只停留在立场与见解的陈述，并没有明显的论证，因此让人有想要更进一步了解其缘由为何的冲动。不仅如此，当清泽与西田在处理绝对无限者与相对有限者之间关系时，始终让人觉得两者论述只停留在个体主义与普遍主义之间关系的立场上。[①] 而承续此种宗教哲学思维，更进一步在个体与普遍之间提出共同体（作为特殊的种）之媒介作用的是田边元的宗教哲学。

三、清泽改心后的“有限与无限论”与田边的“法藏菩萨论”

《宗教哲学骸骨》问世两年后（1894），清泽罹患绝症肺结核，长期卧病在床，在疗养期间，受绝对他力感召，写作风格大幅转变，犹如宗教家在讲述宗教经验与实践的种种。《宗教哲学骸骨》阐释万物得

---

① 末木文美士在处理明治期思想的特质时，归纳出其是以个体为中心的时代，包括清泽与西田的早期哲学论述亦是如此。（参见末木文美士：《明治思想家论：近代日本的思想・再考 I》，东京トランスビュー 2004 年版）另外，小坂国继亦提出相同的看法（参见小坂国继全注释：《善的研究》，东京岩波书店 2006 年版，第 429 页）。当然西田的哲学不仅仅停留在个体与普遍的思维框架当中，受同事田边元与门下生三木清（1897—1945）、户坂润的批判与影响，也逐渐将历史、社会纳入其哲学开展的范围之内。

以存立的根据，主张作为有限的万物（特别是指人）无法依自己的生成或活动，亦即一切流动变化来存续自身，必须要有作为无限的绝对者参与其中，一切活动与存续才可能，同时指出能使有限的万物与无限的绝对者达到对立统一态的是宗教。（参见K2·8—12）然而有限与无限的对立统一态如何可能，此时的清泽并没有明确说明。直到其宗教改心，全面主张绝对他力的恩宠后，才开始对有限与无限的对立统一态如何可能，有明确的论述。

> 有限对于无限，有限是能求者，无限是所求者。既已求得无限，无限则为能持者，有限则为所持者。求持的关系结束后，就能看到顺应无限命令的有限作用之显现。若然，有限与无限的关系则有三个阶段。此为至心、信乐、欲生三信存在的原因。第一的至心是众生（能）对佛（所）的至诚心。第二的信乐是众生（所）信受佛（能）大悲心的深信之心（众生为受者，佛为授者，因此佛为能动，众生为所动）。即正确地获得他力信心的阶段。到了第三的欲生则是，持信乐愿往生弥陀净土（所）的心（能），即他力回向的发愿心。三心的真相即是如此，因此在第一和第三阶段，众生为能动，佛为所动。只有在第二的信乐，佛为能动，众生为所动。因此若以众生的能动替代此第二阶段的地位，三者则众生皆为能动，其信仰则变成自力的发心。第十九愿的至心、发愿、欲生，第二十愿的至心、回向、欲生，即是如此。唯第十八愿的三信里有中间的信乐，即他力回向的真心，故前后二心亦皆融合成为他力的真心，三信皆变成他力真实的信心。（K2·16）

清泽提出弥陀四十八愿中的第十九、二十、十八愿的三信（三心），借以说明有限追求无限或有限与无限形成对立统一态的过程。相对于第十九愿的自力行善与第二十愿的自力念佛属自力的立场，第十八愿的他力念佛则属他力的立场。清泽认为有限与无限形成对立统一态，唯有有限者完全委身无限者（他力），才得以成立。换言之，作为有限者的人类，唯有在认知自身所有活动之不可能时，也就是感受到自力无能与他力全能时，才是接受无限者（他力）的恩宠，重新造就或转换自己的时候。此种自我否定即肯定的过程，无疑是一种精神生命的转化，而不是物质生命的转化。显然清泽并非神秘主义者，其强调的是精神的转化与存续，至于有限的生命总有一天会消失这种生理现象的议论，并不是他的关心点。有限与无限的对立统一态建立在有限者否定自我委身无限者（他力）这种自我否定的实践上。关于类似的论述，我们可以在田边元晚年的宗教哲学论述中窥见[①]。西田的宗教论里并没有类似的论述，在此无法做比较。

田边在日本战败前后（1944—1946），因身心智的困顿，无法从事哲学工作，与此同时受绝对他力的感召，承认自身理性的挫败。他认为唯有倚靠绝对他力的恩宠，才能给已支离破碎的理性重新复活的契机。另一方面，他也认为人唯有在精神上的自我否定即肯定的情况下，才能存续自身。田边称此种转换是自我忏悔的自我救赎。此为晚年田边所谓“非理性的理性”（理性ならぬ理性）之忏悔道哲学的开展。在忏悔道哲学的开展里，不仅能看到田边哲学及其自身的“忏悔即救赎”的过程，亦能明显看出田边透过对亲鸾（1173—1263）他力思想的诠释，强调忏悔道哲学中“往还二回向”循环的基本结构，进而达到呼吁自我与他者（或国家社会）的“忏悔即救赎”的过程。

所谓往相回向，即是愿自身所修功德，回施给他人，自我和他人能一起往生弥陀净土。所谓还相回向，即是生于净土成佛后，回到现实的生死界中教化一切众生，并令其共向佛道。此为昙鸾（476—542）

① 关于田边的三愿转入诠释及绝对他力的立场，详细请参见拙论《〈作为忏悔道的哲学〉：关于战败前后的忏悔与三愿转入》，《哲学・思想论丛》第24号，2006年，第51—65页。在此因篇幅关系，不再比较与探讨。

在《往生论注》卷下所主张的内容，强调自利利他的重要性。然亲鸾认为，无论是往相还是还相回向，亦即自利和利他，皆来自阿弥陀佛的本愿力（他力），并非凭恃众生个人的力量（自力）所能造就。（参见《教行信证》信卷[①]）

不仅如此，亲鸾的“恶人正机”说，更进一步强调自力行善的人（圣人贤者）无法往生净土，而受他力感召，认为自己是恶人的凡夫愚者，才是被救赎的对象。（参见《叹异抄》第三条[②]）田边承续亲鸾的他力信仰观，并如此认为：“亲鸾还相在其所写下的《教行信证》中，协助如来大悲的作用，促进了我的忏悔道，并给了我教化指导，让我愈加感受到如来大悲的无限深度与无边广度，使我在忏悔行信的自觉中，推展作为忏悔道的哲学，并将其回向到他人，让我的信证能在还相当中传达给他人。”（《作为忏悔道的哲学》第七章，T9・232）

如前述，此种“阿弥陀佛⇔亲鸾⇔田边⇔他者”的“往还二回向”循环，可说是忏悔道哲学的基本结构。而使此种结构得以成立的是受绝对他力感召的忏悔行（自我否定行）。在此可见清泽他力哲学的踪迹。相对于清泽，田边更进一步发挥其哲学本领。田边将“绝对媒介”的逻辑刻印在“往还二回向”的循环当中，让哲学与宗教以对立统一的形态出现，其具体成果则是法藏菩萨论。[③]

“绝对媒介”不仅是中期田边哲学“种的论理”的基本结构，亦

---

① 星野元丰等校注：《亲鸾》，东京岩波书店1971年版。

② 金子大荣校注：《叹异抄》，东京岩波书店2000年版，第45—46页。

③ 真宗大谷派的曾我量深（1875—1971）在《开启神》（1958）中提到针对法然的“称名往生”说，亲鸾则依据信心主张“现生正定”说。田边为该书所写的《〈开启神〉之颂》（1958）便认为曾我的此判释工作无疑在推动“宗教的非神话化”。田边进一步指出曾我的南无阿弥陀佛论，并非指一般所谓“归命于佛”这种定言令式，而是表示“佛、法藏菩萨、众生”三者的往还循环交互态，并评价曾我在宗教哲学的贡献。（参见T14・442）这不仅指出净土真宗脱离神话（神秘）的重要性，同时也暗示其和田边的法藏菩萨论之间的关联。关于曾我量深与田边宗教哲学之间的影响关系以及净土思想在日本发展的脉络（特指彼岸的神秘与此岸的现实之思想脉络），需另设篇幅探讨，在本章无余力探讨。

是后期田边哲学开展的基础。所谓“绝对媒介是指在建立一方的同时，必以另一方为媒介。然而，此与彼毕竟是相互否定的，因此绝对媒介意味着无论任何肯定都不能在没有否定媒介的情况下来进行。所谓否定即肯定，肯定必是以否定为媒介的肯定。此可以说是绝对媒介的要求。因此绝对媒介排拒所有的直接形态”（T6・59）。也就是“此”所以为“此”，是在与“彼”的交互否定媒介情况下，才能得以成立。反之亦然。“此”与“彼”并非以因果关系，而是以媒介关系存在，两者相互对立又相互依存。“此”非原来的“此”，“彼”也非原来的“彼”，两者形成一种朝向未来的存在形态（亦即理想的形态）。然而此种形态并非固定形态，而是不断转变的一时性状态。宗教与哲学、信仰与理性、无限与有限、绝对无与相对有等的媒介关系，亦是如此。

上述绝对媒介的逻辑，在田边的法藏菩萨论中，得到更进一步的发挥。田边在《作为忏悔道的哲学》中主张，作为绝对者的佛与作为相对者的众生，并没有直接交涉的可能性。因为绝对是超越相对的存在，既然是超越就无法被相对所感知或触及。此与清泽对有限与无限的理解相同。因此即使众生受绝对他力的恩宠，与其一同进行往还二回向的循环运动，也必须有媒介者的参与。田边认为法藏菩萨的因位修业，正代表着媒介者的角色[①]。关于此点，清泽在《他力门哲学骸骨》（1895）中提出，有限与无限的媒介是“巧善方便”或因缘果理法中的“缘”，其代表的是无限的恩宠和表征。（参见 K2・63—72）西田则在《场所的逻辑与宗教的世界观》（1945 年完稿，1946 年出版）中为绝对者与相对者之间的关系设置了一个媒介的角色，即神或佛的自我限定态[②]。

田边说道：“所谓法藏菩萨，从如来的立场来看，是如来的自我限

① 关于法藏菩萨的媒介者角色，可参见冰见洁：《田边哲学研究：从宗教哲学的观点》，东京北树出版 1990 年版，第 150—156 页。

② 西田认为就连佛也会变成恶魔来救人，基督教所说的道成肉身即是神的自我否定。（参见 N11・436）

定”，“而且如来是绝对媒介，所以是自我限定及他者限定，因此法藏菩萨不外乎作为如来否定媒介的众生之他者性的绝对否定态（这里指的是无特定的宗教共同体）。众生受到法藏菩萨绝对还相的媒介，因此才能被如来所收摄，往生才能决定。而对应其绝对还相的往相面，即是法藏菩萨的因位修业”。（T9・217）据此可知，众生与佛之间往还二回向的循环运动里，必有法藏菩萨作为媒介。其“往还二回向”循环的结构则变成“阿弥陀佛 ⇔ 法藏菩萨 ⇔ 众生”。

须注意的是，无论是清泽的“方便”或“缘”、西田所谓“恶魔般的存在”或“佛的种种变形”还是田边的“法藏菩萨”，都是无限或绝对者（佛）的自我限定。而此限定可说是对有限或相对者（众生）的恩宠。有限或相对者在接受无限或绝对者的恩宠下，才得以进行自我否定即肯定的转换运动。无限或绝对者唯有透过慈悲及牺牲，亦即自我限定才得以显现自身。此与基督教的神的“道成肉身”完全不同。因为基督教的神既非媒介存在，亦非绝对无，而是绝对有或永恒不变的存在。

相对于此，西田在《场所的逻辑与宗教的世界观》中提出绝对者与相对者的“逆对应”关系，其呈现的虽是《善的研究》中的神人关系，但不同的是在“逆对应”关系里，西田除了展开“绝对矛盾的自我同一”的逻辑外，还在绝对者与相对者之间强调媒介者的重要性。然而关于此种媒介者的定义，我们可以看到的是，那是清泽意义底下的媒介者，亦即绝对者的自我限定或自我表现。从这层意义来说，田边的媒介者具有共同体意义，可说是跨时代的思想产物。

四、“精神主义”、“行死”、“逆对应”

清泽于 1895 年从疗养地移住京都后，立即投入寺务改革，1896 年发起宗门革新运动，1897 年改革运动失败受宗派除名的处分。隔年处分被解除后，受新法主的招揽。1899 年受命接任真宗大学学监。1900 年与门下弟子在东京本乡进入集体生活，并称居处地为“浩浩洞”，其言论刊物为《精神界》。精神主义即是清泽在“浩浩洞”时期所主张的宗教实践精神。

清泽在《精神界》创刊号“精神界”栏里，以精神主义为题，揭示其义。他认为，人处于世最重要的是获得完全的处世立足点，而要获得此立足点就在于完全委身绝对他力。所谓精神主义，是指获得此立足点的精神。精神主义追求的是人类自身内部精神的满足，因此不为外部的任何人、事、物所苦，亦即非物质主义。（参见 K6・3—5）据此可知，精神主义是有限达到无限的境地，是达到无限的有限在精神上的满足状态，不为外物所动。因此清泽以“随其心净则佛土净”（K6・3—5）来形容精神主义的境地。清泽主张精神主义即是自利利他的精神，认为此精神是完全自由的精神，与绝对服从不起冲突，可自由地改变自己的主张与人和平共处，可促进国家社会福祉的发达。

清泽到了晚年显然已脱离初期以理性立场定义宗教诸概念与经验的阶段。他以宗教改心后的诸言论，也就是以绝对他力为主体的言论为基础，与绝对无限者一同还相到世间或欲信教的一般人身上。透过精神讲话，呼吁世人行精神主义，此可称为清泽的还相行。精神主义所标榜的即是一种以自利利他精神为核心的宗教实践。

清泽晚年行精神主义时最主要的关注是宗教道德与一般道德之间的区别。他强调宗教道德与一般道德是分别的两个不同物，不能混为一谈。“若是能够很清楚知道宗教与道德之区分的人，大概会这样说吧。不指责杀人者、偷盗者、奸淫或说谎者，这正是宗教所应该有的态度。然而，在人道、道德上，杀人和窃盗是罪恶，奸淫、说谎是不能够被原谅的。若犯者皆是人道的罪人，道德世界的堕落者。就这样，宗教家从宗教的见地来说法，道德家从道德的见地来提出主张。两者各立其说，根本没有抵触”。（K6・158）他主张两者都同样重要，无法相比较。

清泽认为宗教道德和一般道德一样，在现实世界中都很难被实践。一般道德的目的在于为现世设置规范。其分际明确不容有被模糊的余地，所求的是事情的成效。而宗教道德的目的则在于宗教救赎，因此其关心不在于道德实践后的成效，而是在于如何让人感到道德难以实践的事实。换言之，一般道德只站在以自力行善或遵守规范的立场告诉人实践后的结果，而宗教道德则是要告诉人自力行善或遵守规范的不可能，并借此令其进入宗教以获得他力信仰。（参见K6・148—158）

我们若以清泽他力信仰的立场来思考何谓实践的话，显然一般道德规范下的任何一种实践，必会遇到自我矛盾的瓶颈，无法自我圆满。而宗教道德规范下的任何一种实践，必会认知自力行善或理性实践的不可能与绝对他力的恩宠，并随绝对他力的往还二相循环运动，来圆满自我。此种宗教实践（他力宗教式的应该［sollen］），我们可以在田边晚年的宗教哲学开展中窥见其端倪。

综观田边晚年的宗教哲学开展可知，其后期哲学以忏悔道哲学为开端，中经对基督教历史发展的辩证，最后驻足在“死的哲学”。依他力而起的忏悔（自我否定行），可说是其哲学的核心价值。这与帕斯卡（Blaise Pascal，1623—1662）视“无知之知”为人类知识的最高价值，认为这种自觉思想才能成就人类的伟大这种自力倾向的自我肯定行为有很大的差别。（参见T9・184—189）

如前述，忏悔不仅为田边自身及面临危机的理性哲学带来一线生机，还为传统佛教（此处指禅宗与真宗）教义注入理性思维，令其不陷入神秘主义的色彩（即去神话化或给予历史化）。理性哲学透过他力的恩宠，从自我否定转换到自我肯定，他力宗教亦透过自我限定，借由哲学的否定媒介来显现自身。相对于此，清泽的精神主义虽同样以他力恩宠为基础，但清泽却在《宗教为主观的事实》一文中如此表白：“吾人并不是因为神佛存在才信神佛，那是因为吾人信神佛，神佛才会向着吾人而存在”（K 6・283—284）。这里透露出客观上的真理，必须透过主观信仰上的真理才能被观见的事实。哲学作为否定媒介，俨然没有介入精神主义的余地。至于哲学与宗教在西田哲学中的开展，我们可以从“绝对矛盾的自我同一”（存在论）与“逆对应”（宗教式的实存与实践）之间的依存关系窥见。①

田边所谓忏悔这种自我否定的实践概念，虽随其哲学辩证的行迹，改变其面貌，以悔改、牺牲、死等姿态出现，但依他力而起的自我否定即肯定之转换仍是其主要核心。而面貌上的改变意味着田边哲学的开放性与实践性。关于神人关系，田边认为人无法凭恃自力来悔改自己的罪恶，进而直接进入天国。悔改必须倚靠神的慈爱，才能被唤起。因此悔改与忏悔相同，并非来自自力，而是来自绝对者慈爱的召唤。未来的天国必须倚靠绝对者的慈爱与相对者的悔改才能于现在得以显现。（参见 T 10・95—96）《路加福音》（17：21）中的“天国就在你们之中”，正是依据神的爱与人类的悔改两者的绝对否定媒介的关系才得以成立。此种悔改不止于赦罪的条件。其只要是来自神的恩宠，同时也可说是来自神赦罪的证明，也就是神的爱的流露。所以悔改并不是单指个人的自我牺牲即救赎，还指涉透过耶稣基督在十字架上死即复活的绝对转换，进而与他者或异民族所进行的自他牺牲与复活。此即为基督教所谓的邻人爱。耶稣基督依据神的福音，背负自己和民族的原罪，进行彻底自我牺牲的悔改，反而与他者一同被神的恩宠所包摄，并与他们达到信证神的爱。

我们在此可以看到“神 ⇔ 耶稣基督 ⇔ 人类”中“神的爱”、“对

---

① 关于此，我们可以从西田此段话中看到。“宗教的关系（逆对应——笔者注），如上述，存在于彻底超越我们自身且让我们得以成立的东西，也就是彻底被认为是既超越又是我们自身根源的东西和到哪都是唯一、个体、意志的自我之间的矛盾且自我同一当中。也就是存在于彻底超越和彻底内在的矛盾且自我同一当中。”（N 11・433）“绝对矛盾的自我同一”与“逆对应”可说是不可分割的概念。

神的爱”、“邻人爱”这三种爱的绝对媒介关系（另可参见 T9・312—330）。田边认为，此种爱的三一性结构正是基督教的核心价值。而田边的绝对媒介逻辑也在其基督教的辩证中得到呈现。然而这绝不是用同一种哲学理论处理所有宗教所产生的结果。如田边所言，作为绝对媒介的辩证法，除了具有否定作用外，还必须将自己带到毁灭之处。（参见 T7・257—290）因此忏悔道哲学的逻辑因他力的恩宠，也必须透过基督教的否定媒介，来进行自我否定即肯定的转换运动。哲学唯有如此，才能算是哲学。这与柏拉图（Plato，公元前 427—前 347）《斐多篇》中传言，苏格拉底（Socrates，公元前 469—前 399）在临死前向弟子们说“真正的哲学家，就是在行死”这句话有异曲同工之妙。因为田边认为哲学必须是不断进行自我否定即肯定的“死的哲学”，而不是彻底自我肯定的“生的哲学”。（参见 T9・397—419）

田边所谓“行死”并非自杀或终结生命，亦非终结或消灭，而是一种对无关乎生与死的自我同一性之否定。这可说是一种完全随同他力的绝对还相行所形成的绝对否定态。进一步来说，“行死”和“显生”是不可分割的状态。至于“行死即显生”这种转换运动，也就是自我否定即肯定这种宗教哲学式的实践，成为田边最后和海德格尔哲学对决的思想武器。相对于海德格尔“生的存在论”，田边宣称自己的哲学为“死的辩证法”或“死的哲学”，并认为海德格尔所说的死只不过是生的可能性，换言之，即生的自我同一态（即自我肯定态），其代表的是无他力恩宠的自力救济。田边所谓的死，实是爱的表现，因为真正的爱是自我否定或牺牲。死与爱相即不离，唯有让哲学行死才是真正的爱哲学。（参见 T13・525—576）此种死即爱的实践方式，却也是田边认为最具体的伦理道德。因为世间的一般道德亦和哲学相同，必会走向自我矛盾或毁灭的境地。因此以宗教自觉为否定媒介的伦理道德才是最高的行动价值。（参见 T11・617—632）

若对应清泽他力宗教体验式的“应该”（sollen），田边的“应该”

显然充满了宗教与哲学交互辩证的色彩。关于西田对于“应该”又是采取何种态度呢？西田认为道德虽为人类的最高价值，但宗教并不需以道德为媒介或通路，人类在宗教根源里，实不分智愚善恶，并主张宗教是绝对的价值颠倒。也就是说，在宗教世界里，道德或伦理是没有意义的。真正的“应该”必须是在宗教爱的包容底下才得以成立。（参见 N 11 · 436—437）

相对于清泽的宗教实践与田边的宗教哲学式的社会实践，西田所提出的绝对者与相对者之“逆对应”关系，恰恰横跨在两者之间。“逆对应”是西田在最终论文《场所的逻辑与宗教的世界观》中所提出的宗教哲学概念。此概念虽然不是西田受他力感召所提出的概念，但在绝对者与相对者之间加入媒介者，和清泽、田边有共通之处。西田所建构的实践论，在性质上比较接近田边的宗教哲学式的实践，但在缺乏共同体作为媒介这一点上，和田边哲学有所不同。关于“逆对应”，西田如此说道：

> 我们不能说相对者与绝对者相对，另外和相对相对的绝对不是绝对，其自身亦是相对者。相对面对绝对时，必须要有死，那就是变成无。我们唯有透过死，才能与神逆对应地接触。对象逻辑学或许会这样说，既说死或无，那不就是没有相对者了吗？不就不能说相对了吗？然而死并不是单纯的无，说到绝对，当然是指断绝相对的意思。然而光是断绝相对，就什么也不是，只不过是单纯的无而已。不创造任何东西的神，是无力的神，不会是神。当然在某种意思上，若在对象上和某物相对的话，那就是相对，不是绝对。然而光是断绝相对的东西，亦不是绝对。在那里存在着绝对自身的矛盾。究竟要在何种意义下，绝对才是真正的绝对呢？绝对透过和无相对，才是真正的绝对。透过和绝对无相对，才是绝对的有。（N 11 · 396）

这里说明的不仅是绝对者与相对者的不可接触性，还指出联系两者的是相对者的死（自我否定）与绝对者的无化（自我限定）。此处依然透露出《善的研究》中的神人关系，然而在此西田更强调的是绝对者与相对者的自我否定。他认为神虽然是断绝相对的绝对无，但同时又得是自我否定即肯定的存在。在此不得不说这是一种既矛盾又同一的存在方式。而绝对者的价值毋宁说是建立在后者之上。此种对绝对者（神）的认定依旧是承续《善的研究》的立场。

然而如前所述，针对神人之间的交涉与接触，西田提出了神的自我限定或自我表现这种媒介的作用（即“绝对者 ⇔ 媒介者 ⇔ 相对者”的结构）。“绝对者唯有透过彻底的自我否定，才能真正将人变成人，才能说是真正救人。宗教家说的方便或奇迹亦是从这种绝对者的绝对自我否定立场来理解的。听说佛为了救人，也可以变成恶魔。即使是在基督教，在道成肉身中亦能寻找出这种神的自我否定的意义。在佛教的话，我们可以说这种世界即是佛的悲愿世界或方便世界，佛能变化成种种形式来救人。如右述，我能够从我们自身与绝对者关系中找到相反的两个方向。”（N 11 · 436）

综上可知，“逆对应”强调的是自我否定即肯定的转换运动，也就是绝对者与相对者（譬如人、物、国家、世界等）之间相互否定（死、悔改）所带出的肯定（生、救赎）。这种救赎的结构虽是清泽式的结构，但清泽的救赎属于他力宗教的实践，几乎没有哲学理论的层面。而西田的救赎则充满了“绝对矛盾的自我同一”之论调。在这一层意义上，我们可以看到哲学与宗教之间还存有一种辩证关系。就这点来说，西田的救赎结构与田边宗教哲学式的救赎结构有相通之处。然而在以共同体为媒介者这一点上，两者却呈现出截然不同的面貌。[①] 无论

① 关于此点，请参见拙论《对京都学派宗教哲学的考察：关于西田哲学与田边哲学的“逆对应”》，载藤田正胜编：《〈善的研究〉的百年：从世界到世界》，京都大学学术出版会 2011 年版，第 218—237 页。

三者在思考上有哪些出入，其共同基调都是自我否定即肯定（死即生）的转换运动。

五、自力与他力的问题

综上对三者宗教哲学的分析可知，清泽与田边哲学奠基在他力的绝对还相行。两者随着绝对者进行往还二相的循环运动，不断还相到现实世界，救济尚未得救的众生。此种宗教实践的精神也分别落实在前后者的精神讲话与哲学论述上。然两者分歧在于，清泽的精神讲话已鲜少言及哲学的种种，而田边的哲学论述仍不断透过往还二相的循环运动来辩证宗教与哲学的关系。与此相对，西田的宗教哲学并无他力的降临或加持（这与其禅体验有很大的关联）。然而，无论是从《善的研究》还是从《场所的逻辑与宗教的世界观》，都可以看到西田在论述基督教或真宗时皆采他力的立场，可知其对宗教的深层理解与体悟。不仅如此，在西田的救赎论中也包含了宗教与哲学之间的辩证关系。

在论及人应该如何存活下去或该如何行动这种伦理学问题时，三者呈现出非常不同的实践方式。清泽认为宗教家主张宗教道德而道德家主张一般道德，彼此为独立的存在，并无抵触。清泽虽承认一般道德存在的必要性，但自身着重的却是宗教道德，并认为他力宗教式的“应该”一样能对现实世界有所贡献。宗教道德与一般道德两者并非处于一种媒介关系。针对此点，西田亦采同样立场，他认为“宗教的意识作为吾人生命的根本事实，非得是学问、道德的基础不可”（N11・418），道德若不以宗教的意识为前提是无法成立的。人的道德行为在其根源处，非得是宗教性的不可，因为“在绝对的应该里面，必会有绝对的爱。否则应该只不过是一种法律”（N11・437）。对西田而言，道德行为必须以宗教为通路，和清泽的不同处则在于，西田的道德行为更具宗教哲学性格。田边则认为真正的伦理道德须与宗教形成否定媒介的关系。没有伦理道德的宗教不会是宗教，没有宗教的伦理道德也不会是伦理道德。绝对媒介的逻辑在此扮演着非常重要的角色。伦理、宗教、哲学形成一种三一性的媒介关系，三者并非独立或直接形态的存在。在此可看到宗教家与哲学家在应对人类存活问题时，分别提供了不同的实践面向。

身为宗教家的清泽将关注放在真宗的教相判释与他力宗教的社会实践上。而身为哲学家的西田与田边则将关心点放在伦理、宗教、哲学三者之间的辩证关系上。不同的是，西田所谈的宗教比伦理、哲学更具根源性，而田边则始终保持三者之间的张力关系。后者的救赎论比前者的更加突显出共同体作用，以及其在相对者与绝对者（个体与普遍）之间的媒介关系。

田边在战后随他力的绝对还相行（此种行动并非单独的而是一种集体行动），持续对宗教与哲学进行辩证的工作，直到辞世为止。他所谓的实践，实是一种他力宗教哲学的实践。根据上述三者道德论之比较可看出，他力宗教与他力宗教哲学这两种不同的实践景象。至于何以会产生此种差异，可从三者对自力与他力概念诠释上的不同找到线索。

当亲鸾在进行教相判释时，其所根据的判准就在于是否受到他力还相的恩宠。他在《教行信证》信卷中将《大无量寿经》的“诸有众生，闻其名号，信心欢喜，乃至一念。至心回向（至心に回向して），愿生彼国，即得往生，住不退转”改读为“诸有众生，闻其名号，信心欢喜，乃至一念。使至心回向（至心に回向せしめたまえり），愿生彼国，即得往生，住不退转”[①]。所谓“回向”原本是指众生将功德转向佛，企图得到佛果的行为。然亲鸾却转释为佛对众生的作用。此种转释显示了亲鸾他力信仰的立场。另外，亲鸾在《愚秃悲叹怀述》中深叹自身罪恶深重，并做如此表白。“虽归依净土真宗，却难有真实之

① 星野元丰等校注：《亲鸾》，东京岩波书店 1971 年版，第 73 页。

心。虚假不实的吾身，更无清净之心”[①]。亲鸾那种透过他力恩宠承认自力无能及虽受恩宠却无法脱离罪恶（自力立场）的心境在此表露无遗。人感到自力的穷尽或无能，完全是来自他力的恩宠，然虽受他力恩宠，却无法脱离炽盛的烦恼或我执（自力立场）。

关于自力与他力，清泽又如何看待？清泽在改心前的《宗教哲学骸骨》中，如此说明自力与他力："由此可知，在宗教的实践上有两种。一是有限开发其内部的因性，进而达到无限。一是有限外部的果体来摄引有限，令其达到无限。前者称为自力门，后者称为他力门。也就是说，开发彼之因性是有限各自以自己的力量为之。而无限的摄引则是他力面对有限之所为。此二门的区别在宗教上是最根本的东西，吾人若不依此二门，则无法进入宗教的实践。"（K2·11—12）然而清泽在改心后，则一切都以他力为依归，承认人靠自身的力量（自力）或理智无法触及无限，有限与无限的统合必须倚靠无限的自我限定，也就是他力的还相行。清泽的他力信仰在其最后手稿《我的信念》（参见 K6·160—164）中显而易见。自力与他力的媒介关系无法从此处析出。然而若考虑上述亲鸾透露出的讯息，亦即"在烦恼中证菩提"、"他力恩宠中的罪恶"、"他力中的自力"这些对立统一的境地时，我们就必须承认烦恼、罪恶及自力的重要性。当这些要素被去除时，菩提、恩宠、他力如何被证成就会变成问题。而将这些问题突显出来并进一步发挥的是田边的宗教哲学（特别是忏悔道哲学）。

田边主张忏悔是超越自己的绝对者所带来的自我否定，所以此行为并非属于自己，然此行为却又属于进行否定的主体，因此亦可说是自己的行为。换言之，忏悔既是绝对者在自己的内部所产生的慈悲行，又是在此慈悲行的摄取下，自己所进行的自我否定行为。因此，忏悔行带有既非自己的行又是自己的行，既是自己的行又非自己的行（参

---

① 石田瑞麿译：《亲鸾全集》第4卷，东京春秋社1986年版，第566页。

见 T9 · 3—14、161—164）之二重性。此二重性结构正表示自力与他力相即不离的关系。进一步来说，相对者因自身“存在即罪恶”的缘故，无论对过去所行如何表示悔改或反省，皆只停留在相对者自身能力所及的阶段。在此情况下，相对者自然会对自身无法进行忏悔或反省而感到绝望无力。在这种绝望无力的极限状态下，忏悔的他力出现在自己身上，令自己进行忏悔、放弃自身存在的能力。如此一来，在自力的极限状态下所出现的，正是绝对他力的作用。自己在他力的作用下进行自他力相即的忏悔行（自我否定行），顺从忏悔的他力并相信它，借以达到自我肯定或复活的境地。

此种自力与他力的绝对媒介关系，田边亦视为是哲学与宗教、理性与信仰之间的关系。当他在辩证西方诸哲学家的哲学时，通常会以“自力哲学”或“圣人贤者的哲学”来加以定义。相对于此，田边称自己的哲学为“他力哲学”或“凡夫愚者的哲学”。然其哲学并不意味着没有自力的要素，因为若无自力作为否定媒介，即使说是他力哲学也只是自力哲学而已。

针对田边所提出的忏悔，西田在写给务台理作（1890—1974）的书信中大肆批判道：“田边只是把佛放在遥远的云端来观看，并不断地想要接近祂而已。他的忏悔并非忏悔，而是后悔。只不过是以自力方式前进罢了。那是一种道德。所谓忏悔，非得在自身生命根源里反省、再生不可。”（N19 · 368）田边认为宗教里作为他者（媒介）的哲学是不可或缺的这种主张（亦即自他力相即的宗教哲学），却成了西田批判的对象。田边的忏悔来自在理性（自力）发展到极处（破灭处）的情况下所出现的他力呼唤。而破灭后的理性（自力）因他力恩宠而再次复活，成为他力的媒介（他者）。

如此理性与信仰、哲学与宗教、自力与他力的交互媒介关系，就西田来看，是对宗教的不理解，田边的忏悔只不过是道德或理性的邀请。西田认为“在宗教的忏悔即真正的忏悔中，必须是面对自己的根源，亦即必须面对作为父亲的神及作为母亲的佛”（N 11・407）。也就是面对自身根源的神佛进行忏悔的意思。很明显，西田的忏悔是神人或佛与众生之间关系的自我否定行为，此与逆对应的概念相呼应。这是一种在宗教层面上的忏悔，无关理性或哲学，因此西田才会认为田边的忏悔尚存在自力的踪影。（参见 N 11・407）

关于自力与他力，西田认为无论禅宗或真宗，无不是他力宗教，若有自力的想法，可说是佛教者的错误。（参见 N 11・411）为说明这一点，他还另举出《叹异抄》第八条的内容：“念佛对行者而言，是非行、非善。因为那不是吾人的思考努力所能做到的修行，故称非行。也不是吾人的思考努力所能办到的善事，故称非善。唯有倚靠他力远离自力，念佛才得以成立。”① 由此可知，对西田而言，在他力念佛的行者里，不会有自力的成分存在，一切的道德伦理、哲学或创造都必须以此种绝对与相对者的逆对应关系为基础。绝对矛盾的自我同一之逻辑亦不能离开此种宗教的关系（参见 N 11・433）。此种以他力为根本的一切行为、思考或创造，和清泽的绝对他力立场虽有相通之处，但在清泽不谈哲学的再创新或再出发这点上，两者有着根本上的差异。

如此看来，清泽在改心后的所有言行，无不充满他力的踪影，其代表的是一种他力宗教的实践模式。田边的哲学论述态度在这一点上与清泽的他力立场并无二致。然而田边与清泽不同的地方在于，在田边那里，自力、哲学、理性始终没有被摒弃。因为自力与他力、哲学与宗教、理性与信仰的动态式否定媒介关系，正是田边宗教哲学的本质。其透露的是一种自他力相即、理性与信仰相即的，也就是他力宗教哲学的实践模式。当然后者也再次明确表示出亲鸾“虽归依净土真宗，却难有真实之心。虚假不实的吾身，更无清净之心”这句话的真

① 参见 N 11・437 及金子大荣校注：《叹异抄》，第 53 页。

意。因为人若有真实、清静之心的话，岂不是僭越他力的恩宠，将自身绝对化或神话化了吗？就如苏格拉底所说，哲学只不过是死的练习，如果哲学必须是行死中的哲学的话，如何会有永恒不变的普遍哲学存在呢？然而西田对他力的看法和田边采取不同路径。西田虽无他力回心的体验，但对他力宗教的信仰却有深层的体悟，他认为他力比自力更具根源性，排拒田边所提倡的自他力相即说。笔者认为两者的自他力观基本上是在不同层面上所呈现出的结果。相对于田边以“存在即恶”的立场（烦恼）处理自他力问题，西田则以彻底的他力立场（菩提）来处理自他力问题。

六、结论

本章透过以上对清泽、西田与田边的宗教哲学与行动观之探究，勾勒出一个日本净土真宗式的宗教哲学发展脉络。至于其有何种继承与批判、传统与创新之处，将借由比较三者思想来加以阐明。关于真宗最重要的命题——他力，就清泽来看，是绝对者（佛）与相对者（众生）关系中最重要的联系力量，要在两者之间的鸿沟建立一道桥梁，还是得依靠方便或缘，亦即他力的恩宠和表征。众生能够放弃自力，全然来自绝对他力的救济。相信此宗教救济的人，才有被救赎的实际感受。也就是说“并非是因为实有才相信，而是因为相信才实有”（K6・284）。清泽的论述虽然有条不紊，充满哲学式的论证，但他力成立的缘由为何，并无从证成，此亦是当代人不免会感到困惑的地方。

不可避讳的是，西田的他力观和清泽一样，在某种程度上仍具有不透明性。西田在处理神人或佛与众生的宗教关系时，不断地以谈论哲学的方式来做联结，最明显的是“绝对矛盾的自我同一”（存在论）与“逆对应”（宗教式的实存与实践）之间的依存关系。但须注意的是，“绝对矛盾的自我同一”虽为存在的逻辑，但其却不是如西方哲学那样以推论的方式提出，而是透过宗教的关系（其借由铃木大拙的“即非”逻辑）来证成“绝对矛盾的自我同一”这一存在模式的成立可能性。（参见《场所的逻辑与宗教的世界观》）也就是说，此概念为了区别于西方推论式的存在论，而采取非推论式的存在论模式，并透露出其依归处是宗教的讯息。因为对西田而言，一切的道德伦理、哲学或创造都必须倚靠宗教。然而，这种论述难免会显示出宗教的绝对性与不可改变性。也就是说，此处尚有宗教本位的意涵存在。

相对于此，田边的宗教哲学则为他力设置了一个超越性的无（亦即绝对的无），他力虽作为无，但其必与作为相对的人处于绝望的情况形成不可分割的关系。作为无的他力为救济处于绝望的人而进行自我限定的作用，不让自身满足于现状（亦即不让自己是绝对无）。被自我限定的他力所召唤的人，也必与它再进行救济他者的工作。此种自我否定到肯定，甚至是自他否定到肯定的无限循环运动，告诉我们为了救济或存续自身，必须有他者的介入。田边认为唯有如此，人、哲学、宗教自身的存续才有可能。任何东西或事物的自我同一性之存续状态（自我本位主义），最终只会走向毁灭。理性与信仰、哲学与宗教彼此始终处于相互辩证的关系。这表示并不会有任何一个事物是固定、永恒或绝对的。此处潜藏着谦卑接纳他者的可能性。

清泽、西田与田边的宗教哲学究竟具有何种现代性意义？若从学术角度来看的话，三者不仅为近代日本的宗教与哲学界带来跨领域、跨文化的思维与方法，还提出相对于西方传统基督教哲学颇显独特的近代日本佛教哲学，并为当代人提供能应对现实世界的存在与实践模式。无论这些存在与实践模式是否具有普遍性，这些哲学论述是否具有说服力，我们都不应该忽视这些离现代已有半世纪以上的哲学思想家为东亚宗教哲学发展所做的努力与贡献。

第三章 《大乘起信论》与京都学派：回应“批判佛教”的批判

一、前言

上智大学名誉教授渡部清在《迈向日本哲学研究的新开始：透过检证“西田哲学”的独特性之尝试》(《国际哲学研究》第3号，2014年)的序言中语带讽刺地指出，现今的日本哲学研究者（特指狭义的京都学派哲学研究者）只偏于日本哲学家的经典解释，亦即内在性解释，完全没有顾及造就该哲学形成的思想背景，尤其是明治时期哲学家，如井上哲次郎、井上圆了（1858—1919）、三宅雪岭（1860—1945）等人的哲学努力。这意味着哲学研究不能偏废思想史。事实上，渡部在此文中表明他将以思想史的观点来重整明治期以降哲学家的思想与大乘佛教之间的关联。①

在此渡部将大乘佛教与《大乘起信论》(以下略称《起信论》)画上等号，并以《起信论》为轴心，展开他对西田几多郎，甚至是西田以前的哲学家之研究。② 其策略便是将焦点放在“当传统的日本佛教思

---

① 此做法可让人联想到末木文美士仿效丸山真男（1914—1996）、竹内好（1910—1977）与沟口雄三（1932—2010）提出“佛教作为一种方法”的口号。

② 朝仓友海的《“存有一场所一论的”结构中之人格概念》(载蔡振丰、林永强、张政远编：《东亚传统与现代哲学中的自我与个人》，台湾大学出版中心2015年版，第151—172页）则反对渡

想遇到现代性或西方哲学，是以何种面貌出现？”的议题上。他认为只有这样做才能将日本哲学的特色呈现出来。渡部此论确实指出当今日本哲学研究者的非历史性或非现实性之通病。

相对于渡部针对日本哲学研究者在研究方法上的批判，揭示“批判佛教（批判哲学）”[①]的驹泽大学的袴谷宪昭与松本史朗对日本哲学及其背后思想传统本身的批判更是显得来势汹汹。[②]袴谷与松本对以《起信论》为基础所展开的中日禅佛教及《起信论》中的真如、如来藏、本觉、佛性、空（瑜伽行派的空）[③]等思想，进行严厉的批判，甚至对这些他们所谓的伪佛教及伪概念加以挞伐。他们认为这些属于东方土著信仰的思想（场所哲学、包摄逻辑）才是造成今日不平等社会的主要根源。此佛教批判运动的范围不仅止于曹洞宗教团内部与佛教各派，还扩及哲学思想界与社会层面，它不仅在日本国内点燃战火，甚至将其战线扩大到东亚与北美。

（接上页）部此种做法。他认为京都学派中的主要哲学家并不是那么重视《起信论》，并说明西田几多郎、田边元、西谷启治更接近道元（1200—1253，日本曹洞宗创始人）。笔者亦有同感。然而朝仓并没有正面回应“批判佛教”对西田与西谷的批判。因为他没有整体地就两者哲学内容来进行回应式的分析与研究，甚至没有针对久松真一的《起信的课题》进行详细的探讨。关于此部分将于第三节讨论。

① 关于批判佛教，张文良《“批判佛教”的批判》一书有详尽的介绍与探讨。

② 参见杰米·霍巴德、保罗·史万森主编：《修剪菩提树：批判佛教的风暴》（*This Edition of Pruning the Bodhi Tree: The Storm over Critical Buddhism*），龚隽等译，上海古籍出版社2004年版。特别是袴谷的《“批判佛教”对抗“场所佛教”》，松本史朗的《批判佛教论》、《如来藏思想不是佛教》，林镇国的《形上学、苦难与解脱：“批判佛教”争论的反思》，末木文美士的《“批判佛教”的再考察》等文章。另参见松本史朗：《缘起与空：如来藏思想批判》，肖平、阳金萍译，中国人民大学出版社2006年版。

③ 参见松本史朗：《京都学派的佛教理解：批判性的考察》，《驹泽大学佛教学部论集》第45号，2014年，第464—494页。此篇是松本真正地，也是比较具体地批判京都学派的论文。他处理了西田几多郎的《善的研究》、《场所》、《场所的逻辑与宗教的世界观》，铃木大拙（1870—1966）的《日本的灵性》及西谷启治的《何谓宗教》。瑜伽行派的空则是他在批判西谷的脉络里所出现的指控，而非谈论《起信论》时所提出的指控。但在他看来，《起信论》的空，并不是中观派的空。换言之，不是绝对的无，而是被实在化、实体化、基体化的有。松本的这一批评不仅是针对西谷，还包括西田和铃木在内。松本在其论文的第一个注就先声明，他不懂田边元，无法处理。笔者认为站在他所谓“中观派的空”之立场的正是田边元。关于此说法，将于下面展开。

综上两个批判的观点，可整理出：第一（渡部的观点），日本哲学应该是披上西方哲学外衣的佛教哲学。而最能代表真如、如来藏、本觉、佛性、空等思想的便是《起信论》。因此《起信论》成为研究近代日本哲学时最重要的参考经典。第二（批判佛教的观点），《起信论》是伪书，它主张的真如、如来藏、本觉、佛性、空等思想和佛陀教义相违背。因为后者主张的是缘起、十二支缘起、彻底的空（否定）。显然这两个批判观点恰恰相反。若袴谷与松本的批判能成立的话，那么渡部的“日本哲学＝佛教哲学”的说法根本无法成立。

虽说如此，袴谷与松本所谓的佛教事实上也不是很明确。基于两点可以这样说。关于“道元思想里（无论早期或晚期）是否完全去除了本觉思想”的问题，两人只回应了那是道元的不彻底，这是第一点。另一点是，关于“佛陀开悟之后还是没有放弃实践禅定”的问题，两人也只是语带保留、态度谨慎。若是如此，唯一可以让人模糊地掌握到的是，佛教就是绝对的空，也就是必须对一切的有进行彻底的否定之意。因此若按照袴谷与松本的想法①，以原始佛教为模型，具体以释迦牟尼为典范的“批判佛教”，可说是踩在绝对空的立场，不断对一切事物进行否定的绝对批判哲学。

关于本章的题目“《大乘起信论》与京都学派”自然也和批判佛教的京都学派批判脱离不了关系（虽然真正在哲学论述或著作里处理《起信论》的只有京都学派的久松真一）。以下笔者将透过“批判佛教”的观点，分别讨论西田几多郎的《善的研究》（1911）、《场所》（1927）

---

① 袴谷在《作为场所（topos）的真如：“场所的哲学”批判》（《驹泽大学佛教学部研究纪要》第47号，1989年）中主张批判场所哲学（topical philosophy）的批判哲学（critical philosophy）之最大特征便是彻底以语言来批判错误及论证正确的东西。此外，他在《“批判佛教”对抗“场所佛教”》中，将释迦牟尼视为笛卡尔，认为释迦牟尼标榜彻底批判的缘起佛教彻底地批判了以场所（alaya，阿赖耶识、藏识）为根基的流俗佛教。（参见杰米·霍巴德、保罗·史万森主编：《修剪菩提树：批判佛教的风暴》，龚隽等译，第64页）松本更是在《批判佛教论》（杰米·霍巴德、保罗·史万森主编：《修剪菩提树：批判佛教的风暴》，龚隽等译，第164页）的一篇短文开头处明确指出，批判佛教便是一种彻底批判。此意味着对佛教本身亦要进行彻底的批判。

及其最终论文《场所的逻辑与宗教的世界观》（1945）和久松真一的《起信的课题》（1947）以及田边元晚年的宗教哲学论述，借以回应或修正“批判佛教”的片面批判。

二、作为场所哲学的西田哲学

如前述，渡部清在《迈向日本哲学研究的新开始：透过检证“西田哲学”的独特性之尝试》中以《起信论》为轴心，展开了他对《善的研究》的大乘佛教式整容。相对于此，松本史朗则在《京都学派的佛教理解：批判性的考察》中以拒绝真如、如来藏、本觉、佛性、基体或实体的批判佛教立场，彻底地检视西田与西谷的场所佛教或哲学（topical Buddhism or philosophy）特性，并批评此师徒俩的哲学是如来藏思想，亦即梵我一如的自我肯定论。

众所皆知，在西田的哲学论述里，佛教的经典内容或相关论述的出现并不是很频繁。[①] 但这不代表他的哲学和佛教无关，应该说西田哲学是西田的人生经验与禅佛教体验的结晶。西田的哲学成果当然离不开他对西方宗教及哲学的批判式诠释。西田初期用纯粹经验，中期用绝对无的场所，晚期则糅合场所论与宗教的实践论（基督教与净土真宗）来完备自己的哲学。

西田在他的论述里，时而采用演绎法以自身哲学为基准点来批判西方哲学的缺陷或不足，时而采用归纳法以自身哲学来改造西方哲学，让这些哲学带有西田哲学的色彩。其目的确实如“批判佛教”所指出的，在于将一切的“有”（包含西方哲学）置放在一个绝对无的场所（意指东方哲学或日本哲学）里，并让“有”为绝对无的场所包容后而得以发展或存续自己。西田在此用绝对无的场所（明镜）来映照、观

① 关于这一点，西田自己的弟子和其他研究学者已有论述，在此不再赘述。

看（照らす、見る）一切在其中的万有及其活动。

在中期西田哲学里，万物皆可在场所的无里生存、运作（働く）或存有（於いてある），无论是否定、肯定或创造“自我与场所”。相应地，场所的无也必须以万物的运作或存有为媒介，才得以显现“自身与万物”。这种过程若接合到《善的研究》、《场所》及《场所的逻辑与宗教的世界观》的整体发展脉络来的话，可整理如下。

从认识论层面来说的话，眼前所见现象只不过主客、认识之我与被认识物这种二元对立模式下的现象判断或论述。前提是这里有一个可以进行判断的理性主体和一个被宰制的现象客体。西田为了要解构理性主体所带来的独断，自然要提出尚未区分主客、物我、精神与物质这种二元对立的统一状态，亦即他所谓的纯粹经验或直接经验。当然这与批判佛教拒绝的禅体验（三昧）并无二致。而一切对象经验都只能在纯粹经验的奠基下才会有真实的开展。纯粹经验在《善的研究》里虽然也是以无为背景，只是到了《场所》后，被改头换面为场所的无，而相对界的一切经验、认识、逻辑、存有（统称有）只能内在于场所（場所に於いてある），并被场所映照（場所によって照らされる），才得以成立、存续或发展。

正如袴谷与松本所批判的，在这里，场所的无不得不被视为一种根源（ground）、基体（dhātu）。[①] 因为西田在《场所》一文当中尚未明确说明西方的主语逻辑、对象逻辑（主語の論理、対象の論理）如何遇到理性自身的挫折后，为场所逻辑（場所の論理）所包摄。[②] 在此包摄关系下作为相对有的对象逻辑，又如何与作为绝对无的场所逻辑建构出一

① 田边元于 1930 年所发表的《求教西田先生》（参见《田边元全集》第 4 卷）早已提出先于“批判佛教”的“基体论”或“发生论”这种批判。

② 虽然这里没有西方哲学（有、对象逻辑）必须进入日本哲学（绝对无、场所逻辑）的必然性，然这可说是西田的命令。换言之，这是西田哲学得以成立的条件。在此与其问西田“为何要设置包摄的场所？”，倒不如去理解西田“如何”展开场所哲学及其意义。至于要不要反省理性自身以及理性所带来的现代性灾难，则又是另一个议题。关于此议题，将于本章第四节讨论田边元的宗教哲学时进行探讨。

种交涉关系（辩证关系），以至于最终呈现出一种对象逻辑（有）与场所逻辑（无）相即不离的动态关系。主语逻辑与对象逻辑（理性的分判）的再出发显然必须与场所逻辑为伍。笔者认为这要到最终论文《场所的逻辑与宗教的世界观》因西田援用铃木大拙的即非逻辑（即非の論理）创出“逆对应”的逻辑（逆対応の論理）时才会有比较明显的呈现。

中期作为“静态的场所”到了晚年则转变成“动态的场所”，简言之，静态的绝对无变成了动态的绝对无。笔者认为“批判佛教”的批判并没有深入到这里来。因为松本史朗的批判始终只停留在“场所的无是否带有根源（ground）或基体（dhātu）的意味”，至于西田的场所哲学脱离根源或基体性格的部分，则一概不讨论。松本在《京都学派的佛教理解：批判性的考察》中一方面援用小坂国继（《西田哲学与宗教》，东京大东出版社1994年版）的“逆对应”之说明[①]，另一方面援用《善的研究》中西田对“神人同性质说”及“梵我一如说”（ブラフマンとアートマンは一である）之理解，来判别出西田所谓绝对无（神）与相对有（人）之间的关系是同本质性的，亦即同一个本质的两个侧面。笔者认为这里有松本独断的一面。松本根本没有彻底检视西田哲学里的绝对无是什么，它带有什么意义。

事实上，西田认为绝对无（神）与相对有（人）之间的关系是绝对的隔绝，只不过他不愿意让绝对高高在上、与相对界无关的绝对无，只承担消极、静态的作用（当然这也是西田自己认为的）。绝对无应该是要否认自身，让自己能和相对有进行交涉，让相对有得以存续。这种绝对无是一种具有爱（能动性）的绝对无[②]。至于要问西田“为何？”的话，笔者认为从哲学的层面来看只能解释成：这是西田的设置。与其问“为何”是这种

---

① 松本整理出“逆对应”包含了以下四个关系：（1）绝对与相对的关系。（2）绝对对于自身的关系。（3）相对对于自身的关系。（4）相对之间的关系。

② 参见《西田几多郎全集》第11卷，东京岩波书店1978年版，第396—398页。关于逆对应的研究，笔者在《对京都学派宗教哲学的考察：关于西田哲学与田边哲学的“逆对应”》（载藤田正胜编：《〈善的研究〉的百年：从世界到世界》，第218—237页）有详细的论证，在此不加赘言。

规定，倒不如去理解西田最终想要主张“无就是爱、空就是爱”的意思。

林镇国在《形上学、苦难与解脱：“批判佛教”争论的反思》一文中为西谷启治进行辩护，并对“批判佛教”如此反问道：以中观派的空（绝对否定）为基础所主张的理性主义，是否有过度信任理性主体的嫌疑？相对于此，林镇国认为西谷所说的“空之场”（《何谓宗教》）无疑是消解理性主体的概念。西田的纯粹经验与绝对无的场所当然也担负了消解理性主体的意涵。

若回到“批判佛教”的最初前提来说，《起信论》或其内容里的真如、如来藏、本觉、佛性、空等概念之所以是伪书与伪概念，是因为那是袴谷与松本的判教结果，即判别是否背离释迦牟尼的教义之结果。这种判教不仅被扩延到对其宗派教义（道元的本觉思想）的判释、对日本不平等社会（差别社会、格差社会）以及“一亿总倡和”（对梅原猛）的批判，还被扩大到东西哲学及中日佛教思想界。然而，两者对京都学派的场所哲学或绝对无哲学之批判，似乎有片面之嫌。因为京都学派哲学家们所谈论的“佛教”是混合西方宗教与哲学而被提出来的未来理想宗教形态（未来にあるべき宗教の姿），并不适合被放在纯粹的判教行列里（過去にあった宗教の姿）。袴谷与松本的“批判佛教”固然是以过去的佛教为判准所激发出来的判教运动，但只要是标榜“批判哲学”，又不免带有一些未来的理想倾向。笔者认为这是袴谷与松本必须进一步严密定义与说明的地方。

三、作为绝对无的真如：久松真一

久松真一和西谷启治同为西田几多郎的门下生，出道虽比西谷早，名气却远不如西谷。久松生性倾向宗教生活，不喜纯哲学的专研，大学毕业后便开始参禅并得悟。他秉持“知与生活”（知ることと生きること）不离的立场，在临济宗大学（今花园大学）、京都大学、龙谷大学教授宗教与宗教哲学的同时，不断禅修与茶道（禅文化）的社会实践。[①]

《起信的课题》的雏形是1936—1937年久松在京都大学文学部佛教学的特殊讲座中以“起信论的哲学课题”为题目所讲授的内容。该书的出版则在1947年。序论结构分别为“起信论的组织”、“起信造论的态度”、“造论的目的”、“造论的对机”、“起信论的形式”、“起信论的哲学课题”。关于哲学课题的部分，久松又分为“实在论”、“现象论”、“认识论”、“实践论”。久松只撰写到“实在论”的部分。其余的部分则由常盘义伸与东专一郎完成。此处仅就久松撰写的部分来进行讨论。

在进入对《起信的课题》的探讨之前，在此先概略性地说明久松思想里的两个重要概念。分别是战前所提出的《东洋的无》（1939）以及战后所提出的《绝对主体道》（1948）。笔者曾于《存在与行为：以久松真一与田边元的绝对无为中心》[②]一文中检讨了“东洋的无”（消极的无）转换到“绝对主体道”（能动的无）的过程，亦即一种绝对无的消极主体转换到能动主体的过程。《起信的课题》中作为“主体的主体”或“绝对主体”的真如（H 6・37）正是过渡这两个概念的重要概念。

《起信的课题》是一部久松以自身的自觉，亦即宗教体验为具体呈现的著作。换言之，此书并非文献研究，亦非佛教知识的专研或思想史的考察，更不是判教的结果。他是以“现实界与超越界的关系（人与真如的关系）”（H 6・17）这一关心点，亦即“即无的实存”（H 6・17）这种实存的立场来对《起信论》进行考察的。那是一种抛弃自身变成对方（作为绝对无的真如），并被对方所包摄的立场。[③]久松

① 参见《久松真一著作集》第1卷，东京理想社1969年版，第415—438页。以下引用该著作集以“H卷数・页数”略记。

② 参见《伦理学》第24号，2008年，第49—62页。

③ 此说法和西田的场所逻辑的“一切相对有必须被场所包摄、映照，才能得以成立”的说法有类似之处。

主张唯有真如（绝对无）变成自己，它才能被人所觉知。他甚至认为《起信论》必须是人去实践它所说的宗教实践（令众生离一切苦，得究竟乐，非求世间名利）才得以被理解，而不是理智分别可及的。因此他主张《起信论》虽有五个结构，因缘分、立义分、解释分、修行信心分、劝修利益分，但最应该被重视的不是占整本书最大篇幅的立义分与解释分，而是修行信心分。[①]（参见 H 6・30—31）

虽说如此，这里有一个前提是，《起信论》是作者当时为“下根劣机”而写的解说书，也就是为离解脱甚远、执着于客观分析知识的人而写的解说书。根据久松的说法，以逻辑思维的方式来撰写《起信论》并非作者的本意。作者只是在迫不得已的情况下，以权宜的方式那样做而已。（参见 H 6・44）但到了久松的时代，《起信论》与其说是下根之人（非理性主义者）倒不如说是上根之人（理性主义者）在阅读的书物。久松指出之所以会有这种颠倒现象，是因为现代人都是站在理性主义的角度、逻辑思维的方式来思考事情的缘故。

显然地，久松的立场是属于“批判佛教”的批判对象。简洁地来说，久松认为教义与行信若有个序列的话，必定是先有行信才会有所谓教义可言。若重视立义分与解释分，很容易掉入理论先行（教义指导实践）、对象或现象分析的主知主义或理性主义（理性主体的宰制）的立场，而远离宗教救济的真实或事实真相（或者说是西田所谓纯粹经验的真实光景）。这和其师西田几多郎的人生与治学态度是一致的。这与“批判佛教”主张彻底地批判，亦即彻底的理性主义立场是背道而驰的。但如前所述，“批判佛教”的彻底批判立场背后是绝对的空。

若是如此，在此可推论出京都学派的立场是由哲学家（人）的宗教体验（西田：纯粹经验。久松：无的实存）出发来重新诠释西方哲学或佛

① 本章引用《起信论》，引自萧萐父释义，星云大师总监修：《大乘起信论》，台湾佛光文化事业有限公司 1996 年版。

教经典。相对于此，袴谷与松本则是从佛教经典的判教出发，经由自身想象释迦牟尼应该是那样、道元应该是这样的方式，来进行教义上的异端排除。显然两人的言论及态度与京都学派的西田、久松或西谷截然不同。虽然他们的“批判佛教”运动触发自日本的不平等社会现象与自身宗派的非现实性（部落民的问题）、国家主义者的倡和逻辑（对政治御用学者梅原猛的批判）等，但明显地是，这并非出自活生生的自身经验或宗教体验。

久松借由“起信造论的态度”、“造论的目的”、“造论的对机”、“起信论的形式”等来解说《起信论》的主要目的，并不是要教授众生离苦得乐的知识，而是要告诉当时的日本人要学习《起信论》的作者及《起信的课题》的作者（久松自己）之化他菩萨行，亦即让带有无明熏习的污染心之众生能够明白，真如（佛性、清净心）已在己之内，真如本来就有能够熏习无明的作用，因此能让众生厌离生死苦、欣求涅槃乐。[①] 久松注重的自然是化他菩萨行的仿效以及众生的追随，而不是佛教知识。当然“批判佛教”并不会放过此处“真如、佛性、清净心在人之内，只待人对它的觉知便能离苦得乐”的说法。因为这种“真如与人一如”、“真如的觉知便是人的解脱”背后有一个他们要批判的根源（ground）、基体（dhātu）或实体（substance）。

事实上，久松并不会同意“批判佛教”的这种批判，因为他并不认为真如是一个基体（dhātu）或实体（substance）。比如他并没有完全认同《起信论》谈论“对治邪执”里的“真如法身自体不空，具足无量性功德故”[②] 的说法。此处的回应是针对五种“人我见”中的第二

---

① 《起信论》的“解释分”在解释染法与净法、无明与真知的关联时，提出了以下比较明确的“离苦得乐”之说明。“云何薰习起净法不断？所谓以有真如法故，能薰习无明。以薰习因缘力故，则令妄心厌生死苦，乐求涅槃。以此妄心有厌求因缘故，即薰习真如，自信己性，知心妄动，无前境界，修远离法。以如实知无前境界故，种种方便，起随顺行，不取不念，乃至久远薰习力故，无明则灭。以无明灭故，心无有起。以无起故，境界随灭。以因缘具灭故，心相皆尽，名得涅槃，成自然业。”（萧萐父释义，星云大师总监修：《大乘起信论》，第 113 页）

② 萧萐父释义，星云大师总监修：《大乘起信论》，第 148 页。

种："二者闻修多罗说，世间诸法，毕竟体空，乃至涅槃真如之法，亦毕竟空，从本已来自空，离一切相。以不知为破着故，即谓真如涅槃之性唯是其空"[①]而发的。久松在说明《起信论》被造的八个理由中的第二个理由（阐述立义与解释分的理由）时，明确地如此说道："真如本身也不能说是真如，因为真如这个语言本身是针对众生而说的。具体的真如本身是断绝语言、超越分别的东西，因此被称为离言真如。即使是离言，亦是一种语言，因此也不能说是离言。最终，语言就真如的情况只能说是依据语言来制造语言而已。"（H 6・40）也就是说《起信论》中所说的真如只是假名、方便的说法。进一步来说，《起信论》本身也只是一种假论，为劝导众生而发的方便产物而已。（参见 H 6・72—73）用京都学派的术语来说的话，这便是"空有"、"绝对无即有"。无论是《起信论》本身还是真如，都只是为了破除言说或妄念的东西，因此也只是妄念。对久松来说，真如只是无分别的东西。

久松在《起信的课题》的"实在论"明确地说明，众生心不是实在，真如才是实在，是一种"真空无相的主体"（H 6・85）。佛教的大悲行便是指这种作为绝对无的真如之作用。"而作为真正实在的真如，原本既不是单纯的空，也不是单纯的不变，而是在一如的意义上既不空也有变化。然而在体用的分别之上，真如作为体，被定位于空与不变，生灭作为用，被定位于不空与变化。在此空、不变是主体的地方，《起信论》和时间的绝对流动说有所不同。而在不空、变化是其用的地方，它和空间的绝对灭寂主义有所不同。"（H 6・96）真如在此显然包含了空与不空、不变与变化这两个面向，因此和"批判佛教"认为真如是根源、基体或实体的说法并不相符。

前面已提过，在"东洋的无"（消极的无）转换到"绝对主体道"（能动的无）的过程中，《起信的课题》的真如是过渡这两个概念的

---

① 萧萐父释义，星云大师总监修：《大乘起信论》，第 148 页。

重要概念。“东洋的无”是久松为了克服西方形而上学（存在论）所提出的概念。久松认为“东洋的无”唯有透过灭度、大死、静虚、三昧、坐禅等才能消解相对或将现实存有物（有）转入绝对无。（参见H1·21—23）当然此处的绝对无偏向消解西方哲学的概念装置，还不算是久松自身生命的真正落脚处。他在《东洋的无的性格》（1946，收于《绝对主体道》）一文中便明确地指出，“东洋的无”不能停留在消解矛盾、对立、相对的形上物性质，还必须变成我们人类自身，必须是能自由无碍地创造一切的、纯粹的绝对主体。而久松所认为的真如无疑包含了这里所说的“消极的无”与“能动的无”。

久松的真如论虽然在即空即不空、即不变即变化的两侧面上免于“批判佛教”的基体论批判，然而最后还是无法避免“彻底的批判”这一理性主义立场的围剿。笔者认为能真正回应“批判佛教”的基体论批判与理性主义的围剿的是田边元。

四、田边元的宗教哲学与缘起论

如上所述，西田哲学中期的“静态的场所”到了晚期转变成了“动态的场所”，也就是从“绝对无的场所包摄相对有的逻辑”转变成“绝对无的场所与相对有的逆对应逻辑”，也因此静态的绝对无变成了动态的绝对无。这里是“批判佛教”尚未深入探讨的区块。田边元晚期的宗教哲学可说是踩在这个基础的另外一种发展。笔者认为西田和田边两人宗教哲学论述的最大不同，在于以下几点。

第一，在逆对应的逻辑里（田边在晚年亦援用了此概念），田边元依然使用“类、种、个”或“类（绝对无）、种（相对有）、个（相对有）”的相互媒介关系，西田则始终停留在缺乏种（相对有）的绝对无与个（相对有）之间的逆对应关系。第二，在宗教和哲学、信仰和理性的关系方面，在西田的最终论文里，宗教始终是哲学或理性的基础（道德亦是如此），而在田边元的忏悔道哲学以后的宗教哲学脉络里，则是彻底的媒介关系。跳跃性地来说，相对于绝对无在西田的“绝对无的场所与相对有的逆对应逻辑”里略带有根源的意味（但绝对不是“批判佛教”所说的不动的根源），它在田边宗教哲学的开展里并不是所谓的根源、基底或实体，而是彻底去除根源、基底或实体的否定作用。第三，西田的宗教哲学并没有开展出科学，田边则在晚年以他力哲学为基础，展开重构数学、物理学和科学等论述。

在思考如何回应“批判佛教”的场所哲学批判的前提下，以下将针对造就两者宗教哲学差异的原因进行探讨。在进入探讨前，先容许笔者对田边晚期的宗教哲学进行一点概略性的说明。

综观田边晚年的宗教哲学开展可知，他的后期哲学以忏悔道哲学为开端，中经对基督教历史发展的辩证，最后驻足在“死的哲学”。依他力而起的忏悔（自我否定行）可说是其哲学的核心价值。忏悔不仅为田边自身及面临危机的理性哲学带来一线生机，还为传统佛教（此处指禅宗与真宗）教义注入理性思维，令其不陷入神秘主义的迷雾（即去神话化或给予历史化）。理性哲学透过他力的恩宠（亦即宗教的媒介），从自我否定转换到自我肯定，他力宗教亦透过自我限定，借由哲学的否定媒介来显现自身。因此宗教和哲学、信仰和理性始终停留在相互否定媒介的关系里。这种一方不会成为另一方的根据或根源的绝对否定媒介之宗教哲学，便是田边与西田最大的不同。造成这种思维的最主要原因，可在田边晚年于北轻井泽隐居处所的哲学讲义内容《哲学入门——补说第三、宗教哲学·伦理学》当中找到明确的答案。

作为回应“批判佛教”的批判，“批判佛教”认为主张缘起、十二支缘起、彻底的空（否定）的才是真正的佛教。[①] 笔者恰恰认为田边在

---

① 参见松本史朗:《如来藏思想与本觉思想》,《驹泽大学佛教学部研究纪要》第 63 号，2005 年，第 288—316 页。

该哲学讲义内容中参考山口益《般若思想史》(1951)讲述大乘佛教的发展时，重点式地将佛教的根本真理进行了简洁有力的说明。田边针对天台宗的空假中的三谛圆融、空、缘起、四谛十二因缘进行了解释，最终当然是要和自己的宗教哲学进行联结。田边对这些概念的解释就能回应“批判佛教”的要求，特别是关于空、缘起、四谛十二因缘的阐释部分。

田边元谈空是以存有的相依相待关系来说明的。空并非空空如也的意思。无论是思想还是其对象物，都不能以自己单独的形式存在。这些都必须是相依相待，而不是单独的绝对存在。此为诸法无我，亦即所谓的空。(参见T 11・461)田边接着说明西方哲学大多追寻或讲述常住不变的实体(substantia)或本质存在(essentia)，故发展出科学认识的主知主义的产物。相对于此，佛教否定实体，即所谓诸法无我，一切只不过是相依相待的相对现象存在。因此存在不是因果存在，而是因缘存在，各个存在彼此互为因缘。(参见T 11・461—463)

重要的是，田边将存在的这种因缘关系，称为其哲学术语的媒介关系或辩证法关系。在此可以发现，田边宗教哲学里的“类、种、个”[或“类(绝对无)、种(相对有)、个(相对有)”]、“神(无)、耶稣基督、民众”、“佛(无)、法藏菩萨、民众”的相互媒介关系，便是佛教的“因缘、缘起哲学”或“空的哲学”(存在论)的现代版。这里亦是突显西田与田边宗教哲学之不同的重点。因为对西田来说，构成逆对应结构的绝对无与相对有的关系，指的是绝对无与国家或绝对无与个人的关系，而不是三者并列的否定媒介关系。在逆对应的结构里，宗教的根源特性显然较为浓厚，这也是西田哲学仍被批判佛教批判的理由。

至于四谛(苦、集、灭、道)与十二因缘(无明、行、识、名、色、六处、触、受、取、有、生、老死)，田边认为这些都是原始佛教的存在论概念。如何脱离人的生老病死(四苦)、不为四苦所羁绊是佛教一开始的出发点。最后解脱的方式便是悟出人之上述的所有存在状态都只是相依相待的关系，即诸法无我(空)，也就是说提出空才能脱离对相对有的执着与执着所带来的痛苦与烦恼。释迦牟尼在对应他以前的印度哲学（ウパニシャッド）的主知主义立场时，势必得提出另外一种知识的立场，那便是他以生命所体验出来的般若（悟道）知之立场。（参见 T 11・469—475）而"批判佛教"的主要论述依据亦不可能脱离上述释迦牟尼的立场。因为判教必须要有一个基准。吊诡的是，袴谷与松本的"批判佛教"立场显然已经有超越佛教的嫌疑，因为他们认为释迦牟尼也有动摇之处。这里暴露出"批判佛教"的判教基准也因其彻底批判的立场而变得模糊不清。

久松真一在《起信的课题》里所提出的真如观亦是如此。真如只不过是个假名（仮に設けられた仮設）。事实上，那只是相依相待的空有概念。也就是说真如只是为了引导人离苦得乐而设的方便概念而已。根据田边的空假中解释，空和假不是对立的二元，而是假为空所媒介、空为假所媒介才得以是其自身。这种空与假的相互媒介之动态性或交流性正是所谓的中。此为空假中之所以被称为三谛圆融的理由。（参见 T 11・465）

同样地，田边元的宗教哲学亦和久松的真如观有类似的地方。无论是宗教还是哲学，都只能是假名或空有概念，任何一方都不能互为彼此的基础或根源。田边的媒介（空假中）的宗教哲学便意味着不会有一个真正的哲学或宗教能作为供人进行哲学或宗教批判的基准或根源。在这一点上，足以回应"批判佛教"对京都学派的批判。当然袴谷与松本的京都学派批判并不完全，实在有必要再深入一点，但笔者认为他们若有值得评价的地方，就在于透过各种假名与自我牺牲的行为（这里是指他们不在乎自己的名声地位、让自己支离破碎），来彻底贯彻空的思想。

五、结论

本章内容和前两章内容的性质略有不同。这是一篇从京都学派的绝对无哲学之立场回应当代批判佛教对其批判的研究文章。构成此章的背景则是一个更大的佛教经典《大乘起信论》在近代东亚的发展脉络。台湾当代佛教研究者林镇国长期关注东亚佛教现代性的问题，本章可说是在他勾勒的东亚佛教与现代性之思想史蓝图下所呈现的研究成果。[①] 佛教作为东亚的外来思想，透过东亚各地的接收土壤，形成各种不同的面貌，这是不争的事实。当每个传统的佛教诠释遇到西方的现代性时，仿佛挣脱了各自的特殊性而有朝向普遍发展的倾向。事实上情况比之更加的复杂。佛教借由普遍这个利器，不断地朝向各自的独特方向开展与深化。无论是中国的支那内学院、港台新儒家，还是日本的传统佛教、京都学派，甚至是批判佛教都是如此。

后期田边哲学因其主张的绝对媒介性，和西田与久松的绝对无哲学相较起来，虽能避开实体论或根源论的嫌疑，亦即能免于批判佛教的批判，但只要是奠基在大乘佛教的空或无的思想，就无法避免肯定现实的命运。在这一点上，无论是京都学派还是批判佛教都一样。只要是踩在空的哲学继续发展或深化，其哲学的深度与广度或者是社会实践，都会产生一个问题，那便是空有（无有）或媒介有都无法脱离“暂时的有”这种特性。在今日全球规模性的反国家至上主义及自由主义式的资本主义的风潮里，空的哲学或媒介的哲学都将会再一次为它们提供某种形式，来使之继续存在。而这种空有的现代性是否还有意义，则是吾人必须更加深思的课题。关于后期田边哲学的形而上学倾向，本书第八章有相关的探讨。

---

① 本章内容曾宣读于东京大学哲学研究中心（UTCP）与台湾政治大学哲学系合办的学术研讨会议。其主题为“《大乘起信论》与主体性：近代东亚哲学的形成及其论争”。本章内容的日文版已由东京大学（UTCP）出版（参见《UTCP-Uehiro Booklet APF Series4〈大乘起信论〉与主体性：近代东亚哲学的形成及论争》，vol. 14，东京大学哲学研究中心［UTCP］，2017 年 3 月）。此会议主题由林镇国提出，当时构思的是探讨《大乘起信论》在近代东亚的发展脉络及其与主体性之间的关联，借此来促进东亚学者之间的对话。

[第二部分]

历史哲学

第四章　战时田边元的历史观：宗教与国家的葛藤

一、前言

对于活在当下的我们而言，历史究竟是什么？历史是指人类自身对过去发生的事所进行的系统性叙述？还是指绝对者所创造的世界剧本？若说历史只停留在过去所发生的事仅供我们认识的话，那么它似乎和我们朝向未来应当与意欲的生命没有任何关联。然而，历史是否应该只被定义为过去的既定事实？田边元在面对此问题时，随着自身的哲学与生命的跃动，在当时的历史现实下，构筑了自身独特的历史观。本章目的在于尝试论述田边战时的历史观给予吾人活在当下的现代意义和其哲学的局限性。

有关京都学派战时言论的研究，因其协助战争之嫌，目前仍无显著的成果，甚至有停滞的现象。在日本哲学思想界，虽然出现一些批评京都学派在战时的哲学言论，不过真正探讨其在战时所展开的“历史、宗教、国家”哲学的研究并不多。[①] 大桥良介在《京都学派与日本

---

① 针对京都学派战时的哲学进行批判的，有竹内好：《近代的超克》，东京筑摩书房 1983 年版；广松涉：《〈近代的超克〉论》，东京讲谈社 1989 年版；子安宣邦：《何谓“近代的超克”》，东京青土社 2008 年版等。而真正从哲学的观点来看京都学派战时的言论的，则有大岛康正：《大东亚战争与京都学派》，《中央公论社》1965 年 8 月号；大桥良介：《日本式的东西、欧洲式的东西》，东京新潮社 1992 年版，第七章“近代的超克”；大桥良介：《西田哲学的世界》，东京筑摩书房 1995 年版，第三章补足考察“京都学派与‘近代的超克’”；植村和秀：《关于对“日本”

海军》(京都PHP新书2001年版)里展开有关京都学派与战争的言论，备受学界瞩目。然而此书的立场只是在为京都学派协助战争的事实进行辩护，并公开大岛康正的笔记(此笔记记录了京都学派和海军在秘密会议中的谈话内容)，借此来定义大岛在京都学派所占的地位[①]。其内容并未正面探讨“历史、宗教、国家”三者的哲学，以及清算“近代超克论”的两面性意义 —— 对抗西方与扩张日本帝国，亦是不可否认的事实。

本章首先参照《世界史的立场与日本》[②](东京中央公论社1943年版)与《近代的超克》(东京富山房1979年版)，借此尝试论究“大岛笔记”里京都学派内部对战争看法的分歧。其次，将田边在秘密会议中反对战争、提倡忏悔的发言内容和其从日本侵华战争到1944年间所构筑的历史观作对照，借以说明战时田边哲学中“历史、宗教、国家”三者的关系。基于以上架构，以下试图探讨田边的历史观和世界观以及它们给予我们的现今意义及其局限。

二、关于“近代的超克”与“大岛笔记”

根据“大岛笔记”可得知，京都学派与海军的秘密会议，在1942至1943年之间，共举行18次。参加者行列中，京都学派的关系成员

(接上页)询问的斗争：京都学派与原理日本社》，京都柏书房2007年版；杉本耕一：《战争期京都学派的宗教哲学与时局性发言：以西谷启治为中心》，《求真》第16号，2009年；菅原润：《“近代的超克”再考》，东京晃洋书局2011年版等。京都学派整体的历史哲学发展，尚有待日后更严密的研究。

① 林镇国在《朝向多元对话的汉语世界》(《当代》第229期，2006年)的后记中提到京都学派的哲学只停留在叙年排位。大桥在此书将大岛列入京都学派系谱的工作，亦不出其外。关于大岛与田边哲学之间的关联，参见本书第五章。

② 参加座谈会的京都学派哲学家，有西谷启治、高坂正显、高山岩男(1905—1993)、铃木成高(1907—1988)四位。座谈会分三次进行，分别为“世界史的立场与日本”(1941年11月26日)、“东亚共荣圈的伦理性与历史性”(1942年3月4日)、“总体战的哲学”(1942年11月24日)。这三场会议的内容收录于《世界史的立场与日本》。

有西谷启治、高坂正显、高山岩男、铃木成高、大岛康正、木村素卫（1895—1946）等人。田边只参加过六次且在会议中发言消极，并反对战争、提倡忏悔。在此首先将西谷、高坂、高山、铃木在座谈会及秘密会议里的发言和他们在太平洋战争前后的共同认知，也就是“近代的超克”进行关联性的考查。其次，透过提出秘密会议中田边对他们的思索所进行的批判，来突显京都学派内部对日本在太平洋战争中的主体行动，即对战争行为所持的分歧意见。

在日本偷袭珍珠港前夕，由中央公论社召开的座谈会“世界史的立场与日本”上，京都学派的西谷启治、高坂正显、高山岩男、铃木成高等大部分人把议论的焦点放在“世界中的日本”和“日本中的世界”这两个命题上。世界史到当时为止，是以祖述欧洲人的发展史为中心的[①]。但此世界观毕竟只是欧洲人优越史观，也就是以支配世界的欧洲人史观为主轴而形成的产物。欧洲人认为，在那之外的史观，如亚洲、非洲、南美等的历史只是世界史的前阶段存在而已。高坂在座谈会上说道：“从欧洲人的立场来看，东洋似乎在世界之外。”[②]此说法即是来自欧洲人的世界观。对于这种欧洲本位的史观，高山说道：“在对抗欧洲的日本或东亚意识里，其实同时含有在日本自身内部中否定近世日本，也就是明治大正期日本的意识。”[③]

若是如此，我们可以得到以下的结论。昭和时期，日本为了和欧洲的世界观对决，将其过去所摄取的欧洲文明及其近代帝国主义的侵略行为做了一个清算，换言之，就是已达到自我批判的阶段。当然这一自我批判的另一面便是对日本侵华战争的美化。此一自我批判的

---

① 京都学派的世界史之哲学论述，始于铃木成高的兰克史学研究与批判。关于此论述，参见铃木成高：《兰克与世界史学》，京都弘文堂 1939 年版；森哲郎编：《世界史的理论：京都学派的历史哲学论考》，京都灯影舍 2000 年版；拙论《两个关于世界史的哲学论述：京都学派与柄谷行人》，《现代哲学》2016 年第 3 期。

② 东京中央公论社编：《世界史的立场与日本》，东京中央公论社 1943 年版，第 16 页。

③ 东京中央公论社编：《世界史的立场与日本》，第 17 页。

说法，不全然与第一次世界大战后欧洲人所提起的危机意识，即所谓“西方的没落”没有关系，此外也无法撇开日本发起侵略战争的事实。然而，京都学派自行摸索了一条与欧洲人不同的道路。其论调的立场是“近代的超克”。此近代超克论可说是从“世界中的日本”到“日本中的世界”的立场，也就是从对抗欧洲世界观的日本立场到打破欧洲、日本旧世界观并构筑一个新世界观的立场。这也显露出“近代超克论”为日本军国主义扩张提供了一种思想基础。

此处的“近代超克论”，我们可以说一方面是对欧美诸国进行反抗的思想基础，一方面是日本帝国侵略周边国家地区的思想理论。这种瓦解欧美强权、制造另一种日帝强权的理论，实是不可不加以警戒与批判的。须注意的是，田边的立场显然与之相反。他主张日本应该进行忏悔，而不应该再去讨论如何建构这些世界史理论。关于此内容，将于下面讨论。

那么西谷、高坂、高山、铃木的所谓近代超克论如何可能？他们在论及日本的道义性与世界观之际，借由提出日本在世界的道义生命力（moralische Energie，兰克的概念）来提倡其近代超克论。[①]道义的生命力究竟是什么？根据高山的说法，其本来是与战争离不开的国家道义生命力，“是一种生命对形式化的正义感，维持旧秩序或现状的不义，所做的反抗”[②]。尽管如此，进入太平洋战争后，京都学派把这种道义的生命力转化为和英美等敌国阵营进行总体战的思想泉源。关于此点，亦可从西谷的以下发言窥见。“日本对中国行动，以被误解的姿态出现，实是受到当时的世界秩序和历史所制约。然而，其行动现在必然与大东亚建设，即在某个意义上理念性地克服帝国主义之行动，有所关联。若从该处探讨的话，我们可以了解到，在过去的行动里，亦

---

① 参见东京中央公论社编：《世界史的立场与日本》，第101、124页。

② 东京中央公论社编：《世界史的立场与日本》，第102页。

有作为帝国主义而无法说明清楚的不明之处。”[①] 对西谷而言，日本侵华战争虽然也有“作为帝国主义而无法说明清楚之处”，但它在“理念”上终究是“克服帝国主义之行动”。此种作为战争意识形态的道义生命力可以说是一个全然的恶，以“大东亚共荣圈”建设为号召，企图将亚洲诸国从欧洲的旧秩序中解放出来，都只不过是粉饰日本战争行为的美丽辞藻。从这里我们可具体看到“近代超克论”的两面性意义，即对抗西方与扩张日本帝国。

然而，须注意的是，京都学派在此强调，以道义制道义，换言之，以日本、亚洲新秩序打破欧洲、日本旧秩序的道义生命力。此种道义生命力的发挥，正是日本自身的自律（自力）性道德伦理的觉醒。[②] 毋庸置疑，此觉醒必然会带来道义自身所包含的对立矛盾。也就是说，打破道义的道义，必为下一个更高层次的道义所制衡。京都学派的西谷、高坂、高山、铃木在陷入这种矛盾的同时，为了保存日本国体，创造日本、亚洲新秩序，却只能走上打倒近代欧洲的路。这可说是其近代超克论之局限。这里透露出“近代超克论”的主张，不是单纯的哲学观点，而是与现实有紧密关系，并且对日本实际对华的政治、军事后果产生了影响。

西谷一行人在秘密会议里，亦以此种近代超克论来进行研议。他们在会议里热衷于议论“共荣圈”政策或对中国及东南亚的政策，以及其思想根据，或者专注于日本在“共荣圈”的指导理念、日本的新

---

① 东京中央公论社编:《世界史的立场与日本》，第 171 页。

② 道义生命力的议论，在第三次座谈会上，有宗教性的展开。高山站在大乘佛教立场上说明此力量为了引导近代欧洲去除其恶，有必要转向道义行动的极致，也就是无我的境地。不过，他接下来又说道，此道义性的主体，仍然是为了服务天皇而存在（参见东京中央公论社编:《世界史的立场与日本》，第 302—303、417—419 页）。另外，高坂为了拯救近代欧洲的罪恶和其停顿而提出杀之再给予复活的大乘佛教立场，亦是其中一例（参见东京中央公论社编:《世界史的立场与日本》，第 307 页）。这种站在价值、道德颠倒的宗教彼岸世界里所提出来的道义生命力解释，可以说是与杀己利他的宗教救济论背驰。京都学派在这里用超越的立场来说明日本的道义行为，仍然无法跳脱出自律性道德伦理的范畴。

秩序建设原理、作为“共荣圈”盟主的道义性与历史使命等。当然，会议里头亦有反对日本利益主体的发言。如木村素卫和高山岩男说道：“新日本的立场，与其说是表明利益主体，倒不如说是标明道德主体。”[①]不过这种说法，显然还是无法脱离上述所说的对立矛盾，即自律性道德伦理之觉醒所带来的矛盾冲突，同时也关系到实际的政治、军事冲突。

关于近代超克的言论，另有一个由京都学派哲学家、日本浪漫派及《文学界》的文学家所构成的座谈会“近代的超克”（1942年7月召开）。京都学派成员有西谷启治、铃木成高、下村寅太郎。三者的相关论文刊载于杂志《文学界》同年的9、10月号，最后收录在《近代的超克》一书中。此座谈会被规定为“知的协力会议”，讨论日本面临的“近代”问题与其超克的方向性。西谷的文章《“近代的超克”私论》是战后最受批评的论文。

西谷在该文提出“主体的无”。所谓“主体的无”，是指将通常自认为是“自我”的东西彻底地否定，同时以最终残存下来的作为“自我”之主体性的立场。[②]此为比身体性自我与灵魂的自我等更为根源的真正主体性。由于其不会被对象化，因此被称为主体的“无”。而真正的主体性则出现在道元所谓“身心脱落”之中，此主体性作为意识我的否定，即消灭小我的“无我”、“无心”而出现[③]。按照西谷的说法，在此种作为“主体的无”的宗教性里，人性与科学一度会被否定、超越。但与此同时，在该宗教性里又会出现从否定、超越转变成肯定并跟随创造文化、发展科学的主体，来活用该宗教性的立场。西谷在此提出近代超克的立足点。

然而上述“主体的无”的立场被西谷用于谈论国家时，则变成了

---

① 大桥良介：《京都学派与日本海军》，京都PHP新书2001年版，第185页。

② 河上彻太郎等：《近代的超克》，东京富山房1979年版，第24页。

③ 河上彻太郎等：《近代的超克》，第24—25页。

问题。因为“主体的无”与“灭私奉公”[①]这一战争时期的口号重叠，个人被鼓吹要对国家顺从。在那里，日本这一现实里的国家，显然已被西谷视为已体现理念，即已去掉自我的国家（事实上此时的日本帝国，正在和中国、美国进行总体战）。在“主体的无”的立场中，消灭自己则被视同为立刻消灭自己而顺从既存的国家。在这种情况下论及国家时所带来的宗教性，最终也只能为现行国家的强制力做奉仕而已。因此当西谷的宗教哲学发出在现实层面的战争言论时，始终无法摆脱帮凶的嫌疑。

相对于弟子们积极的参与态度，田边和海军开会的态度显得十分消极。田边在 18 次会议中只参加了 6 次。如大桥所指出，田边经常在会议中提及“忏悔”一语，这足以证明田边哲学此时正处于转折期。[②]关于此点，我们可以从田边在第 11 次会议（1942 年 12 月 9 日）的感想中得知：

> 不仅止于个人，就连国家和历史世界，都是以道义为原理才能得以生存的话，那么国家亦必须和个人一样，非得对自己所犯的过错进行忏悔不可。……我们所需要的是，超越知性和伦理的宗教性东西。在国家被审判的同时，我们亦无法幸免。因此，有必要使国家朝向宗教性的超越性的。也就是说，问题不是在于客观事物的讨论商议上，而是在于我们主体。[③]

田边所求的不是“近代超克”所需要的知性或理性，也不是“国际道义”所需要的道德伦理，而是有关于“人类共存”所需要的宗教慈爱。如战争等诸恶的问题，早已不需要客观性的讨论，最重要的是

① 河上彻太郎等：《近代的超克》第 26 页。
② 参见河上彻太郎等：《近代的超克》，第 193 页。
③ 河上彻太郎等：《近代的超克》，第 264—266 页。

我们人类在宗教立场上的主体性忏悔。这种忏悔的自觉，和田边在日本战败前后所构筑的宗教哲学，亦即忏悔道哲学相当接近。从以上的论述可明显看到，京都学派与海军的秘密会议里，京都学派内部呈现出对战争意见的分歧。“近代超克论”的两面性意义——对抗西方与扩张日本帝国——显然已经不是田边想要讨论的，他主张应对遭受日本帝国主义蹂躏的国家、地区及其人民进行忏悔。

三、田边元的历史观与宗教观

1942年6月，日本在中途岛海战大败后，士气低落，秘密会议中出现京都学派内部对战争意见的分歧，如上节所述，可说是围绕在历史观和自律性的道德伦理，以及历史观和超越的宗教慈爱这两种区分上。本节特别以田边的历史观与宗教观为中心来探讨，突显田边和弟子们在思索上的差异及其哲学的开展。

有关田边此时的历史观与宗教观，可明确地在《正法眼藏的哲学私观》(1939)中找到痕迹。[①] 田边在此书中主要着重于对道元的宗教论、时间论与存在论的解释，并借此来展开对历史和宗教二者之间的关系的论述。关于历史和宗教，他提出道元的“佛向上事”来说明。

> 佛向上事，并非单指上升至佛法顶边的意思。在向上即向下、发展即溯源的转换媒介里，重新作佛的佛，承续佛祖的教示，并超越此教示而出其上，绝对，回归到更深一层的自我根源，也就

① “种的逻辑”完成于1937年，亦即日本全面侵华战争开始的那一年。大约两年后，田边出版了《正法眼藏的哲学私观》(1939年5月)。田边载于《哲学研究》(1938年10月)的《永平正法眼藏的哲学》则是该书的原形。“种的逻辑”透过道元的信行证之宗教思想（参见T5・461—463），呈现出一种新的宗教哲学面貌。此虽可说是战前田边宗教哲学的发展期，但此时的“种的逻辑”面对道元的“类个一如”之宗教思想，仍占了主导的地位。关于战前田边宗教哲学的另一个模型将在本书第八章探讨。《正法眼藏的哲学私观》的详细探讨见本书第十二章。

> 是更深一层地回溯至无底的深渊，却反而为了救度相对界的众生，而流向更远处。溯源即发展，才是真正作为嫡嗣单传的向下即向上、向上即向下之圆环，来穷尽绝对统一的佛向上事。此思想不只带有单纯的活动性而已，同时亦带有历史性，所以这可以说是非常重要的思想。（T5・470）

这一段话是说，绝对的佛不能只停留在绝对的地位，为了救济众生必须下降到相对界。只有如此，佛才能上升至更深一层的绝对地位。如此看来，佛的上升一定会包含其自身的下降，而众生救济的果遂，反而证明了佛之所以为佛的理由，也就是证明了佛的绝对性。因此若没有佛和众生的“向上即向下”、“向下即向上”之运动的话，佛向上事与众生救济则无法成立。此即为田边所谓的“佛向上事”。

这种绝对与相对的交互关系，不是只停留在上下升降的循环运动而已，其亦带有相对界，也就是我们生活世界中出现的具体历史现象。田边在此强调，佛向上事思想中包含了宗教的救济论和历史性的问题。然而，绝对（佛）的向上即向下的救济行与相对（众生）的道德、历史行为，虽处于欠缺任何一方另一方就无法生存的关系，但由于“绝对的佛作为绝对，是无法为相对所得知”（T5・468），所以二者可以说是处于既相互牵引又相互对立的关系。田边对于这种绝对的宗教世界和相对的历史世界二者的诡谲关系做了以下描述：

> 作为历史文化、文化主体的人类，在其彻底的否定里，一定会有宗教立场的成立。这可以说是今日宗教思想所特别强调的地方。我们不得不去承认此真理。然而，此真理若只偏向往相这一面，而缺乏溯源即发展的还相面的话，那么宗教则仅止于教团内信徒的个人关心事，因此和历史实践的伦理断绝交涉，是无法避免的结果。而且宗教和伦理的这种断绝，反而招致把二者陷于抽

象，或使其失去根底，或让其生命枯萎的结果。二者并非是依靠同一性结合，而是相互自立，且互为他者。二者在相互否定对立的同时，却又相互媒介。（T5・472）

当人类主体的道德行为和历史行为达到极限之际，宗教信仰会随之出现，这是非常普遍的讲法。然而我们不能因为这样就认为我们的日常生活世界里没有伦理和时间。换言之，我们不能说人类的世界里既没有善恶也没有时间。处于当下的我们所应该做的，是随着佛的向上即向下、向下即向上之运动，来解救尚未得救的众生。也就是说，我们不能只停留在被佛所引导的彼岸世界（绝对的宗教世界），我们还必须随同佛的下降，而回到相对的历史世界去救人，借此证明自他者救济的果遂。

进一步来说，我们不能只消除自身存在论的恶，而停留在无我的境地，为了上升到更高层次的无我境地，我们反而需从绝对界下降到相对界去救其他众生，也就是为救众生而否定自我、牺牲自我。此即为他力净土门的往相即还相。而这里所指的上升，绝不是光靠我们自身的力量就能达到的。道元在《正法眼藏》里说道："所谓佛向上事即是，至于佛，进而见佛。"[①] 对于此中的"见佛"，田边解释道："见佛即被佛见成。"（T5・468）依田边的说法可知，与其说吾人见佛，达到悟境，倒不如说"吾人为佛所引导而见佛，达到悟境"要来的贴切。我们是否能还相到相对的历史世界，并不是决定于自力见佛的独觉，或自律性道德伦理的觉醒。在我们的还相救济里，必包含绝对（佛）的慈悲救济，一种使吾人透过绝对的自我否定而得以觉悟，并为了救济他人而自我否定的绝对力量。

以上即是田边从道元的"佛向上事"思想中判教出来的结果。我

① 参见道元：《正法眼藏》卷 2，水野弥穗子校注，东京岩波书店 1994 年版，第 144 页。

们可以从田边的判教中得知，田边所谓的相对界、历史现实世界，必然是以绝对的宗教世界作为否定媒介。当然这里的宗教世界尚属于自力哲学或理性哲学的范畴。关于田边对历史与绝对的论述，可从以下引文中窥见：

> 我们并不能从非历史的，或超历史的立场来了解历史。毕竟历史是从历史的立场所被构筑而成的。然而，历史若没有和超历史同时相即，并作为一个历史即超历史的存在的话，则历史自身就难以成立。在这一层意义上，我们可以知道，不会有脱离绝对的历史，亦不会有脱离历史的绝对。而由于历史乃是以生成即行为为本质，因此，历史的行为必然是绝对的现成，绝对必在历史行为上具体地表现自我。（T5・478）

如此看来，国家的历史主体性和其在世界的道义性，或个人的时间存在性和其与他者之间的伦理性，若去除绝对力量的引导不谈的话，那么二者的主体性及伦理性就无法显现于现实世界。绝对若只停留在绝对的地位，不下降到相对界来救众生的话，则无法显现自身的绝对性。在此，相对的历史世界和绝对的宗教世界，彼此相即存在。若依据此说法来看西谷启治一行人所主张的近代超克论的话，我们可以了解到，人类不可能完全将自身所倚靠的历史世界屏除，进而构筑一个与其全然不同的历史世界。[①]

田边虽在《正法眼藏的哲学私观》中建构如上的历史观和宗教观，但他却又在《国家存在的逻辑》（1939）里，把国家定义为世界史的主体，并将高于个人存在的国家存在界定为一切存在的最高形

---

① 关于西谷启治战前与战后的近代超克论和历史观，林镇国在《理性、空性与历史意识：新儒家与京都学派的哲学对话》（载林镇国：《空性与方法》，台湾政治大学出版社 2012 年版）中有详细的探讨与反省。

态。如《国家存在的逻辑》所示，“历史必须从其主体的国家来理解”（T7·27），国家是宗教绝对的应现存在，所以此时的国家论里，必包含历史和宗教二者的关系。至于此种国家存在的逻辑是如何与“历史即宗教、宗教即历史”的结构做连接的，将在下一节探讨。

四、国家存在与历史

田边针对国家存在的定义，做了以下的论述。“对我而言，国家是最具体的存在，可以说是存在的原型。所谓基础存在论，就是国家存在论”（T7·28）。“作为基体即主体，国家所拥有的绝对的相对，或无的有化的存在性，事实上是完全异于表现的存在和象征的存在的应现存在。我相信这才是存在最具体的原型。一切的存在，包括自然存在在内，皆应该被理解为应现存在原型的抽象形态”（T7·32—33）。国家是绝对的相对，意思是说国家不是绝对的神，换言之，不是绝对的绝对，而是同时具有绝对和相对的双重性存在。无的有化，是指绝对无的神，为救赎人类而下降至人世间（相对界）所化成的姿态。国家正是人世间的神。田边认为国家是天上的神下降至现实世界所应现的存在，所以把国家定义为绝对的应现存在。至于田边是如何论述国家和个人之间的关系？他说：

> 就个人立场来看，为了他人而牺牲自我，甚至为了国家而奉献自己，这些都是为周遭所赞赏的善行。自我否定，反而是对人类的一种贡献。因为其本质是彻底否定媒介的。然而，国家在其种的基体契机里，因为直接是个人的生命根源，所以始终带有维持伸张自身势力的对他肯定面。这是因为其存在即价值的缘故，所以国家与个人不同，根本无法自己否定自身存在来实现其价值。个人的自我否定，反而是为了母体，也就是种的基体的永续存在，

> 透过这种对国家的奉仕，可以贡献人类的文化。不过一个国家为了另一个国家牺牲自我、否定自身存在，同时意味着，以其为母体的个人的基体丧失，因此这可以说是直接或间接地自己杜绝对人类贡献的路。这里有着个人和国家在存在意义上的根本不同，以及异于个人私斗的国家战争能被肯定的理由。（T7・90—91）

值得注意的是，自国不能为了他国而自我牺牲，作为绝对的相对无法进行自我否定。若回顾“佛向上事”思想，可察觉到国家无法和个人一样采取为救他人以杀己的行动。其原因是，对国家而言，所谓个人的“灭私奉公”里的“公”，是不存在于任何地方的。（T8・233）也因此田边才把国家界定为人世间的神。如本书第一章所指出的，田边将国家绝对化的思路若套用在日本的军国主义行径上，可推论出日本帝国以绝对存在的姿态出现，不仅抹杀个人（日本国民），甚至抹消他者（进行侵略战争）以确保自身存在。原本标榜批判日本帝国的“种的逻辑”，显然随着时局变化成为空谈，甚至有帮凶之嫌。关于国家观，田边在《国家的道义性》（1941）里，强调国家在世界的自律性道德伦理。

> 就个人来说，个人若没有对超越自己的国家献身这种否定的话，是绝对无法参与绝对的。个人不能光是依靠自身的发展来获得其作为存在根据的绝对性。然而，国家与此不同，其本来作为绝对存在，并没有拥有应该献上自身的高度存在。反而国家是以自我保存为其义务，以自力防卫为其本分。不过，如此拥有绝对性的国家为数众多，因此国家反而必须自觉自身是相对的绝对存在，并更进一步将自己自律于共存的普遍秩序里。（T8・207）

1941年12月8日，日本作为相对的绝对存在，企图构筑日本、亚洲新秩序，即所谓新世界史观，而其偷袭珍珠港，并与近代欧洲，英国、美国等为敌，扩大战争范围，目的在于发挥自身在世界的道义生命力，发挥一种把亚洲诸国和地区从英美帝国的支配中解放出来，并与之共存共荣的道义生命力。日本唯有凭恃其在世界的道义性，换言之，即自身在世界的自律性，才能实现其相对的绝对性。此正是日本的历史主体性，亦是其对他国自律性道德伦理的表现。我们必须说这种自律性道德伦理的表现充满了危险性，它显然是另一种强权暴行的标志。正如本章前言所述，“近代超克论”包含的不仅是对抗西方，还有日本对外扩张的意涵，因此我们不应容忍此种美化日本战争罪行的理论。在日本偷袭珍珠港之前，田边论述国家和历史的关系如下：

> 然而，缺乏国家则历史无法成立。因为，历史一般被规定为绝对在相对中实现自我过程的自觉，不过绝对与相对的结合，若欠缺把二者统一于其双重性的媒介存在，也就是国家的话，则无以进行。没有国家哲学的历史哲学，只不过是一种抽象罢了。若今日无国家哲学的哲学猖獗，而其与无哲学的国家思想共为时代特征的话，那么国家会因欠缺其为了具体化所需要的道义性自觉的媒介思想而感到困扰，亦是无法避免的结果。这可以说是历史转换期的必然征兆。（T8・209）

田边理解历史是站在以国家现行的世界建设来接触宗教绝对的永远这一立场上的。所以，他在此不讲历史学，而是强调以历史为媒介的国家，也就是作为媒介存在的国家朝向未来的主体行动及其道义性自觉。历史必包含从无国家思想的历史立场发展到“国家即历史”的立场之转换。据上论述可了解到，在相对历史和绝对宗教的结合里，必有“绝对即相对”的国家存在作为二者的否定媒介在起作用。然而，若按田边的“佛向上事”解释，则在历史和宗教的结合里，必有相应于佛的向上即向下之转换运动而展开的无限作佛的个人存在，作为二者的否定媒介在起作用。我们若把国家视为一切存在的原型，或无对他自我否定的"至高存在"（T8·205）的话，那么作为历史和宗教之间媒介的存在主体，若不是国家其为何物？在这里，显然无法看到"历史、宗教、个人"的三一性结合，取而代之的却是"历史、宗教、国家"的三一性结合以及在该结构下个人自由丧失、他国自主性丧失的状态。①

然而，如果说世界史主体的日本唯有作为相对的绝对存在来谋求和他国的共存共荣，是当时世界的极限状况，我们不得不怀疑，田边所谓"历史、宗教、国家"的三一性统一在当时的状况下是否具有可行性。理由是，田边以规制国家的世界机构根本不存在为由，早已把国家绝对化。此时国家取代宗教的普遍性，宗教慈爱也因而退场。当然个人的自由及他国的自主性也只能随之消失殆尽。

在此再次强调，田边的这种哲学局限（自律的道德论述）仅呈现在1939—1941三年之间的哲学论述中，他在1942年之后便走向忏悔之路，强调自身哲学的过失，不再公开发表哲学论著，并在和海军的秘密会议上反对战争、提倡忏悔。

五、结论

当我们论及田边元战时的历史观时，不得不承认其所包含的二重性结构，亦即"历史即宗教"与"历史即国家"的二重性结构。京都学派在秘密会议里所呈现的学派内部（田边与弟子们）之分歧意见，亦可从此二重性结构来分析。西谷一行人凭恃自律性的道德伦理，主

① 事实上到了战后，"历史、宗教、个人"的三一性结构（宗教哲学）与"历史、宗教、国家"的三一性结构（国家哲学）再次成为田边哲学不得不面对的难题。本书第八章处理田边元与卡尔巴特的辩证法时，会再讨论此问题。

张把他国消灭再使之复活的近代超克论立场，可说是以保存日本国体并建立一个日本、亚洲新秩序为目的的史观。这无疑是一种非正义、非道德之主张。

相对于此，田边因应时局的激烈变化，在秘密会议里改变绝对应现存在的国家哲学论述，不再主张日本在国际上的自律规制，而是站在宗教的立场否定被绝对化的国家，并追究日本政府及日本国民的连带责任。其宗教哲学的思想背景，正是来自道元以及亲鸾大乘佛教的菩萨精神。可惜的是，处在战时的田边毕竟没能将其在秘密会议的发言公诸于世。在面对国家的道义与日本军国主义对人类生命蹂躏的不义之间的纠葛，田边在两场演讲“生死”（1943 年 10 月）与“文化的极限”（1944 年 2 月）中，被迫主张国民应为绝对的天皇和国家奉献自己的生命。田边的理性思考，随着其自身“历史、宗教、国家”三者的哲学因时局变化最后带来理性挫败的同时，达到了极限。其结果是，田边终于为绝对他力所指引而走上了忏悔道的哲学之路。1944 年 10 月，他在京都帝国大学的哲学会公开演讲会上，以“忏悔道”[①]为题，公开其绝对他力立场的宗教哲学，即忏悔道哲学，并冒着生命危险，以此哲学为基础，公开批判军政府，主张全体的总忏悔。

若根据以上论述可清楚看到，在田边的历史里，必包含宗教绝对的救济、人类自身的伦理行为和道德行为以及国家社会在世界的道义

① 此《忏悔道》的演讲内容并未收录于《田边元全集》，现由群马大学田边元文库收藏。京都学派战后因受左右派的夹击，其哲学发展的存在备受冷落，以至于田边在战时的哲学思想变迁一直是在暧昧模糊中被认知。此外，田边在京都帝国大学的最终讲义《私观教行信证的哲学》，亦未受到关注。其内容亦未被收录于全集。京都学派的徒子徒孙不断再版《西田几多郎全集》，为其加注脚、增补遗漏。而田边全集却在 1973 年后就停版。市面旧书几乎一套难求，直到京都大学的藤田正胜将田边的一些著作编辑成岩波文库本，其哲学才开始再受到关注。田边文库的笔记、草稿乏人问津，有些已无法修复，直到京都大学的林晋申请科研项目，使用史料研究用软件 SMART-GS 将这些数据进行解读并公开，它们才重见天日。相较西田哲学，田边哲学的处境着实令人惋惜。若说京都学派战后面临左右派的夹击，在某一时期无法开展其哲学的话，那么田边哲学则因日本国内及学派内的冷落，似乎还无法为世人所认识。近年的田边研究虽有增加趋势，但仍远远不及西田研究的盛况。

性。然而，他将国家视为绝对应现存在的历史观必然会转化成协助战争的理论。这可说是此时田边哲学在存在论上的一种恶，亦可以说是其自身存在的一种恶。这是今日我们必须加以警觉与批判的。战后，田边在《种的逻辑的辩证法》（1947）中，以忏悔道哲学为基础修正了国家绝对化的理论。他把绝对国家存在的历史性、伦理性建设行为，视为一种相对性道德的恶，认为国家本身亦是一种存在性的恶。为了从宗教立场来引导个人和国家达到普遍的人类立场，他积极地主张国家否定媒介的作用。（参见 T7・253—256）

如此将国家定义为否定媒介的存在，换言之，定义为一种一时性的方便存在时，表面上看来，确实可以避免诸国之间的利益冲突。然而，从今日紧迫的国际形势来看，显然诸国在国际上角逐、竞争中的对立现实，依然横阻于人类共存与世界和平的理想之前。如何在世界诸国彼此竞争对立的同时，拥护自国的主体性并与他国谋求共存共荣，可说是人类现今最主要的课题之一。若是如此，田边在战时所构筑的二重性史观，即“历史即宗教”与“历史即国家”的史观，就上述的现世观来看，作为一种反思的材料，无疑仍具有警示性的作用，也能让我们从中看到哲学理论为战争美化的反面事例和在现实政治、道义上无力回应的局限性。

第五章　田边元与大岛康正的历史哲学：时代区分的成立根据

一、前言

若说“近代超克”是当时日本为与西欧诸国进行总体战以及美化侵略战争所提出的思想口号，那么此口号随着日本的战败，似乎自然也会跟着消失。然而，“近代超克”不仅没有因此退出世界史的舞台，甚至在战后为日本哲学思想界带来深层的自我反省与忏悔。田边元及其门下生大岛康正在战后分别于《哲学入门——补说第一、历史哲学·政治哲学》（1949）、《时代区分的成立根据》（1949）以各自的哲学立场来论述“时代区分的成立根据”，亦即探讨“人类区分历史或时代的根据为何？”的议题。

以田边与大岛的历史哲学立场来看，“近代超克”不仅止于日本为辩护自身侵略行为所提出的思想口号。两者皆认为“近代超克”的成功与否取决于我们人类的历史主体行动如何，换言之，即在于人类从“现在”朝向“未来”之时如何变革“过去”这种实践。也就是说，“近代超克”还包含人类如何区分时代的问题以及人类如何存活下去的问题。然而，在从战前“近代超克”的失败到战后“超克近代”的可能这种转换中，师徒二人虽同样强调人类历史主体行动的重要性，却因彼此哲学实践立场的不同，带来不同的战后“超克近代”论景象。

此种战后的“超克近代”论和战前的论调截然不同，目的在于期望人类和平景象的出现。

本章以上述问题意识为出发点，主要探讨田边与大岛在战后如何重新反省与面对“近代超克”的问题。以下首先概观田边元的史观，并论究他以何种立场辩证黑格尔（G. W. F. Hegel，1770—1831）、兰克（Leopold von Ranke，1795—1886）与马克思（Karl Heinrich Marx，1818—1883）的历史哲学及其时代区分法。接着，检视大岛以何种立场诠释古代巴比伦人、希腊人、以色列人的史观以及基督教的超越时代思想，并探讨他如何借由消化文艺复兴时期的史观来建立自身的时代区分根据。最后，借由比较田边与大岛的战后“超克近代”论，来思考两者的时代区分法对现今吾人构筑史观能提供何种思想资源。

二、田边宗教实存式的历史哲学

（一）“历史现实”与“种的逻辑”之挫败

关于田边比较完整的历史观，早在1939年就能窥见。他在该年的京都帝国大学日本文化讲义课讲授历史，其成果《历史的现实》于1940年问世。田边认为人类的历史不仅止于过去不动的事实，它亦带有时间上的现在与未来。此种史观并非指“过去→现在→未来”这种直线式的发展，而是人类因现在如何行动，甚至在未来朝向何种目标而改变过去的意思。因此，历史对田边而言是一种带有二重性的“历史现实”，不是单纯的历史事实。（参见T8・138）

田边进一步将历史所包含的过去视为人类所属的种族与传统，将现在视为既非种族亦非个人的“人类”（田边称为idea或理念），并将未来视为欲挣脱种族与传统的个人。但田边所言的种族、个人、“人类”，并非指“个人聚而成家，家聚而成种族，种族聚而成人类”这种单向的、同一性的存在，而是一种三者各自以其他两者为媒介的三一性存在。若用时间形态来表示的话，则是现在连接过去和未来，未来连接过去与现在，过去连接现在与未来。过去、现在、未来三一性地相互对立与统一，形成一种交互否定媒介的形态。（参见 T8・141）也就是说，时间并非直线型发展的时间，而是圆环型发展的时间。（参见 T8・125）

田边认为人若舍弃过去（种族与传统）的话，无疑是站在非历史的立场。人无法脱离自身所依靠的相对性历史世界来谈历史。因为，舍弃过去（种族与传统）不谈而直接讲述现在或未来，就会成为无稽之谈。此处正强调过去，也就是现实中的国家社会、种族、传统作为媒介的重要性。如上述，这并不代表过去包摄、驾驭现在与未来，而是与两者处于对立与统一的媒介关系。三者形成具有动态性的媒介存在，缺一不可。然而这种包含过去、现在、未来三者相互否定媒介关系的史观，却因田边"种的逻辑"的理论性挫败无疾而终。[①] 原因在于支撑"历史现实"这种史观的架构正是"种的逻辑"。

"种的逻辑"（形成确立期为 1934—1937）是田边在回应与批判当时帝国主义、国家主义、自由主义等风潮时，借用生物分类"类、种、个"所构筑而成的一种社会哲学理论。该体系所探讨的是种（现实国家社会或共同体）与个（个人）之间的存在与实践模式。田边主张种与个唯有透过类（田边又称之为人类、人类国家、菩萨国）的否定媒介，才能达到存续自身的存在与行为。相同地，类个以种为媒介，类种以个为媒介，亦是如此。类、种、个三者相互对立与统合的媒介关系，可说是奠定了上述"历史现实"史观的基础。然田边于《国家存在的逻辑》（1939）一文中建构国家哲学时，虽未把作为种的现实国家存在从类、种、个三者的媒介关系中抽离出来，却将国家摆在耶稣基督的位置上，使得国家取代了耶稣基督的启示存在。也就是说，"神、

① 参见本书第一章、第四章、第七章中关于"种的逻辑"的理论性挫败的论述。

耶稣基督、人”这种三一性结构，被田边转变为“绝对者、国家、个人”这种三一性结构。虽然田边称此处的国家为绝对无的“基体显现”或“应现存在”是为了将基督教思想从神话及有神论中解放出来，但不可否认的是，此正是国家取代耶稣基督走向“国家即绝对”的途径。（参见 T7 · 42—43）

“种的逻辑”作为纯哲学的理论或许并无所谓逻辑上的矛盾，但只要其标榜是对应现实的存在与实践理论，就不能不思考其实现的可能性。就当时“国家即绝对”以及田边个人无力抵抗现实国家之暴行的情况来看[①]，不得不承认田边将其哲学体系带往理论矛盾的窘境。因为作为纯哲学的理论无法是对应现实的理论。从另一个角度来说，田边以人这种相对者的立场，探讨绝对者（类）与相对者（种、个）之间关系的哲学态度，却反而将国家（种）绝对化，招致“国家即绝对”（种类一如），也因此造成“种与个”之对立统一关系的瓦解，继而为自身“种的逻辑”带来理论上的矛盾。

（二）战后历史哲学的重建

田边于日本战败前夕，受绝对他力的感召，与绝对他力（类）及亲鸾、道元等无数先进（种）一同建构了一套救济世人与自他者哲学的宗教哲学体系，即忏悔道哲学。忏悔道哲学即是绝对者（类）与无数先进（种）一同回向到田边（个），令田边在忏悔的苦行中思索、创出的他力哲学。换言之，该哲学是作为类的绝对他力，驱使作为种的无数先进还相到作为个的田边，令他忏悔转向所重构的哲学。

类、种、个三者的绝对媒介关系，奠基在绝对者与相对者不断对立与统一的辩证关系当中。因此，战后的田边哲学已非战前田边以相

① 关于田边个人无力抵抗现实的国家社会之暴行，亦可于《国家的道义性》（1941）、《思想报国之道》（1941）及其在“二战”期间的演讲稿《生死》（1943）、《文化的极限》（1944）等文中看到。

对者立场所创出的自力哲学“种的逻辑”。忏悔道哲学是“为救赎他人而不断牺牲自我”的他者本位哲学。田边在这种忏悔、悔改（自我否定）的慈悲行之下，与他者共证被绝对他力与无数先进救赎的真实（自我肯定）。当然，田边哲学亦是以同样的路径（即共死的忏悔行）来达到与他者哲学的共存境地。其在晚年辩论海德格尔哲学时，始终采相同的立场。[①]

至于田边战前的史观，经过其哲学的转向后，产生何种蜕变？田边在建构忏悔道哲学的同时，批判海德格尔裁断历史哲学与宗教哲学的关系，指出海德格尔的时间存在论只停留在现象的解释，没有言及自身与宗教实践的关系，并批评其哲学没有脱离观念论的主观主义，尚属自力哲学的范畴。（参见 T9・94—95）田边承续奥古斯丁（Aurelius Augustinus，354—430）历史与宗教并存的进路，以自身忏悔的宗教体验为基础，重新诠释净土真宗的“三愿转入”与“三心释”概念的同时，将时间论导入于其中。[②]

田边将自身被救赎的过程以“第十九愿→第二十愿→第十八愿”来代表，也就是自己“自力行善→自力念佛→他力念佛”的过程。时态分别是“未来→过去→现在”。[③] 此为田边往相的过程。然而田边受绝对他力感召，虽从忏悔这种自我否定行中肯定自我，却还须跟随

① 田边晚年以自身宗教哲学立场批判海德格尔哲学的论述，可参考其遗稿《哲学、诗、宗教：海德格尔、里尔克、贺尔德林》（1953）、《是生的存在论还是死的辩证法？》（1962），收录于《田边元全集》第 13 卷。本书第九章将有讨论。

② 田边建构历史哲学的背后潜藏着将宗教现实化、历史化的意图。其目的在于让宗教不要陷于神秘主义的立场。这和净土真宗思想家曾我量深的现实主义有关。当然这也和他挑战海德格尔哲学的意图不无关联。关于田边如何重新诠释净土真宗思想并建立自身的历史哲学，可参见拙论《田边元净土真宗思想中的历史哲学：以三愿转入与三心释为中心》，《伦理学》第 22 号，2006 年，第 95—111 页。另田口茂在《关于时间的逆流：田边哲学中时间的媒介构造》（《日本的哲学》第 16 号，2015 年，第 46—62 页）中亦指出了田边历史哲学中的媒介构造。

③ 田边自身的三愿转入历程如下。自觉到自己以第十九愿的自力修善来愿求**未来**的往生是不可能的。不仅如此，他还发现到进一步以第二十愿的自力念佛来进行**过去**的忏悔亦不彻底，最后因第十八愿的他力念佛才成就**现在**的信心，并达到忏悔即救济的境地。（参见 T9・192）

绝对他力与无数先进一同救赎尚未得救的众生，否则无以证明被救赎的真实。也就是说，此时自我肯定的往相行，若不透过自我否定的还相行，则无以成立。相对于自身以过去忏悔为核心的往相，田边更进一步提出以未来救济为核心的还相。换言之，相对于带有“未来→过去→现在”之时态的“三愿转入”，田边主张带有“过去→现在→未来”之时态的“三心释”[①]。田边继承亲鸾的“三心释”，认为三心（至心、信乐、欲生）唯有透过绝对他力所唤起的忏悔行，才能得以成立。此为田边还相的呈显。田边自身“往相行即还相行”，即“三愿转入”（未来→过去→现在）与“三心释”（过去→现在→未来）的关系形成了忏悔道哲学中的历史哲学。这里所包含的不仅是田边个人的时间流，还包含了田边以前的先进与以后的后进之时间流。若套用“种的逻辑”的说法，则是一种他力介入，亦即无时间或永恒介入的“个、种、类”之时间流。

据上可知，净土真宗思想经过田边的现代性诠释，蜕变成对应现实的宗教与历史哲学体系。田边透过此种对自家宗教传统的传承与创新，重新构筑了自身的历史哲学。田边于《哲学入门——补说第一、历史哲学·政治哲学》（1949）中，称自身史观为一种“救拯史”观。（参见 T11·259）

（三）辩证黑格尔、兰克、马克思的史观

如上所述，田边的历史哲学与宗教哲学可说是一体两面的体系。田边以“宗教即历史”的哲学立场，究竟是如何辩证黑格尔、兰克、马克思的史观的？田边将前两者与后者的史观归类为精神史观与唯物史观，并比较前两者的异同。

---

① 参见 T9·203。田边援引曾我量深在善导三心释（至诚心、深心、回向发愿心）中加入时态过去、现在、未来的立场。（参见 T9·212—213）

田边一方面认为兰克的历史观是一种与黑格尔的理性历史观完全相反的精神历史观，另一方面又说："当然黑格尔在理性是从历史当中发展出来，且根据该理性来理解历史这层意义上，毕竟还是以精神的历史为历史固有的立场。"（T11・238）虽说重视精神，但对黑格尔而言，理性还是较具优位性。因为在精神里的现实层面毕竟无法胜过先验（先天）性的层面。因此，黑格尔的历史观才被称为理性的、主观主义的历史观。

相反，兰克始终以史家立场来追寻事实，具客观主义精神。因此其历史是真实的，且具有根基于实在立场的精神生命力。田边认为兰克于现实面说历史有超越黑格尔之处，却又批评兰克主张"各个历史的时代只要实现自身固有的倾向或理想，就能直接与神结合，在神面前一律平等"或"无论是个人还是民族，只要以自身的道德生命力（moralische Energie）来创造新事物，就是实现神的精神"这种带有神学色彩的史观。不仅如此，田边认为取代黑格尔进步史观的兰克变形史观，即一个全体的生命采各种形状，变形为许多部分而出现的史观，并没有包含自觉性的社会实践，而只是一种直观全体的观想史观。（参见 T11・238—240）综上而言，兰克与黑格尔的史观皆不离观想的立场。而取代两者的即是马克思的唯物史观。

马克思为受苦于资本家压榨的劳动阶级伸张不平，强力批判黑格尔所言构成国家主要契机的资本家阶级，认为无产阶级在受压榨的极限下，须透过社会改革，扬弃包括自身阶级的所有阶级。马克思将此过程视为人类朝向未来的现在历史。田边认为马克思的唯物史观与黑格尔的唯心史观相对，采客观主义，因此与兰克的客观主义有相通处。但兰克的精神史观源自"道德生命力"，与马克思的史观不同。因为马克思将物质生产的社会关系视为历史的实在规定。田边直言道："这比兰克的生命主义更加实在且现实。"（T11・246）田边评价马克思唯物史观的原因在于，马克思除了比兰克与黑格尔更有具体性与现实性外，还代表着未来取向。然而马克思主张唯物史观时，若不能以自身实存为媒介，来进行田边所说的“为救赎他人而不断牺牲自我”的忏悔行，也就是将“自我牺牲即爱”的精神落实于众生的话，那么历史主义的超克将无法得到实践。因为田边认为人类唯有亲身经历宗教性的死后复活，也就是自我牺牲所带来的自他者救赎，才能显示出具体的历史意义。（参见 T11・273）

（四）田边的时代区分法

京都学派（以西谷启治、高坂正显、高山岩男、铃木成高为主，西田几多郎与田边元并不在列）在战时的思想口号“近代超克”中的“近代”，指的不仅是与日本相互抗衡的英、美等西欧诸国，亦包含明治、大正、昭和初期的旧日本。进行超克近代的主体是欲将亚洲诸国从英、美等诸国的秩序中解放出来，建立一个“大东亚共荣圈”的新日本。此种“近代超克”的两面性思想——对抗西方与扩张日本帝国，并没有真正因日本的战败而终结。因为近代的主体（包括日本自身）始终没有因为战争结束而进行积极、主动的反省与忏悔。而战后继续以“近代超克”为课题进行哲学工作的是大岛康正。其《时代区分的成立根据》[①] 问世不久，田边立即呼应此作，回应了“近代超克”的问题（参见 T11・159）。

田边谈到“近代”概念来自欧洲文艺复兴时期以来的时代三分

---

① 大岛康正的《时代区分的成立根据》不能算是他的独创。对西方中心主义的史观（兰克的世界史观）进行批判，建构一个不以任何地方为中心的史观的是铃木成高。西田几多郎受铃木的影响，在《日本文化的问题》(1940）中便提出“一即多、多即一”的世界观（参见 N12・292）。这意味着世界史是诸国的世界史，而不是欧洲的世界史。此外，关于时代区分的研究，可追溯到务台理作的《世界史的系谱学》(1944。收于森哲郎编：《世界史的理论：京都学派的历史哲学论考》，京都灯影舍 2000 年版；《务台理作著作集》第 4 卷，东京こぶし书房 2001 年版）。时代区分学或如何区分时代的问题，在战后为大岛康正所继承。

法[①]。当时的欧洲人将时间样态“过去”视为有别于现在的“中世”，把“现在”视为“近代”，而将中世以前，也就是“古代”视为“未来”。他们之所以将“古代”视为“未来”，是因为他们处于“现在”为了对抗“过去”（即中世传统），而采取作为与“过去”相对的“未来”取向，也就是对古典的复兴，因此“古代”被视为“未来”。对当时欧洲人而言，“古代→中世→近代”的时代区分，变成了“未来→过去→现在”的时态。（参见 T11・275）其行动基础是“把不可能化为可能”的个人主义精神。

这里的“古代（未来）→中世（过去）→近代（现在）”并非时间的逆流，而是因现在的行动将本应属于中世的过去（古代），即对现在而言的“过去的过去”改变为未来的意思。简言之，即是在古代中找未来。这种想法和田边主张的人类从“现在”朝向“未来”之时如何变革“过去”这种实践有极大的关联。若对照田边所谓“往还二回向”运动中所包含的“三愿转入”（未来→过去→现在）与“三心释”（过去→现在→未来）的时间结构，可发现文艺复兴时期以来的时代三分法属于“三愿转入”（未来→过去→现在）的时态。然而如此一来，就如田边所言，这种对时代的区分还是只停留在面对过去的消极态度，尚未有朝向未来救济的积极态度。

当铃木、西谷、高坂、高山在战时试图以兰克所谓“道德生命力”来超克“近代”时，结果还是没有跳脱“近代”这一范畴。因为支撑“近代”的科学主义、个人主义或自由主义式的资本主义，并没有因为

---

① 务台理作于《世界史的系谱学》提出凯勒（Christoph Keller，1638—1707）的时代三分法，即“古代→中世→近代”。此三分法来自“古典→非古典→恢复、再生古典”的区分方式。（参见森哲郎编：《世界史的理论：京都学派的历史哲学论考》，第191—192页）。战时的务台认为日本所处的世界史情况，已无法再用此三分法来解释，区分方式应改成“古代→中世→近代→现代”，因为人类的历史已来到一个转换期。务台主张“世界史的系谱＝时代的系谱＝切断、停止历史的连续、延伸、圆环”。对务台而言，“古代→中世→近代→现代”的时代转换是一种世界观的转换，价值的颠倒。

第二次世界大战结束而消失，反而不断借由各种形式变化，蔓延于世界各角落，其趋势有增无减。此外，日本的侵略战争也没有因此而被好好地清算与反省。至于田边面对“近代”的猖獗以及日本的罪行时，如何提出“超克近代”的时代区分法？人类今日如何区分现在与过去？也就是说，人类从现在朝向未来，该如何变革过去这一实践的问题，再次成为田边历史哲学的关注点。为回应该问题，田边提出“在爱的绝对统一中友爱的自由协同”（T11・281），并将之视为人类历史的未来原理。唯有人类将自身实存作为“为救赎（爱）他人而不断牺牲自我”之还相行（慈悲行）的媒介，亦即将“自我牺牲即爱”的精神落实于尚未得救与自觉的众生，才有“超克近代”的可能。其超克的根据来自绝对者（类）与无数先进（种）不断“牺牲自我的爱”。换言之，田边的忏悔主张彻底反省日本及其国民的罪恶，如此一来才能有机会与他国及其国民一同重新建立共存的关系。而能使此立场成为可能的便是他力宗教的慈爱。

若依据田边主张以宗教实践来划分时代的话，时代区分也会从文艺复兴时期以来的“古代→中世→近代”变成“近古→现代→将来（黎明）”，时态也从“未来→过去→现在”变成“过去→现在→未来”。（参见 T11・281）过去这一区分，也会因现今人类不断实践“自我忏悔、自己否定、自我牺牲的爱”这种未来原理而有所改变。由上可知，在田边的历史哲学里必包含人类宗教实存式的社会实践。

三、大岛实存式的历史哲学

（一）种种古代史观的重探

大岛康正于《时代区分的成立根据》序言中说明此书的特点并非如欧洲十九世纪以降历史学家以实证立场探讨时代区分的问题，而是在历史学固有领域，甚至“于历史之内又超越历史处，乃至历史、哲学与宗教交涉相即的领域”[①]，来追寻时代区分的成立根据。接着他又说：“其（成立根据——笔者注）阐明不可或缺的要求是历史、哲学与宗教的关系，以及挖掘使该时代区分成立的主体性人类自身的根源。”（《时代区分》· 7）因此人类为了追寻时代区分的成立根据，除了固有历史学立场外，还须倚靠历史、哲学与宗教三者的辩证立场及探究作为主体存在的人之存在根源。以下将分析大岛以上述立场如何诠释古代巴比伦人、希腊人、以色列人的史观。

1. 巴比伦人的时代区分

大岛谈到巴比伦人依据星辰的颜色变化与因应四季转移的植物叶子的颜色变化来区分时代，属自然的时代区分法。但由于其信仰认为星辰里有神寄寓，四季植物亦有其代表、支配的神，因此其时代区分法是以宗教信仰为基础。然而此种区分法若从近代史学立场来看，无疑是前历史或前逻辑的时代区分法。因为近代史学的区分法必须纯粹从历史性的东西导出。然而大岛认为不应以论断的方式判定巴比伦人的自然与宗教的时代区分，视其为前历史或前逻辑的产物，应该用人类自身欲抹消当代（近代）危机所带来的黑暗面并创造一个新时代的“主体性自觉”，来重新处理过去历史中的各种区分法。（参见《时代区分》· 13）由此可发现田边“人类因现在如何行动，甚至在未来朝向何种目标，来改变过去”的史观，在此透过大岛的讲述得到继承。[②]

2. 希腊人的时代区分

大岛接着提到古希腊赫西俄德《神谱》的时代五分法，即借由金、银、青铜、英雄、铁区分历史的方法。此区分法为希腊人当时的自然观（金、银、青铜、铁）、历史观（英雄的历史）与神话或宗教观

① 大岛康正：《时代区分的成立根据》，京都灯影舍 2001 年版，第 7 页。以下以“《时代区分》· 页数”标示。

② 关于田边于 1938 年提出“历史现实”这种史观战后被大岛所继承的论述，可参见伊藤益：《被改变的过去：大岛哲学与田边哲学》，《求真》第 14 号，2007 年，第 1—16 页。

（神人关系）所支撑。除英雄时代，时代五分法中的四个时代皆属自然物，由价值高的金下降至价值低的铁。此种下降思想来自希腊人与神的关系，即神人密不可分的关系。从神人一体的黄金时代下降到神人分离、人与人、种族与种族间对立的银、青铜、铁的时代，正代表时代的恶化。

对希腊人而言，命运由神所主宰，时代的逐渐崩坏、恶化，亦是神的旨意。在下降思想中出现英雄的历史，说明了在其前后时代神人分离的不明确性。因为英雄一方面是指与神合一的“半神”，一方面是指与神分离的“自由人类”。（参见《时代区分》· 20—21）英雄成为前后时代的媒介。金、银、青铜、铁时代的直线下降（恶化）史观，因英雄的介入，而形成了“从连续的非连续到非连续的连续”史观。此即为时代五分法的成立根据。

依大岛的说法，若时代的区分须由人类自身主体性的自觉才能达成的话，英雄可说是其典型。然而如大岛指出的，“在神话时代、英雄时代所带有的宗教性事物里，毕竟人类主义的层面略胜一筹，真正的宗教超越性、超历史性没有达到彻底的媒介，是不争的事实……超历史的宗教性反而在时代推移思想中内在化，其结果才造成时代下降的出现”（《时代区分》· 24—25）。赫西俄德的时代五分法因英雄时代的介入，也就是人类自身主体性的自觉，使时代区分得以成立。但这同时也阻碍了大岛在时代区分中所说的历史、哲学与宗教三者之辩证关系。因为宗教的超越已消弭于作为人类的英雄身上。

3. 以色列人的时代区分

关于希伯来旧约世界中《但以理书》的时代区分，大岛认为潜伏在以色列人历史底部的，是神的摄理与究极的世界审判。也就是说，以色列人的宗教信仰是其史观的根本。虽说如此，其时代区分的表现方式，还是使用自然概念、金属名称。巴比伦王尼布甲尼撒梦中出现头用金，胸与双腕用银，腹部与腿用铜，小腿用铁，脚用铁与泥土的巨像，正代表世界史的四个时代、四大国家（巴比伦、米底亚、波斯、希腊）的变迁。以色列人的时代区分虽以宗教信仰为核心，却不失与历史、自然的媒介关系。

但大岛又指出，支撑以色列人史观的历史、自然与宗教三要素中宗教的部分不再只是神话，而是一种强烈的宗教信仰。此与前述古代人史观有一线之隔，形成一种宗教史观。以色列人的时代区分思想与希腊人的时代下降思想截然不同，其历史推移最终并不是恶化，而是归结于超越历史的永恒，也就是神国之中。大岛归结出历史对以色列人而言是次要的。因此，旧约世界里的世界史并没有近代以降所言的历史意识，只是强调神的奇迹、权威与恩宠而已。然而以色列人这种“宗教自觉”不仅在历史，甚至在人类的根底起了非常大的作用。（参见《时代区分》· 30）在此可看出，大岛重探旧约宗教史观时，并没有去除历史或人类的历史性主体参与。大岛在此透露出在人类自身主体性参与历史或时代区分时必以“宗教自觉”为其背景。

（二）中世基督教的时代区分

大岛综观古代到中世为止的历史学家并没有以超历史的东西（宗教）为基础，以历史外的因素（自然）为媒介来掌握整体的历史，他指出真正以超历史的、宗教的自我自觉立场来掌握历史统一性的，是基督教的史观。也就是使徒保罗的福音所描述的，亚当从天上堕落到地上的世界，以耶稣基督的出现为转折点，因即将到来的世界审判而画下末世休止符的宗教史观（末世论史观）。此为中世基督教掌握时代的雏形。将此雏形具体化到历史上且明确化到人类主体意识上的代表则是奥古斯丁。

大岛掌握奥古斯丁超历史的史观时，亦注意到其时代区分包含了宗教与自然的因素。奥古斯丁分别将人类一生自然经过的六个时期比拟于基督教从亚当堕落到末世审判之间的六个时期。奥古斯丁在《上帝之城》中明确指出地上世界的六个时代只不过是神国历史中间的一小部分。因为“神的历史在亚当堕落以前，早已因神的创造而开始，又以最后审判为界，将持续到无限、永世”（《时代区分》· 45）。大岛援用佛教用语，将亚当堕落以前及最终审判以后，称为“彼岸”的东西（可称为非时间）。而在那之间的则称为“此岸”的历史。此种史观的呈现无疑是以宗教信仰为基础。奥古斯丁虽身为宗教思想家，亦是首位以自身的宗教自觉提出时代区分的历史哲学家。

相较于前述古希腊人以命运所带来的悲剧或沉沦为基础的时代区分，中世基督教以人类原罪为出发，以回归于神的世界审判为终结的时代区分，所显扬的不外乎神救赎世人的信仰。简言之，其时代区分的基调是救赎。此亦是基督教与犹太教时代区分的不同，因为前者的神是作为“爱的神”，后者的神是作为“正义的神”，后者时代区分的基调是审判。不仅如此，相较旧约世界与中世基督教的史观，后者更深化人类在宗教信仰下对历史的主体性掌握与参与。大岛总结出相对于古希腊时代下降思想与循环思想，中世基督教所呈现的是超越时代的思想与历史的一次性。（参见《时代区分》· 48—50）此思想标榜神国的永恒，反而是人类历史的根本实现。因为以人类历史为次要存在的奥古斯丁，为了辨明宗教，确立神学的权威以及阐释神伟大的恩宠，却不得不对世界史进行整体性叙述与考究。大岛在重探中世基督教史观时，不仅分析出宗教、自然、历史三者在奥古斯丁史观中的关系，还将关注点放在奥古斯丁以自身宗教信仰为基础阐述人类历史这种对历史的主体性参与上。

（三）近代文艺复兴的时代区分

大岛归纳出在古希腊、旧约及中世里，英雄、耶和华、耶稣基督的主体行动对时代区分起了决定性影响（参见《时代区分》· 53）。相对于此，文艺复兴时期的人文主义者们（如但丁［Dante Alighieri，1265—1321］，达 · 芬奇［Leonardo da Vinci，1452—1519］，马基亚维利［Niccolò Machiavelli，1469—1527］，瓦萨里［Giorgio Vasari，1511—1574］等）凭借着人本主义与巨人主义（Titanismus）精神，在提出古代（古典）复兴及精神上的更新或再生的同时，区分当代（近代）与前一时代（中世）。

此文艺复兴的时代三分法（古代、中世、近代）透过文艺复兴时期人文主义者们的主体行动而得到确立的根据。然而此种人类的历史性主体行动或实践根据，究竟为何？对于此问题的解明成为大岛面对自身时代状况的借鉴。大岛当时面对的是如何消解从欧洲近代世界所带来的种种自我矛盾与瓶颈中产生的虚无，以及该以何种立足点建立一个新时代等问题。（参见《时代区分》· 72）在此不难发现，这些问题对大岛而言，并没有因为日本战败而消失。换言之，日本在第二次世界大战期间的“近代超克”并没有得到真正的解决，其在战后的日本哲学思想界仍是有待克服的难题。

在文艺复兴的时代区分之探讨上，大岛关注的是该时期人文主义者们的主体性意识。这些人的主体性意识在当下（现在），与其说是回顾中世（过去），倒不如说是朝向未来。但这不是一种“过去→现在→未来”的直线式或自我同一式的时间意识。大岛说道：“用这种过去的固定法则来预测现在，将其延长使之连续，借此来解释未来，可说是不可能。相反地，将其不可能改变方向，主体自身只要从已是超越过去的有这种束缚的自由自在立场，亦即从对有的无之自觉，来寻找出自身的立足点，所有将会变成新的，并作为实现可能的东西，被自觉到自身身上。”（《时代区分》· 73）

大岛将文艺复兴时期人文主义者们的主体行动连接到其时间意识上，并认为“未来的无”（尚未来到所以称为无）并非从直线式的时间推移经过现在而出现，而是一种人借由时间逆流的方式将未来拉到现在的自身身上。人唯有倚靠持有“未来的无”这种主体，才会产生自由的决断与自主实践的意识，并借此来发现新事物。大岛称此即为文艺复兴时期的“发现精神”，又称为“将不可能化为可能”的“被附灵的（dämonisch）时代精神”。也就是说，文艺复兴时期的精神是人类在当下（现在）透过主体行动，否定、切断历史的必然性（过去的传统），却反而造就历史时代的转换，并使之存续。“历史必然性的否定，却是历史的现实必然性”（《时代区分》· 77）这种矛盾的说法，才是时代区分成立所带有的悖论真理。

然而上述文艺复兴时代三分法的成立根据，若只来自个人主义色彩显现的话，那么贯穿时代区分的历史、自然、宗教三要素，尚缺自然与宗教部分。关于此，大岛评价布尔塔哈（Konrad Burdach，1859—1936）的《宗教改革、文艺复兴、人文主义》从宗教的观点解读近代文艺复兴的再生意义。[①] 布尔塔哈认为该时代人转换时代的主体行动须透过宗教实践才得以成立，此外又提出支持此时代区分的理念源泉有三个。第一，回归到死者新生的信仰。第二，古代埃及传说中的不死鸟。第三，期待黄金时代的重现。此三者象征着与自然因素相关的“生→死→复活”之循环。（参见《时代区分》· 90—91）

大岛从布尔塔哈的文艺复兴时期研究中，找到该时代人时代区分的成立根据，即历史、自然、宗教三者相互媒介与结合的关系以及人类的宗教主体性实践。因为文艺复兴既非一个完全切割中世传统的全新时代，亦非一个无宗教的、鼓吹个人主义精神的新时代。若依布尔塔哈的说法，切割时间，也就是区别过去、现在、未来三种时态，尚需宗教的自我否定即更新（或再生）的实践自觉。大岛承续此说，对自身所处时代展开区分的工作。“超克近代”便是大岛试图在将未来拉到当下的同时，切割其所处现代（现在）与近代（过去）之间直线式发展关联的时代区分。大岛的历史哲学不仅承继其师的史观，还从西

---

① 如举出《约翰福音》（3：3）、《以弗所书》（4：22—24）中的人类新生与造新人类，参见《时代区分》· 88。

欧的历史研究脉络中寻找区分时代的思想资源。

（四）大岛的时代区分法

根据大岛的看法，若以文艺复兴为分水岭所形成的时代为“近代”的话，那么人类（至少对大岛那时代的人而言）似乎无法跳脱“近代”的笼罩。也就是说，当时人类尚未建构出适用于当时世界史的普遍性时代区分。因为战时的日本言论界、思想界所标榜的“近代超克”及建设“大东亚共荣圈”的理念，只是一个忽视宗教慈爱的、无顾现实的空理念。人类面对此情况该如存活下去？是应该采取时代下降（恶化）的思想模式，还是时代上升（进步）的思想模式？大岛指出人类只有在不揭示任何理念或目标之下，面对自身的无力与虚无，亦即只有在时代状况的极限处，委身于超越历史事实束缚（相对性束缚）的宗教绝对，才能形成有别于“近代”的新时代。

时代区分的成立根据显然来自宗教性自我否定，即更新的实践自觉。时代区分并非指史家站在历史内部区分历史，或站在超然的旁观者立场客观地进行历史区分，而是指活在现今世界的人类于历史内讲述历史的同时，又能透过超历史（宗教）的媒介，形成切割历史的“主体性时代实践”（《时代区分》· 168）。这里有着“个人的历史”与“共同体的历史”完全不同的地方。因为真正区分时代的实践自觉，是来自不断追求普遍性时代区分的“个即种、种即个”，也就是个人与共同体相即不离的历史性主体行动。此行动不是以“过去的现在”而是以“未来的现在”为出发点。也就是说，大岛的时代区分不是以过去，而是以未来为取向的当下主体性实践。换言之，此可说是大岛及日本社会处于极限状况的当下，经超历史（宗教）的媒介，所采取的主动性时代区分方式。

大岛说道，能在“历史现实”中裁断过去（近代）和现在（现代）的，非得是“在自身根底担负作为未来的现在者的无，借此令同时存在于自身作为过去的现在者的有不断地死后重生的主体”不可。（参见《时代区分》· 184）这里所谓裁断过去（近代）和现在（现代），并不是真正要把近代完全否定，而是转换它。此转换，如前述，就是透过人类历史性主体行动将其否定后再使之重生，借此改变近代自身的意义（此处指改变文艺复兴时代三分法意义的意思），并将它连接到现代。大岛称此为“历史的自我回转”（《时代区分》· 196）。照大岛的时代区分法，人类唯有如此才能“超克近代”，才能将“近代”转换到现代的时代转换具体地显现出来。而使时代转换成立的根据，毋庸置疑，是来自人类“宗教即历史”的，亦即一种既是超历史的又是历史的主体性行动，而不是独善的理念或观想。大岛称之为“作为时代区分的成立根据的主体更新行为”（《时代区分》· 225）。

四、京都学派的历史哲学

（一）传承与实践

综上论述可知，大岛的区分时代虽有独特处，但基本上是承续田边的史观。田边的历史哲学发展，具体来说，就是人类自身在面对眼前时代状况思考如何存活下去时该如何改变历史，即从现在朝向未来，该如何变革过去这一实践的问题为大岛所继承。大岛虽无田边于战败前后深层的绝对自我否定（忏悔或悔改）之宗教体验，但延续田边历史哲学的进路，将世界史的时代区分问题扩及西欧的古代、中世与近代。不仅如此，大岛还在实际运用田边历史哲学的方法重新建构世界史的过程中，构筑了自身独特的历史哲学立场，即一种人类透过历史外的要素（自然：生、死、复活）、超历史的（宗教的）要素、历史的要素为媒介，将未来拉到当下的同时，切割近代（过去）与所处的现代（现在）之实存立场。简言之，大岛以“自然、宗教与历史”的三一性统一立场，构筑了自身实存式的历史哲学。此立场为其晚年弟子伊藤益所承续。

伊藤在《被改变的过去：大岛哲学与田边哲学》[①] 中，以田边、大岛的史观为基础，在自身面对现今的时代状况下思考如何存活下去时，重新思索日本古代的历史区分法，并将其和文艺复兴时期以降的时代三分法做异同的比较。此做法补足其师大岛的世界史观中缺乏日本主体性与参与历史的遗憾，实有独特之处。京都学派历史哲学的传承与实践，在此显现出其脉络。

（二）田边与大岛的“超克近代”论

然而，上述京都学派历史哲学的传承与实践，却也带来“哲学理论能否只限于祖述？”“哲学理论的祖述与现实上的实践是否等同？”“哲学理论之为理论的缘由为何？”等问题。

过去可以改变是在于吾人自现今朝向未来存活下去的“宗教即历史”的主体行动。然而在此不得不对大岛的“宗教即历史”的实存立场感到怀疑。因为他并没有将此立场彻底贯彻在他自己身上。他除了《实存伦理的历史境位》（1956）外，在哲学实践上并没有持续对人类实存及现实界给予关注。大岛无法像田边历史哲学所述的那样，不断以自身的宗教忏悔行来进行“近代”与“现代”的切割，并探讨人类应该如何存活下去。换言之，其所谓“主体更新的行为”并没有真正如同基督教或大乘佛教以他者救赎为本位的慈爱入世一样，进行时代切割的主体性实践。若是如此，大岛的“现代”依旧只是“近代”的自我同一式延伸而已。不仅如此，大岛在试图以田边的救拯史观来进行对西欧世界史时代区分的辩证时，甚至忽略了自己无法替欧洲人反省区分世界史的事实。其实存式史观并没有如田边所主张的，和绝对者（类）与无数的先进（种）一同实践“不断牺牲自我的爱”，因此在

① 参见《求真》第14号，2007年，第1—16页。

大岛的历史哲学中无法看到自我牺牲式的世界史观。自我牺牲式的世界史观反而是自他救赎的世界史观这种悖论真理，并没有在大岛哲学中得到真正的显现。

与此相对，田边是站在自身宗教哲学的立场来面对“近代超克”这种时代区分的。因此，其切割“近代”与“现代”的时代区分法，始终是以绝对者（类）、无数的先进（种）与自身（个）三者相互对立与统一的媒介关系，亦即三者“自我否定即肯定”的转换运动关系为基础。田边所关注的是不断“牺牲自我的爱”的实践可能性与实践场域，而大岛的关注只停留在“时代区分的成立根据为何？”的哲学追问，而不是“主体更新的行为如何可能？”的实践问题。大岛虽谈主体的“行为”，但他只是援引了田边的宗教忏悔行之理论框架而已。

据上可知哲学理论可祖述，但并不能只限于祖述，因为吾人必须探讨的是此理论在现今世界的实践可能性。至于“哲学理论的祖述与现实上的实践是否等同？”的问题亦然。理论是否能实践于现实世界，取决于承续此理论或哲学体系的后继者是否能不断采取批判式继承的态度。而这种批判式继承的哲学实践对田边而言，即是不断进行“自我牺牲即自他救赎”的转换运动。这同时意味着“哲学理论之为理论的缘由”在于不断实践他者救赎的慈悲行。

五、结论

当吾人构筑史观时，无法避免“于历史内呈现历史”，亦即在史家客观叙述的史实笼罩下建构历史。但这并不表示此种史观不具备现代性。然而此种史观只是一种“过去→现在→未来”的直线式发展史观。现今吾人社会欲挣脱自身传统史观，创造出与传统不同进路的历史时，虽有发掘被正史（官史）所埋没的事实或野史（民间史）的显著成果，却还是无法突破“讲述历史事实”（即陈述过去发生的事）的枷锁。

另外，在现今社会里亦发展出一种完全摒弃传统史观，另起炉灶，寻创出一种与地理、自然、神话贴近的新史观。然而此种史观的建构只不过是一种无视历史事实与现实的虚无史观。无论以上何种史观皆是凭恃历史来讲述历史。换言之，上述史观皆是吾人从相对立场所谈论的相对性史观，譬如善恶、对错、正邪、公私等相对性史观。

现今无论是建构自己还是世界的史观均不再是由吾人可独断选取、解释的“不动事实”或可任意、凭空捏造的“可动现实”。日本于第二次世界大战中所构筑的史观，已随其自身的战败为另一种史观所取代。然而这并不是宣告“近代超克”的虚幻、非现实与已告终结，而是预告“近代超克”的深沉、艰难与将要开始。吾人如何不脱离相对性的历史或传统又以超越相对的绝对（宗教）立场为基础，来构筑一种战后“超克近代”的“历史即宗教、宗教即历史”之史观？京都学派的历史哲学，可说为吾人提供了构筑史观的参考借鉴。

西欧人以基督教的末世论史观为基础，创出相对历史与绝对宗教相即的史观。对此田边以忏悔道哲学为基础，重新诠释净土真宗的末法论史观，提出宗教即历史的救济史观。此可说是田边历史哲学的特色，也奠定了日本构筑史观的哲学基础。此理论的实践者如大岛、伊藤的哲学足迹便是其明证。

第六章　大森庄藏与田边元的时间哲学：个别、特殊、普遍的时间

一、前言

“时间究竟是什么？没人问我，我倒清楚，有人问我，而我想说明时，便茫然不解了。”[①] 这句奥古斯丁对时间解释表示困惑的话，至今仍是现代人探讨时间问题时不可或缺的千古名言。此句话是来自异教徒的如此发问：“神在创造天地之前做了什么？”接收到此发问后，奥古斯丁茫然失措，在向神忏悔、告白自己根本无法谈论时间是什么的同时，探讨了时间的问题。其主张的并非亚里士多德所说的作为测量运动（变化）的时间，亦不是牛顿以后自然科学所主张的作为客观存在的时间，而是精神活动或意识活动下所产生的时间观。

奥古斯丁将时间区分为过去、现在、未来。所谓过去是指现在的意识的记忆，现在是指现在的意识的直观，未来是指现在的意识的期待。[②] 他借由现在的意识来掌握此三者，并认为能够如此掌握这三个时间是因为神的爱。神的永恒和人的时间之间的关系该如何被理解？奥古斯丁表示关于这个问题，只能在神与人的合一关系当中，才能得以

① 奥古斯丁：《忏悔录》，徐玉芹译，第11卷第14章，台湾志文出版社1985年版，第295页。

② 参见奥古斯丁：《忏悔录》，徐玉芹译，第11卷第20章，第300页。

阐明。[①]

这种宗教神秘主义观点下的时间观，在现代似乎已成为绝响。然而，内在意识或经验的时间观，至少在近现代，还是有人在谈论。比如在欧洲有现象学始祖胡塞尔所谓意识活动的时间观（《内时间意识现象学》），柏格森所谓纯粹持续的时间观（《时间与自由意志》）。在日本则有田边元所谓救赎的时间观，分析哲学家大森庄藏[②]经验及语言的时间观。当然这些哲学家所探讨或主张的内在时间观，皆出自他们自身的哲学立场或观点。不可否认的是，他们各自都想透过谈论时间来表达各自的哲学理念或理想。本章在此打算进行比较的田边元与大森庄藏两位哲学家的哲学出发点，可说是大相径庭。

田边元以大乘佛教的空或无为基础，在批判黑格尔辩证法的过程中，打造出绝对媒介的辩证法。在这种辩证法下的世界观，所有一切存在、行动、理念或价值观，不仅无法独立存在，还必须是以彼此相互媒介的状态才能成立。田边元的时间或历史观便是这种哲学立场下的产物。大森庄藏则从英美分析哲学出发，坚持以日常经验来探讨人类的语言表现或命题（经验论下的命题探讨）。大森以经验主义及独我论（solipsism，又译唯我论）的立场，定义语言的功能与局限。在经

---

① 参见奥古斯丁：《忏悔录》，徐玉芹译，第 11 卷第 29 章，第 311 页。

② 相对于田边元的名气，大森庄藏就显得鲜为人知。此处简单介绍大森的学术生涯及经历。大森 1942 年于第一高等学校理科乙类毕业后，进入东京帝国大学理学部物理学科就读。毕业后在同学部当副手。1944 年进入海军，战争结束后退役。1946 年辞去理学部副手工作，进入东大文学部哲学科。1948 年于庆应大学预科担任讲师。1949 年进入东大研究所就读。1950 年留学欧柏林学院（Oberlin College）。1952 年担任东大教养学部助手。1953 年担任讲师工作。1954 年留学斯坦福大学、哈佛大学。1956 年升任东大副教授。1964 年到斯坦福大学、哈佛大学当交换研究员。1966 年升任东大教授。1982 年退休，同年 4 月担任放送大学学园教授。1983 年升任该大学副校长。1989 年于该大学退休。1997 年逝世。他在美留学期间，受英美的维特根斯坦哲学及分析哲学研究的影响很大。在东大期间讲授物理学、自然科学概论、科学史、科学哲学、现代科学等科目。在职期间到日本各大学演讲及短期讲学。他是战后日本在科学哲学、语言哲学、分析哲学领域的重要推动者。受大森影响的学生，目前都是日本哲学界的重要人物。（参见《大森庄藏著作集》第 10 卷的年谱）

验主义及独我论这两个分析哲学立场下，他展开了自身独特的时间观与他我论述。相对于田边所谈的“个人、国家社会（共同体）、世界”的绝对媒介史观，大森的史观则呈现出经验论式、独我论式的个人史观。前者谈论的是“绝对无、共同体、个人”三者交织的宗教实存式史观，后者则是针对时间的命题进行妥当的解释与证成。基本上，两者的史观看似不可能有交织点，因为前者直接面对、处理的是世界与人的问题，后者则是处理关于这些命题的意义。

本章首先将探讨大森的时间论及他我论述。在分析大森的经验主义、独我论式的言语与时间观后，再研究他的他我论述，借此思考其具有公共性、社会性的时间观之可能性。接着，在简述田边哲学的时间观或历史观后，借由大森的时间论，来审视田边元如何将宗教信仰下的内在时间观连接到具有共同体性格的历史观，甚至是具有普遍性的救济史（世界史）观。最后，将论及大森与田边的时间或历史哲学所带出的当代议题。

二、大森庄藏的语言观与时间观

在进入探讨大森庄藏的语言观与时间观之前，笔者首先想借由大森的弟子野家启一（现为东北大学教养教育院教授）在《哲学的迷宫：大森哲学·批判与回应》[①]的序章中所提到的大森在当时日本哲学界的角色。

野家指出，日本战后的哲学经营是以对战前的哲学提出深刻的反省开始。“让哲学从密教的闭塞性与孤高的深远性格解放出来，并将它带到自由阔达的公共讨论空间来，是当时年轻一辈哲学家们共有的默

---

① 此书就如野家在后记当中所说的，是一本以大森哲学为对象的哲学讨论书。被探讨的是老师的哲学，学生们扮演的是批判老师的哲学的角色。针对学生们的批判，大森在最后附上了自己的回应。（参见野家启一编：《哲学的迷宫：大森哲学·批判与回应》，东京产业图书 1984 年版，第 396 页）

契”。战后流行于日本的有英美的逻辑实证主义及分析哲学，但这并不是说这些哲学在战前就没有。事实上，早在战前就已经有筱原雄等人翻译、介绍了有关维也纳学派的动向及符号逻辑学的发展。但这些都只停留在初步的介绍阶段，逻辑实证主义与分析哲学一直要到战后的大森，才真正产生所谓的吸收与创造。

大森一方面和其同时代哲学家（如市井三郎、中村秀吉、碧海纯一、永井成男、吉田夏彦等人）形成一个学群，另一方面则借由摄取贝克莱（George Berkeley，1685—1753）、休谟（David Hume，1711—1776）、维特根斯坦（Ludwig Josef Johann Wittgenstein，1889—1951）的问题意识与方法，逐渐形成自己的哲学轮廓。野家认为大森哲学的出发点在于让传统哲学透过和科学的对话而重新苏醒[①]。

根据《大森庄藏著作集》第3卷的解说者丹治春信的介绍，大森初期的哲学成果集结在《语言、知觉、世界》[②]。其主要哲学工作是处理描绘知觉图像的语言（日语：知覚像语）与描绘物理世界的语言（日语：物言语）之间的关系。丹治指出大森在此时期认为两者关系在真假与意义的判定上，不会是分别的独立存在，是一种“二而一、一而二”的一如关系[③]。

在这种对知觉图像的语言与物理世界的语言之认知下，大森主张他人的意识状态或心理状态是任何一个“我”都无法理解的状态。比如大森举出“夕阳很红”这句话，来说明“我”知觉的红和任何人知

---

① 参见野家启一编：《哲学的迷宫：大森哲学·批判与回应》，第2—5页。本章的目的在于探讨近现代日本的时间哲学，不在于大森哲学本身。相关的参考书，除了《哲学的迷宫：大森哲学·批判与回应》外，还有近年来的野矢茂树《大森庄藏：哲学的范本》（东京讲谈社2007年版）以及中岛义道《活生生的过去：大森庄藏的时间论及对其批判式的解读》（东京河出书房2014年版）这本最新的大森哲学研究专著。

② 1971年出版。收录于《大森庄藏著作集》第3卷，东京岩波书店1998年版。

③ 参见《大森庄藏著作集》第3卷，第326—332页。以下引用该著作集，一律以夹注方式，并用“O卷数·页数”标示。

觉的红绝不会是同一个内容物。也就是说，每个人知觉的红，只能是每个人的红。彼此不会有共通性或公共性。此外，大森还举出“腹痛”（感觉）[①]。当有人说“腹痛”时，相同地，只是那个人的“腹痛”，不会是“我”的“腹痛”。因此每个人的“腹痛”，绝不会有一个共通性或公共性。这种知觉或表现知觉的语言，彼此之间有绝对的鸿沟存在。但可以确认的是，每个人说“腹痛”这种语言所表现的和他自己的“腹痛”（感觉），可以说是一致无误的。（参见 O3・21—24）

丹治春信指出，大森所谓的语言在本质上只能是私的语言，相反地，维特根斯坦在《哲学研究》中则指出私的语言之不可能（O3・336）。此外，根据日本当代语言哲学研究者鬼界彰夫《维特根斯坦是这样想的：哲学思考的全部轨迹 1912—1951》（东京讲谈社 2003 年版）的第四部“《哲学研究》的思想 1929—1946”之考察，可知维特根斯坦在《哲学研究》的第三部（第 243—315 节），针对独我论、私密性、私的语言、私的体验等展开了严厉的批判。鬼界指出，维特根斯坦借由提出两个批判立场来建构自身的语言游戏论，一个是对私语言缺乏客观性之批判，另一个则是对私的命名之批判。[②] 据上可知，大森对后期维特根斯坦的语言论采取否定的态度。大森私体验、独我论式的语言论，事实上自始至终都没有太大的改变。[③]

上述的语言观可说是大森在表现自身后期思想的时间论上的一个重要基础。大森在发表《过去的制作》[④] 这篇有关经验、语言、时间的论文后，便开始了其晚年的语言时间论。相对于物理学家以点线主义

---

① 维特根斯坦在《哲学的考察》中频繁地谈论“痛”这个感觉。显然此时期的大森比较靠近前期维特根斯坦的语言论。

② 参见鬼界彰夫：《维特根斯坦是这样想的：哲学思考的全部轨迹 1912—1951》，东京讲谈社 2003 年版，第 315—327 页。

③ 参见野矢茂树：《大森庄藏：哲学的范本》，东京讲谈社 2007 年版，第 232 页。

④ 1985。收录于《时间与自我》。后收录于《大森庄藏著作集》第 8 卷，东京岩波书店 1999 年版。

的立场打造出来的线型时间，亦即以线上的点来表示过去、现在、未来这三个时态[①]，大森提出了由人的直接体验、经验所产生的原生时间。大森在《时间的变造》（1988）中，一方面思考柏格森的纯粹持续的时间，一方面针对物理学或自然科学观点下的线型时间，提出在那之前就存在且一直被世人忽略的原始时间（亦即原生时间），并主张吾人应该注意从原生时间转变成线型时间的过程。当然，大森并不是要呼吁我们现代人必须放弃现在所使用的线型时间，但我们若是重新探讨时间这个概念的话，我们会注意到，时间和我们的日常生活、亲身体验或经验以及日常生活语言等并非分别不同的存在。

大森认为现在吾人所使用的现在（日语：いま、今）这个时态，在原生时间里，并非是一个在线上的那个没有任何幅度、无法再切割的点（过去便是在那一点之前，未来便是在那一点之后）。那是一个我们在日常生活中做任何活动或做某事的状态，也就是说现在是一个日常生活、日常经验的概念，而不是一个物理学的概念。（参见O8・19）所谓的现在（日语：いまげんざい、今現在），并不是一个时刻名称，而是意味着“现在在做什么”、“现在正在做什么当中”。这代表的是我们人的活动、行动及知觉体验，所以，大森认为线型时间的现在不应该是指“几点几分几秒在做什么”、“某时间点在做什么”，而应该是指原生时间的“现在在做什么”、“现在正在做什么当中”。（参见O8・21—22）然而，现代人早已习惯线型时间的生活模式，仿佛在人（包含其日常生活中的所有活动、知觉体验等）之外有一个客观存在的时间一样。

关于过去这个时态，大森认为那是一个回想（日语：そうき、想起）的体验或经验，换言之，被人回想起来的经验，便是过去经验。

① 大森于《自我与时间的双生》（1990。收录于《大森庄藏著作集》第8卷）中提到这个物理学观点下的时间观之脉络：从古希腊的阿基米德，中经中世纪学院派的力学研究者到近代的伽利略、牛顿等。

回想、想起过去，并不是将过去再进行一次体验。比如昨天的菜很好吃，并不是说现在的回想能够再次尝到昨天菜的味道。回想的当然是过去的经验，但这毕竟是现在的体验或经验。因此，所谓过去，不外乎现在回想起过去曾发生或做过的体验或经验。（参见 O8・26—28）至于回想起的过去是否有真假的问题，大森则提出“回想无谬论”，因为只要是自身的经验，无论是现在还是过去，都是经验本身，因此不会有所谓的谬误。①

吊诡的是，大森所谓的过去虽是过去经验，却也是不折不扣的现在经验。大森指出何以能说过去不是原生时间的“现在在做什么”、“现在正在做什么当中”中的现在，是因为回想者想起时所使用的语言时态变化是过去型。按照大森的说法，会说“曾经看过”（見たことがある）这句话，是因为我们现在回想起“曾经看过”的经验（見た経験を想起する）。此外，大森还说明属于过去经验的想起和属于现在经验的知觉或感觉之不同，在于前者不能再生、再现到那个经验，而后者则是正在知觉或感觉那个经验当中。两者的区分不止于此，大森还强调回想起这个体验或经验，大部分是具有语言性、文章性、故事性、制作性的。（参见 O8・36—37）

至于未来这个时态，大森并没有太多的着墨。除了在《时间与自我》中的“作为语言制作的过去和梦”提到未来和过去一样，都是属于一种语言的制作（O8・85—89）外，在他晚年的著作《时间没有流动》②的第四章中则谈到相对于过去这个回想经验，未来则是属于预期、预想、意图经验，过去和未来皆是语言的命题（O9・55—56）。据此

① 参见 O8・33—34、81—82。在此不难看出大森的时间观奠定在“个人经验即真实”这个想法上。这里牵涉到个人的时间、历史观与共同体或世界的时间、历史观之间的不可置换性问题。这也是笔者在本章所欲探讨的问题：语言是否只是私（个人）的语言？还是说语言也能是共同的、公共的语言？当然，关于语言和时间（或历史）之间关系及其真假与否的议题，和现今吾人一直争论不休的历史问题，亦不无关系。

② 东京青土社 1996 年版。后收录于《大森庄藏著作集》第 9 卷，东京岩波书店 1999 年版。

我们只能推测，未来在大森所谓的原生时间里，属于人于现在预期将做什么或将发生什么的状态。此处的预期经验也只能是现在的体验或经验，亦即未来也是现在的意思。至于预期经验的真假问题，和过去一样，亦是“预期无谬论”，因为那毕竟是我们人的亲身经验。①

三、他者介入的时间

若按照大森的时间观来看的话，就如大森所主张的，时间根本没有流动，准确来说，时间并不是像物理学的时间那样流动，亦即未来并没有流向现在接着再往过去流下去。因此未来→现在→过去（或过去→现在→未来）这种线型时间的流动，在大森的原生时间里，则变成“回想（过去）· 知觉、感觉（现在）· 预期（未来）”这种现在在做什么的状态。按野矢茂树的说法，无论是过去、现在还是未来，在大森的脉络里都是“于现在显现”（今立ち現れる）的意思，也就是“经验的现在”（経験の今）的意思。②

据上可知，大森的时间观完全出于极具经验主义、独我论式的语言哲学观。这种根植于现在经验的时间观毕竟只能呈现出个人的时间和历史。换句话说，那或许可以是正确无误的个人史，但它既不会是共同体、国家、社会的时间或历史，也不会是人类全体世界的时间或

---

① 中岛义道在《活生生的过去：大森庄藏的时间论及对其批判式的解读》中便认为大森哲学的根本在于“过去论”。只是大森认为过去是现在知觉的呈显（立ち現われ），中岛却认为过去应该是思念（思い）的呈显（参见中岛义道：《活生生的过去：大森庄藏的时间论及对其批判式的解读》，第 8—9 页）。因此中岛对大森的未来论并没有着墨。笔者认为大森针对未来虽然没有很多论述，但按大森的说法，未来论和过去论都是等同的，因为两者都只是现在的经验。

② 参见野矢茂树：《大森庄藏：哲学的范本》，第 213—214 页。野矢茂树指出大森的时间观和奥古斯丁的时间观并无二致（参见野矢茂树：《大森庄藏：哲学的范本》，第 212—213 页）。此种判定并不完全正确。因为野矢并没有正确指出奥古斯丁的时间观完全是神人合一下的结果。也就是说，时间不能脱离奥古斯丁个人的信仰心。然而大森的时间观和宗教信仰并不相干。相对于野矢所说的“经验的现在”（経験の今），笔者认为奥古斯丁的应该是“永恒的现在”（永遠の今）。关于这点将在本节以下探讨。

历史。当然这并不代表大森没有所谓一般常识[1]，只不过像后两者那样的时间和历史究竟在大森自身的语言哲学世界里会呈现何种面貌，才是大森自己要面对与处理的问题。关于在大森脉络下此种论述的可能性，我们必须将目光转移到大森的“他我论”（other mind）才能谈论。

事实上，大森的他我论和时间论几乎是同时期发展出来的。这两个主题也是后期大森哲学的最主要关注。而《时间与自我》虽以自我为题，但其关注点倒不如说是在他我。大森在同书的《整全观与他我问题》中便是处理他我与语言之间关系问题的开端。而他之所以开始关心他我问题，除了是要解决当时英美分析哲学公认的难题“他我问题”外，另一个原因则是来自奎因（Willard van Orman Quine，1908—2000）的整全观（holism）。大森一方面援用奎因整全观中语言的整体性与一体性之想法，另一方面则参考了全盲孩童阿达和其他眼睛健全的孩童之间相互沟通的报告书，来处理他我与语言之间关系的问题。（参见 O8・6、116—117）

对大森来说，他我会成为问题，是因为比如他我说“我看到了”、“我很痛苦”、“我怎么了”，这些话语对每个自我来说是无法理解的。无论任何一个他我说“自己怎么了”，甚至是自我以外的人述说“他人怎么了”，这些对每个自我来说都没有任何意义。因为这些自我以外的他我所做的、所感觉的、所表示的，都和自我完全隔绝，他人绝对不会是我。那么，何以自我能了解他我的这些话语？大森认为可以归结为以下两个情况，来自类比（analogy）这个魔术所带出的共感或共鸣以及行动主义（Behaviorismus）所产生的行动、动作、表情等公共的符码（符咒）[2]。这些所谓带有社会性、公共性、共通性的理解、沟通管

① 通常这是大森哲学所欲批判的，因为这些一般常识、知识、通识、常规、理所当然的价值观，大多无法通过分析哲学的检验。比如本章的主题“时间”便是如此。

② 大森会对行动主义提出批判和其对维特根斯坦的批判有关。大森指出，维特根斯坦到死为止一直都只是徘徊在行动主义的周围，没有一个定论。（参见 O8・152）

道，可说是令人难以相信的无稽之谈，完全没有任何意义。根据大森的说法，这些都是非现实性的。（参见 O8・117—119、150—152）

那么，针对上述的类比或行动主义下的沟通或理解困难，大森提出了何种主张，来证明自我与他我能够在语言的层面上互相沟通与理解呢？答案是关系脉络上的意义理解。他以全盲孩童阿达和其他眼睛健全的孩童之间相互沟通的报告书为该论证的基础，展开了以下的说明。根据该报告书，阿达本应进入全盲的幼稚园就读，但他违反常态，进入普通幼稚园就读，在学习过程中都由带着铃铛的老师来引导。当然阿达和其他小孩也会一起玩耍、踢足球等。大森注意到的是，全盲的阿达与其他正常的小孩之间竟然可以产生完整的语言沟通。阿达非常清楚，也了解"朋友眼睛都看得见，自己看不见"，朋友也完全明白"阿达看不见，自己看得见"。大森认为自我与他我在这个情况下，竟然可以很简单地就突破上述的沟通不可能之难题。（参见 O8・120）

这种他我问题的解决方法，大森认为奎因的整全观给予了一个非常有利的指导方向。"看得见"、"看不见"这两个命题对阿达及其朋友来说，并非是直接透过体验或揣测来理解的。首先必须知道的是，"看得见"或"看不见"这个命题并非单独的命题，而是和其他无数的命题有关联的命题。大森认为"或许阿达以在体验上可以了解的诸命题为基础，在了解那些命题与该命题（'看得见'——笔者注）之间的意义关联之后，最终在关系脉络上，达到了了解'看得见'这个命题的意思"（O8・121）。当然这种关系脉络上的意义理解并不是体验上的理解，而是在和其他命题的意义关系底下的网络中所得到的理解。大森也把这样的例子延伸到了一般对他我命题的理解上。当然这些有一个必要的前提，那就是自我与任何他我之间所使用的语言必须是相同的母语。（参见 O8・162—163）

如此一来，我们可以很明确地从大森的他我主张看到，不是自我直接的体验、经验、知觉、感觉之命题，亦能从其他无数的直接接触之命题网络当中得到脉络上的意义理解。他我或自我以外的人之语言，对自我而言，不再是完全的断绝关系。如果说大森透过命题网络来理解他我的语言命题之意义能够成立的话，那么我们也该从这里来重新理解时间的问题。换句话说，大森先前对时间的定义很自然地也必须从理解他我的语言命题这个立场重新出发才是。因为从个人时间（或历史）到自他者的时间（或历史）之转变，是一个接踵而来的问题。笔者在此称该时间为他者介入的时间。但在此必须强调的是，大森本人并没有论及这种自我与他我的时间。

如上所述，大森所标榜的原生时间是以个人经验论、独我论式的个人时间为基础的。时间有过去或未来，全然是个人内在意识、经验（过去是想起经验，未来则是预期经验）所唤起的。大森又称为作为语言制作的过去及未来。那么这种个人时间能变成他者介入的时间，亦即自他我的时间，除了上述的条件外，还必须符合是在共同语言（母语）、共同经验（我与他一起做……的经验）的条件下才有可能成立。这种时间可称为共振的时间，若按照大森他我论之关系脉络来看的话，绝对会是一个自我与他我所共同认知、感觉、理解的共同时间。紧接着，笔者想借由上述大森的时间论及他者论，来思考田边元在战后所建构出来的“种的逻辑”及其与时间之间的关联。因为这里亦牵涉个人时间与共同体时间的问题。

四、战后的“种的逻辑”及其时间哲学

关于“种的逻辑”的结构及其挫折，如本书第一、第四、第五章所探讨的，类、种、个的交互否定媒介关系因种的绝对化，将“种的逻辑”之绝对媒介辩证法的结构消解，以至于类与个的消失。田边认为自己战前不仅没有彻底自觉到作为种的民族国家之根柢潜伏着根源恶，亦没有顺从于超越的神之历史审判或进行忏悔，并反省自己没有

彻底于忏悔底部的无及他力引导下的行信证。（参见 T7・253—254、360）田边在战后的《种的逻辑的辩证法》（1947）中以他力哲学为出发点，强调自己与自己民族全体的忏悔，透过绝对他力的忏悔，重新建构类、种、个三者的交互否定媒介关系。

> 个倚靠种的基体，享有其直接的存在性（生命），并且依据欲救自己生命者必失之、为了神失去自己生命者必保有之这种绝对转换的真理，变成以无为原理的存在、无即有的复活存在。这便是作为绝对无的媒介来协助它，作为无的绝对还相之大非即大悲的爱之媒介，亦即自己作为相对还相的媒介进行教化、救济的方便存在，此即为种。相对于个的无即有，种则是有即无的方便存在……个透过自身无即有的否定媒介性，将种的有性媒介在无当中，让它变成有即无。如此一来，种作为绝对无的媒介，才能获得方便的存在性。有即无这种辩证法的往相真实，依这个种的基体而被体现，无即有的还相真实则以此为媒介，被主体化于个的无性。在这个意思上，种与个始终以否定的姿态形成对立，唯有在其交互转换中将绝对无呈现出来。（T7・261）

相对于个是无即有的复活存在，种则变成有即无的方便存在。种唯有通过个的自我否定即肯定（忏悔即救济）的转换，才能协助类（绝对无）的绝对还相。与此同时，个亦必须透过种的自我肯定即否定的转换，才能协助类（绝对无）的绝对还相。绝对无（类）让一切生长的慈悲或爱显现，必须倚靠种与个的彻底否定媒介关系。类、种、个三者的关系呈现出上述新的发展。需注意的是，这种关系并非来自田边自身的哲学信仰，而是来自绝对他力的作用。战后的种（国家）已不再是战前所谓的绝对存在，而是随绝对他力对一切存在的慈爱（还相行）进行教化与救济的方便存在。据上可知，战后“种的逻辑”

中的种（国家）必须以他力宗教带有否定媒介关系，其不仅成为以宗教社会的教化救济为内容的政治实体，还有宗教与政治的社会实践面向。国家若不以宗教为否定媒介的话，显然无法保有自身的存续。（参见 T7・360、364）

战前与战后的“种”概念之变迁可整理如下。“种”概念一开始是和类、个保持否定媒介关系的种，后来变成篡夺类的绝对性、吞没个的个体性之绝对存在者（种），战后则发展成带有他力宗教的社会实践性质协助绝对无（类）救济个（每个众生）的种。田边借此让只为保存自身的种走向自我否定的运动当中去。若要将个提升到类（意味着救济个），不仅个自身要进行自我否定（忏悔），还需种的自我否定（忏悔）才可能。同样地，若要将种提升到类（即救济种），亦不能没有种与个的自我否定。就此可知，若要救济个与种，则必须以绝对无（类）的还相行（自我否定）为基础不可。当然此处所说的救济并非只是宗教上的救济。其还包含让存在借由脱离自我同一性立场以保有自我的存在哲学意涵，同时也暗指同一性哲学不能停留在同一性才能保有其自身的悖论真理。

需留意的是，田边战后的“种”概念并非是没有国家或政治实体的宗教社会，因为在《种的逻辑的辩证法》里，种若因自我否定而完全摒除其政治形态的话，就不再是种。种（国家）跟从绝对他力救济个人来否定自己，即使因带有宗教性而成为教化方便的媒介存在，也不会直接成为宗教的共同体。种必须是始终保持政治、宗教、道德（实践）三者对立统一形态的政治共同体。这种战后“种”的基本立场在田边的《政治哲学的急务》（1946）当中可明显窥见。然而战后被修正过的“种”概念，随着忏悔道哲学的深化与发展，逐渐脱离政治的形态，具体可在田边处理基督教历史发展脉络中，亦即在《实存、爱、实践》（1947）以及《基督教的辩证》（1948）中发现。田边在自身绝对媒介辩证法的发展下，将种从政治共同体转移到宗教共同体的形态，种因此无法再保有政治、宗教、道德（实践）的对立统一态，而失去其政治共同体的样貌。也就是说，国家（政治）与宗教的问题在田边开展其基督教哲学论述以后，并没有真正得到发展。关于此部分的论述，本书第八章将会有详细的展开。

如本书导论及第五章所述，田边在1940年出版的《历史的现实》里认为，人若舍弃过去（种族与传统）的话，便是非历史的立场。人舍弃过去（种族、传统、文化）不谈而直接讲述现在或未来，就只是无稽之谈。此处强调过去，亦即现实中的国家社会、种族、传统作为媒介的重要性。过去（种）与现在（个）、未来（类）处于相互对立与统一的媒介关系。个（现在）须有种（过去）的否定媒介才得以迈向类（未来）。当然种（过去）也必须有个（现在）的否定媒介才能迈向类（未来）。类（未来）的实现显然也无法缺乏种（过去）和个（现在）的否定媒介。种（过去）、个（现在）、类（未来）三者形成具有动态性的媒介存在，缺一不可。如田口茂在《关于时间的逆流：田边哲学中时间的媒介构造》[①] 中所指出，田边在《历史的现实》中的时间观在其论文《永远、历史、行为》（1940）中虽有更进一步的阐发，但笔者认为其基本上也不出“种的逻辑”中种、个、类三者交互否定媒介的辩证法结构。

综上可知，田边已将关心点从“种的逻辑”（亦即绝对媒介辩证法的存在论及实践论）的建构转移到历史哲学与实存哲学。这意味着任何一种存在（无论种或个）都无法切割其历史现实或时间之间的关联。虽然这与他试图和海德格尔哲学进行对决的意识有关，但因当时日本国内的政治气氛，迫使他将“种的逻辑”及其时间哲学带往绝对媒介辩证法的逻辑矛盾处，同时亦让他无法再进行哲学研究的工作。

本书第五章已提到，田边在《作为忏悔道的哲学》中重新诠释净

---

① 参见《日本的哲学》第16号，2015年，第46—62页。

土真宗的“三愿转入”与“三心释”概念的同时，将时间论导入于其中。这里可以看到“种的逻辑”及其时间哲学因忏悔道哲学有新的发展。田边将自身被救赎过程以“第十九愿→第二十愿→第十八愿”来表示，亦即其“自力行善→自力念佛→他力念佛”的过程，时态分别是“未来→过去→现在”。相对于自身以过去忏悔为核心的往相，田边更进一步提出以未来救济为核心的还相。换言之，相对于带有“未来→过去→现在”之时态的“三愿转入”，田边主张带有“过去→现在→未来”之时态的“三心释”[①]。田边继承亲鸾的“三心释”，认为三心（至心、信乐、欲生）唯有透过绝对他力所唤起的忏悔行才能成立。此为田边还相的呈显。田边自身“往相行即还相行”，即“三愿转入”（未来→过去→现在）与“三心释”（过去→现在→未来）的关系形成了忏悔道哲学中的历史哲学。

然而这里存在一个问题，即共同体时间与个人内部时间的问题（这里的进路和大森庄藏的进路恰好相反）。田边将“第十九愿→第二十愿→第十八愿”进行绝对辩证法式的改造，认为三愿的转入过程又必须是“第二十愿→第十八愿→第十九愿”。这一奇异现象正是绝对辩证法的本领，也就是说人因其“存在即罪恶”的缘故，无法停留在第十八愿，必会再一次掉入十九愿，继而前往二十愿，最终又达到十八愿。如此一来，“第十九愿→第二十愿→第十八愿→第十九愿→第二十愿→第十八愿……”（时态为“未来→过去→现在→未来→过去→现在……”）这一无限循环，便会透过“种随类救济个”（见本书第一部有关法藏菩萨论的部分）这一宗教社会实践，形成共同体的时间。

然而这里还缺乏个人的内部时间。关于共同体时间与个人内部时间的连接点，笔者进行如下思考。田边不采用善导借《观无量寿经》

---

① 参见 T9・203。田边援引曾我量深在善导三心释（至诚心、深心、回向发愿心）中加入时态过去、现在、未来的立场（参见 T9・212—213）。

所提出的三心释（至诚心、深心、回向发愿心），而采用亲鸾借《大无量寿经》转释善导三心概念所提出的三心释（至心、信乐、欲生）。因为亲鸾的三心释之基底是他力信仰的忏悔。田边认为亲鸾的三心释在于解决个人内心三种心理状态（亦即三种心理时间或内部时间）之间的矛盾。在此我们不得不承认这三种内部时间因绝对的他力而得以成立的事实。但必须戒备的是，这和西田几多郎的"永恒的现在"（永远の今）有一线之隔。此外，也无须解读田边的三心释是要消融个人的内部时间。这里恰好透露出田边以宗教社会实践（往还二回向）来连接个人内部时间与宗教共同体的时间。就此可知，田边的时间哲学奠基在其宗教哲学体系，在其时间哲学中共同体时间与个人内部时间之间能无有间隙，便在于他力宗教的社会实践。

五、分析哲学与宗教哲学的时间观

若用大森分析哲学观点下的时间观来检视田边哲学的时间观会发现，该时间观所包含的形而上学、宗教、实存、媒介、辩证法、类比、推论等要素，无一不是大森哲学所欲排拒的对象。上述大森与田边哲学的时间观，显然都不是现今吾人视为理所当然、习以为常的物理或自然科学的时间。两者所谈论的并不是人以外的客观存在之时间。对大森而言，真正的时间即是与现实的日常生活经验一致的时间，和人"现在在做什么"的状态息息相关。原生时间中的任何一个时态都不能脱离"现在在做什么"的状态（比如回想、直觉或预期）。这种直接和人的生活经验相关的时间不再只是个人的时间，透过大森的他我论，继而转变成众人的时间。然而，这种共同的时间毕竟得根植于具有共同语言、认知、感觉以及理解的一群人身上。而此种时间虽是众人的共同时间，但还不能算是一个国家、社会的时间，更不用说是一个地区或整个人类世界的时间。因为关于时间的掌握，要达到大森所说的无数命题上或关系脉络上的意义理解，可说是遥遥无期。

相对于此，田边的时间观一开始是在现实的国家社会（种）、个人（个）、理想国或人类（类）这三个概念的彼此媒介关系下所形成的。然而，该时间观随其哲学体系的崩坏及宗教体验的介入后，转变成由共同体、个人、绝对者这三个媒介概念所交织而成的时间观。当然，如前所述，此种转变是来自田边自身内部的宗教体验。然而过去、现在、未来这三个时态，不仅在他亲身经历过的行信证之救济体验（往相）中，亦在其救济他者的宗教行动（还相）中呈现出来。这种从个人体证下的时间观和奥古斯丁的时间观（神人合一、往相的时间观）貌似相同实则迥异。因为田边的往还二相的转换运动包含了个人、共同体、绝对无（个、种、类）的三一性，因此与奥古斯丁的时间观截然不同。奥古斯丁的时间观显然缺乏了和他者互动或与他者一同实践救赎事业的共同时间观。这也是田边认为奥古斯丁的时间观或历史观带有神秘主义色彩的理由。[①] 时间对田边而言，不仅止于个人内在时间，还包含与他者共在的时间以及绝对否定的无时间或超越时间（永恒）。这三种时间与“种的逻辑”中的类、种、个概念无法分割，此外亦无法脱离忏悔道哲学以后的他力宗教哲学。而大森的时间观，若无他我介入的话，恐怕也难逃类似的私密性质。也就是说，那只能是充满个人主观的个人时间或历史。

透过对大森的时间观之考察，可清楚地了解田边个人的内在宗教体验所带出的时间观何以变成了他与绝对者以及其他已得到救赎的伙伴（如亲鸾、道元等）一同救济尚在人生苦海的众生之共同时间观。因为那是一种在人与人之间的互动（大森所谓无数的命题），亦即在共

---

① 参见 T9・80。根据田边的说法，奥古斯丁的时间观是“永恒的现在”（永遠の今），也就是绝对的神包容或包摄相对的时间。但相反地，时间亦应该是“现在的永恒”（今の永遠），也就是说，永恒之所以是永恒，必须有时间作为媒介。如此一来，才有办法为神秘的永恒注入现实的时间或历史。因为永恒与现在必须是媒介关系，永恒并不能是永恒的永恒。

振的网络下所形成的共同时间。田边和大森的时间观之不同，就在于是否有超越的力量（超越的他者、他力）介入。这显然是田边宗教哲学（理性与信仰彻底媒介的立场）与大森分析哲学（彻底的理性主义立场）的差异所在。因此两者所呈现的时间观注定是貌合神离。前者借由绝对媒介的辩证法、形而上学、宗教实存等哲学方法的利器，超越了我们日常生活经验可及的范围，并带领我们走向想象的理想世界。而后者则从经验主义、独我论出发，循序渐进、小心翼翼地确认我们日常生活经验可及的范围后，再试图解决他者命题的问题，并一步一步带领我们走向经验可及的现实世界。毋庸置疑的是，田边与大森研究哲学的历史背景是有天壤之别的。

六、结论

现今吾人生活的世界，已是一个网络发达、国际沟通往来快速，没有客观存于吾人之外的时间就无法让整个世界顺利运转的时代。因此探讨田边元与大森庄藏的时间观或历史观不免让人感到落伍、无趣，甚至是没有价值。与此同时，在吾人所处的时空里，明知时间或历史作为一种生活上的工具，只是一个刻度的、数量的、没有任何主观价值意义的东西，却又对时间或历史问题喋喋不休，甚至可以因为这些问题大做文章并制造出各种不同的对立。从这个面向来看，相信田边及大森的时间观或历史观仍有值得吾人引以警惕与深思的地方。

若以大森的时间观来看，“经验即真实”这个想法真正用在个人史、共同体的历史、区域史或世界史的话，必会出现很多像“时间或历史观是否符合真实？是否正确无误？”的问题。然而，遗憾的是，“经验即真实”却因其主观性格（从无法一同经验的人的角度来看），不仅无法让和其没有共同经验的人参与，也无法说服这群人必须拥有同样的时间或历史价值观。

相同地，田边的时间观或历史观也不免会遭遇类似的困难，因为并不是每个人都能像他所主张的那样，必须得不断地进行“往相⇔还相”的救济工作（包含哲学在内的所有学科之学问，也不见得会按照他的构想发展）。但他站在一个高度所建构的救拯时间观或历史观却也为吾人带来反省的机制，一种呼吁人类反省自身的根本恶以及共同进行救济他人事业的机制。

大森的时间观因其他者论的介入，虽有朝向社会、公共性的面向靠近，却还是无法脱离其主观特性，因而带有局限性。田边从其内部经验出发，借由宗教体验及其哲学的理念展现出“内在时间、共在时间、无时间（永恒）”这种辩证关系式的时间观。可惜的是，一种和这种时间或历史观完全对立或隔绝的、在这些具有共同经验的一群人之外的国家史观或区域史观（甚至世界史观），显然无法在他的时间或历史哲学论述当中看到。因为田边关心的是如何建构时间或历史哲学，而不是具体处理某个经验共同体之史观与在其之外的客观时间观或史观（如一国史观、区域史观或世界史观）之间的关系。笔者认为这是一个值得现今吾人关注的时间或历史哲学议题。当然，语言的问题亦和这种时间或历史叙述的问题密不可分。语言除了具有经验的、具体日常生活的特性外，还具有未经验的、理念的、想象的特性。若能如此思考的话，相信吾人对语言与时间或历史之间关系的定义会有重新思考的空间。

［第三部分］

存在论与现象学

第七章　田边元的国家哲学与南原繁的“神国”政治理论

一、前言

日本进入20世纪30年代后，因国内军国主义抬头横行与外部国际情势诡谲多变而急速转向国家集权体制。面对国家在其内部和外部的暴行，日本知识分子或哲学家所采取的态度各有不同，有迎合者、抵抗者、保持沉默者，亦有时而迎合时而抵抗者。无论他们采取何种态度，都无法避免历史现实加诸其身的枷锁。在此内外局势夹缝下，田边元援用、糅合黑格尔的辩证法以及日本禅宗与净土真宗的思想，创出一套自身独特的“绝对媒介辩证法”，并将此辩证法的立场应用于其独特的哲学，即“种的逻辑”。面对田边以“种的逻辑”为基础主张“国家即绝对”的国家哲学言论，日本“无教会”[①]基督徒南原繁，以原始教会的宗教立场与新康德学派的价值哲学为基

① 内村鉴三于1901年前后反对基督教的教会制度、组织等，认为教会无须受任何形式的拘束因而提倡“无教会”理念，并主张回归路德的宗教改革精神，或亦回归原始教会的福音信仰。关于南原的“无教会”理解，可参见《内村鉴三先生》，载《南原繁著作集》第6卷，东京岩波书店1973年版。本章引用该著作集以“N卷数·页数”标示。芦名定道的《南原繁的政治哲学及其范围》(《日本哲学史研究》第13号，2016年，第42页）亦指出南原繁这条“原始教会→宗教改革→无教会主义”的思想系谱和其个人的信仰立场有关。

础[1]提出"神国"政治理论，彻底反对田边哲学的国家主义倾向。

本章从"宗教、国家、哲学"三个角度，阐明分别代表日本战时国家主义与反国家主义的田边国家哲学与南原政治哲学之结构，借此探讨从"西方近代文明的日本化"到"日本的脱近代化"过程中，田边哲学与南原哲学所呈现的思想轨迹。[2]

二、"种的逻辑"与西方社会学

本书第一部分和第二部分已论述过"种的逻辑"（绝对媒介辩证法）的基本架构，并探讨其走向理论挫败的过程。此章将从不同的侧面来检视在"种的逻辑"的形成过程中，西方社会学、人类学及宗教学等给予它的影响。

西田几多郎的弟子务台理作在《日本的哲学在这八十年间是怎么发展过来的》[3]（1968）中指出，自己起初是受西田哲学中"个体与一般者"（即田边所谓个与类）之问题的影响[4]而进行自己的哲学思考的。但随着历史的推移，大正时期的个体思想也随之褪色，取而代之的是昭和时期的历史现实的问题。如何克服西田哲学中"个体与一般者"的神秘色彩，变成田边元的主要课题。田边于1930年发表《求教西田先生》与西田哲学进行对决。田边发表该文后，始终认为西田哲学因

---

① 关于南原繁以新康德学派、费希特和自身的信仰立场所提出的"价值平行论"（即真、善、美、正义四种文化价值的并列关系），参见加藤节：《南原繁：近代日本与知识人》，东京岩波书店1997年版；《南原繁的思想世界：原理、时代、遗产》，东京岩波书店2016年版；以及芦名定道：《南原繁的政治哲学及其范围》，《日本哲学史研究》第13号，2016年。关于"价值平行论"及南原繁自身信仰的论述，因篇幅关系在此不加以讨论。

② 日语"近代"一词原翻自modern，指现代或近现代。西洋史的区分通常是指文艺复兴、大航海、宗教改革以后的时代，尤其是指以市民社会与资本主义为特征的时代。日本史区分的近代一般是指明治维新到日本战败投降结束的时期，其后被称为现代。

③ 参见《务台理作著作集》第9卷，东京こぶし书房2002年版，第61—81页。

④ 末木文美士在《明治思想家论：近代日本的思想・再考I》中亦指出明治期思想的"普遍与个别"之倾向。

缺乏对应历史现实的观点，亦即缺乏关于民族国家、种族或共同体的观点，因而只停留在“直观哲学”、“神秘哲学”、“同一性哲学”的范畴。

田边已敏锐地察觉到个体的哲学已经无法应对当时的思想潮流。对他而言，当时的哲学最重要的是如何处理个人与国家社会的问题。他在“种的逻辑”系列论文的首篇《社会存在的逻辑：试论哲学的社会学》一开头便如此阐明自己的哲学动机。

> 相对于希腊发现理性的自然，中世发现作为精神的神，文艺复兴以后的近世，则发现了人类。若是如此，那么十九世纪则发现了社会。社会原理的探求，则形成现代哲学的中心课题。单纯的人类存在的存在论与人学，若从此见地来看，则属于过去。人于社会、人的存在于社会存在，方能具体呈现。社会存在的哲学，非得是今日的哲学不可。今日的需求不是哲学人学，而是哲学社会学。（T6・53）

若说19世纪是社会学理论兴起的时代，那么20世纪的哲学所要做的无疑是对社会学理论提出反思。田边针对在19世纪欧陆兴起的社会学理论，特别是对图腾信仰（totemism）的研究进行批判性的反思。他认为欧陆图腾信仰研究的进路应为“人类学→社会学→宗教社会学→哲学社会学”。此图腾信仰研究的进路在弗雷泽（James George Frazer，1854—1941）、涂尔干（Émile Durkheim，1858—1917）、范杰内普（Arnold van Gennep，1873—1957）、雷味・布鲁尔（Lucien Lévy-Bruhl，1857—1939）等人的言论中都能见到踪迹。（参见T6・89—91）

田边指出雷味・布鲁尔虽以分有法则（loi de participation）作为思考图腾信仰的逻辑，有将社会现象哲学化的建树，但此种社会学的逻辑却只停留在“作为现象的逻辑”，并未发展至“作为逻辑的逻辑”，换言之，即是停留在“存在的逻辑”而不是“自觉的逻辑”。（参见

T6·91）田边在辩证欧陆图腾信仰研究的过程中所形成的“自觉的逻辑”便是“种的逻辑”。关于“存在的逻辑”与“自觉的逻辑”的关系，田边说道：

> 于我们的自觉中起作用的逻辑，若没有与存在的逻辑相互媒介的话，自觉则变得没有内容，逻辑只不过是形式逻辑。自觉于存在的媒介中进行，因此才能于他者之中知道自己，同时他者才能被自己所知。内属图腾信仰的逻辑，作为逻辑被我们所知，是因为在此存在的逻辑中我们的逻辑在自觉。（T6·92）

据上可知，“种的逻辑”虽超越图腾信仰的逻辑，但却与它形成相即不离的媒介关系。“种的逻辑”可说是一种以欧陆图腾信仰的逻辑为否定媒介的“绝对媒介”的逻辑。除上述图腾信仰的研究外，田边亦关注到德国社会学家滕尼斯的《共同体与社会》（*Gemeinschaft und Gesellschaft*, 1887）与柏格森的《道德和宗教的两个来源》。

根据田边的说法，人类原本居住的社会为“图腾社会”（参见T6·97—98），亦即滕尼斯所谓的“共同社会”（Gemeinschaft）（参见T6·88—89）、柏格森所谓的“封闭社会”（T6·75）。然而，这些都只是种的共同体与个人没有形成对立的结合形态而已。此种原始社会的特征是，种直接代表个、个直接就是种。种个无分别的原始社会并无法等同于近代以来的人类社会。因为原始社会完全忽视抵抗或逆反近代人类社会（种的共同体）的个人自由意志或权力意志，原始社会并不允许个人的自立性。虽说如此，就如田边所言，“图腾信仰是以即自（an sich，今译自在）的方式将种的逻辑视为典型的意识”（T6·89），因此“种的逻辑”中的种的共同体必须将原始社会作为其即自形态（直接形态）才能成立。

据上可知，田边一方面将“种的逻辑”中种的即自形态视为滕尼斯的“共同社会”与柏格森的“封闭社会”，但另一方面他认为滕尼斯的“利益社会”（Gesellschaft）与柏格森的“开放社会”并不足以成为“种的逻辑”中种的对自（für sich，今译自为）形态。田边指出滕尼斯主张人类社会的形态便是从“共同社会”（Gemeinschaft）到“利益社会”的变迁之形态，那是一种作为前者主体的“自然意志”发展到作为后者主体的“选择意志”，亦即发展到以自由为本质的意志之结果。（参见T6·88）此处所谓“选择意志”，并非田边自身设想的个人“自由意志”，因为此种意志应该是一种即使从种的社会得到其生命根源，亦会和它对立，反抗其限制，会进一步压制甚至篡夺种的社会，并将其放在自身支配下的“自由意志”。田边认为滕尼斯的利益社会不会回到共同社会，因此两者只是单纯的一元发展关系，不会产生即自形态与对自形态这种辩证法式的二元对立关系。（参见T6·118）

关于柏格森的“开放社会”，田边指出那并非是从“封闭社会”的延长或扩大。两者之间存在本质上的差异。因为“封闭社会”只是无种个分别的融合体，“开放社会”则是借由个人舍弃自我、自我牺牲的爱和社会，甚至是和万物的结合体。在“封闭社会”里，种个的结合体成立于社会中的道德责任与义务，亦即个人对种的规制或统制的愚昧服从。在“开放社会”里，个与种的或者个与万物的结合体成立于个人对宗教慈爱，亦即对神的爱的超知性之顺从。柏格森从“封闭社会”与“开放社会”这两种社会形态，即生命的两个方向，来明确区分道德与宗教。对此田边如此评价道：“柏格森明确地区分两个起源，分别承认独自的原理，并将它归纳在生命的二重显现上，他以知性为媒介，在生命的构造上探索了两个源泉的关系。”（T6·78）

然而田边指出从“封闭社会”到“开放社会”的转换，毕竟只是来自柏格森直观自身生命的立场，即人类觉醒于和宇宙生命合一的自觉立场，因此针对行动者的个人无法提供统一两者的实践理论。（参见T6·79）针对柏格森缺乏种与个的否定媒介关系之视点，田边如此说道：

> 能将两种社会（“封闭社会”与“开放社会”——笔者注）关联到现实的是个人。因为罪恶是个人成立的原理，即自由的表征。封闭社会中不被允许的恶的自由在开放社会中则被允许，唯有在此处，自我否定的个人才可能成立。若没有两种社会的对立统一的话，从社会分立出来的个人是无法被理解的。在柏格森的想法里，个人只停留在和社会对立并直接被规定的层面，其只是单纯的假定而没有被原理化，这对缺乏对罪恶进行考察的柏格森思想来说，是理所当然的缺陷。（T6・81）

显然生活在社会的个人罪恶问题才是统一两种社会的关键。柏格森的“开放社会”之所以无法成为“种的逻辑”中种的对自形态，并非在其社会论里缺乏恶的自由，而是因为个人与社会虽处在相互对立或矛盾中，但却没有田边所谓不吞噬对方且承认它的否定媒介关系。田边认为，个人的恶的自由（权力意志）并非和其所处的种的社会完全无关的独立物。对此田边说道：

> 单纯具有身体性、官能性内容的意志，对人来说是极罕见的。应该说那是只有在人类动物化的极限当中才会出现的东西。人类固有的意志，一般来说是社会性的，虽说感性一般还是指社会权力意志的主我性。表面上看属于官能冲动的本能之感性，事实上对人类来说，已是反省阶段的权力意志之主我性。这不就是对抗作为我性的否定原理之理性，和后者的善原理相对的恶之原理吗？（T6・121）

对田边来说，个的权力意志始终是反省主我的权力意志。换言之，个必定是“种的个”。“种的逻辑”中所谓从种的直接形态到对自形态的转换，正是依据属于种的直接形态之自然意志（生命意志）与上述个的自由意志（权力意志）两者相互对立统一的关系。这种包含种与个的否定媒介关系之种的对自形态，正是田边所谓的类、“人类国家”（T6·132）、“菩萨国”（T6·127）。也就是说，这种“既是种又不是种的类”（T6·127）便是以个为否定媒介的“类的种”。相对于此，“种的个”虽与种对立却进入类的阶段，变成以种为否定媒介的“类的个”。种的自然意志与个的自由意志借由对立统一达到类的“解脱意志”（T6·127）或“救济意志”（T6·141）。“种的逻辑”透过上述种、个、类的否定媒介运动成为一种辩证法的逻辑。[①]

然而，上述的“类的种”与“类的个”（人类国家与人类）必须是有限相对者与无限绝对者的绝对否定媒介形态。（参见T6·128）因为就如田边所言，“人类并非在民族存在这个意义上而存在，所谓人类国家亦不能像所谓民族国家那样直接存在”（T6·132），人类国家或人类唯有透过种与个的否定媒介关系才能间接地存在。在这个意义上，以人类为成员的人类国家始终只是否定媒介形态而已。（参见T6·133）

如上所述，个的生命根源在种这种立场上的个，便是所谓“种的个”。然而，“种的个”借由以种为否定媒介虽成为“类的个”（人类、个的对自形态），但在逻辑上却必须保有自己的直接态（种的个）。种的情况亦然。种借由和个的对立否定自己并包容个，虽成为“类的种”（人类国家、种的对自形态），但在逻辑上却必须保有自己的即自形态。如此一来，人类国家或人类必然会掉落到各自作为自我否定的疏离形态。据此可窥见，田边所谓作为绝对否定媒介的“种的逻辑”中“种→

---

① 关于“种的逻辑”与柏格森等的关联另可参见合田正人：《“种的逻辑”的生成、变迁及其现代意义》，《日本的哲学》第8号，京都昭和堂2007年版，第89—102页。

个→类”无限循环的运动状态。

种与个因此具有自我否定的二重性。所谓自我否定的二重性，指的是为保有相互存立性的自我否定以及透过自己否定即肯定达到类之后，反而为了唤起下阶段的自我否定而掉落到自己的本来形态这种自我否定。简言之，这是指种与个为达到类的自我否定以及达到类之后各自掉落到自己的本来形态这种自我否定。①

综上可知，无论是欧陆图腾信仰的逻辑，还是滕尼斯的《共同体与社会》或柏格森的《道德和宗教的两个来源》，都只是“种的逻辑”的即自形态。对田边来说，西方社会学、人类学、宗教学所观察或谈论的国家社会（共同体），都无法脱离自我同一性的理论或直观哲学，但不可否认的是，欧陆社会学的思想都是促使田边建构其哲学体系的材料。

三、“种的逻辑”与黑格尔

本书不断强调“种的逻辑”是田边借用生物分类“类、种、个”构筑而成的社会哲学理论。②“类、种、个”之区分受到黑格尔在《哲学科学全书纲要》分卷《精神哲学》（或早期的《精神现象学》）中区分“主观精神”、“客观精神”、“绝对精神”的影响。田边在战后《种

① 相关的论述在《阐明种的逻辑的意思》（1937）中亦可窥见，不再赘述。（参见T6·454—455、480、490—491）伊藤益已指出“种的逻辑”在初期论文《社会存在的逻辑》（1934—1935）和完成期论文《阐明种的逻辑的意思》中所具有的绝对媒介辩证法结构并没有不同。（参见伊藤益：《爱与死的哲学：田边元》，第27页）

② “种”概念可溯源到亚里士多德的哲学，在达尔文进化论里它以生物学的姿态重新登上近代舞台，接着又在19、20世纪欧洲社会学、文化人类学等领域中发挥影响力。相对于亚里士多德的类、种、个概念只停留在逻辑学的概念区分，田边的类、种、个概念则更进一步，其亦反映了主体、动态、历史现实等层面。（参见小林敏明：《逻各斯与反逻各斯》，《思想》第1053号，2012年，第219—245页）在笔者看来，“种的逻辑”包含理论（抽象）与现实（具体），一方面可避免亚里士多德的形式逻辑或黑格尔的辩证法逻辑之非具体性或非历史性，另一方面亦可呼应海德格尔解释学现象学所强调的实际性。

的逻辑的辩证法》中讨论了自己战前的“种的逻辑”和黑格尔的精神哲学的亲近性。

> 然而黑格尔的客观精神意味着国家社会的习惯、传统、法制，同时还具有文化与政治的内容。因此它不仅是作为普遍的绝对精神之特殊化限定，还拥有拘束、规制个人主观精神的力量。个人若对抗、背反它，它就会强制个人，个人借由绝对精神的媒介，进而承认它，并使之发展，此客观精神便有权威使个人顺从。正因为如此，客观精神与主观精神形成对立，并超越之。而所谓神圣精神的绝对精神之绝对性，因前两者的相对精神不仅有逻辑上的普遍与特殊的差别，还有政治上的对抗与背反关系，而作为两者统一的媒介，其必须倚靠以宽宥、赦免的神的爱为内容的绝对无。（T7·257—258）

按照田边的说法，可知绝对精神为“种的逻辑”中的类，客观精神为种，主观精神为个。然而“种的逻辑”并不能等同于黑格尔的辩证法。田边在自己的哲学中不使用精神这个概念（观念上的概念），而援用生物学的分类方式来表示人类具体的存在状态（种与个）及其应然的状态（类）。田边在系列论文《存在论的第三阶段》（1935）中，比较了黑格尔的辩证法与“种的逻辑”，并如此批评道：

> 然而黑格尔的精神哲学并没有贯彻这种思维的立场：忠实于其逻辑性，将绝对思考为始终存在于相对即绝对的动即静之统一的东西、绝对否定的无之外并不存在作为有的绝对。因为他追随基督教的有神论，没有完全扬弃将绝对精神思考为绝对存在的神之倾向。在他的想法里，不存在类、种、个的普遍、特殊、个别这三个契机完全以相互媒介的方式链接，并贯彻逻辑的绝对媒介，

> 取而代之的是普遍超越媒介相当于绝对存在的神这种思维，普遍借由特殊的媒介创造、发出个的实存界这种想法被赋予了意义。这种立场否定了如此要求思考的绝对辩证法，即任何肯定都必须以否定为媒介、任何有都必须在无之中存在。从精神的神之普遍世界经由特殊化而流出的，其哲学不外乎和这种神秘主义的流出论相通的观念辩证法。（T6・296）

这里道出黑格尔的绝对精神因基督教的有神论而无法走向绝对无、彻底否定媒介的境地（即放弃不断的运动），以致其媒介性无法真正发挥作用。原本精神哲学中的媒介性应该被彻底实现，但却因黑格尔将之实体化，而迫使该哲学变成观念论的哲学或神秘主义哲学。田边接着又如此批判黑格尔的国家论："此外，国家是于地上的神之存在这种思想阐述的不再是于基体即主体的媒介中成立的相对即绝对的国家，而是神意实现的、作为绝对存在的国家。这意味着无法包容被治即自治这种民主主义式契机的绝对主义。"（T6・296）不可否认的是"种的逻辑"之所以会挫败，正因为田边重蹈了黑格尔的覆辙。

"种的逻辑"直到《国家存在的逻辑》（1939）出现之前，基本上仍保持着"种、个、类"三者不断对立与统一之媒介关系。但随着时局（如日本侵华战争等）的变化，田边在该篇文章中开始脱离绝对媒介的逻辑框架。简言之，"种、个、类"三者的动态关系开始呈现停滞的状态。因为田边将民族国家摆在耶稣基督的位置上，定义它为绝对无（类）的"应现存在"（参见 T7・42）。此可说是民族国家取代耶稣基督走向"国家即绝对"的途径。在面对"国家即绝对"的情况下，田边却主张道："个人的主体存在亦只能在此种作为全体性主体的国家之中，亦即在对立与统一相即的动态媒介性中成立。此为个人于对国家牺牲自己的自我否定中，反而被肯定而得以生存的理由。"（T7・41）这意味着个人自由意识被国家吞噬的国家绝对主义之立场。

田边并没有同时指出作为相对存在的国家，也必须为个人牺牲自我，以期与个人达到自我否定即肯定的境地。也就是说，此时种与个并没有在不灭对方的前提下，进行相互否定媒介的作用。种吞噬个，种与个形成一体且密不可分。不仅如此，在上述种个一如的关系中，并没有类的救济出现（宗教的慈悲救济）。国家俨然变成一种绝对者（地上的神）。

田边在战后的《种的逻辑的辩证法》（1947）中，重新定义国家与宗教的关系，针对战时自己把国家绝对化的论述，做了以下的反省："国家作为宗教的媒介是不可或缺的。然在此毋庸屡述的是，那既不是像国家被提升到高次元而攀登到宗教，并被扩大到人类世界，从而达到爱那种意思，也不是像无否定的一般化同一性地将国家给宗教化那种意思。就连国家都必须对潜藏在该存在根源之根本恶有自觉与忏悔。我一直以来的说法（'种的逻辑'——笔者注），关于此点，不免有抽象之处。因此不能否认那种说法会诱发国家绝对主义的倾向。"（T7·366）

此处道出"种的逻辑"的问题点。田边在战时所采取的虽是"绝对媒介的逻辑"这种哲学立场，但却因该逻辑中种、个、类三者停止彼此绝对媒介的关系，而形成"种个一如"或者是"种的类化"这种国家绝对化的局面，使其高举的"绝对媒介的逻辑"变成"无媒介的逻辑"。原本将现行国家社会视为绝对媒介存在的逻辑，因个人对国家暴力的无抵抗与作为他力救济的类的荡然无存，变成间接助长国家绝对主义横行的逻辑。①

① 探讨"种的逻辑"的挫败的有冰见洁：《田边哲学研究：从宗教哲学的观点》，东京北树出版1990年版，第94—127页；伊藤益：《爱与死的哲学：田边元》，第27—44页；拙论《田边元的"种的逻辑"及其挫折》，《求真》第15号，2008年，第57—72页；藤田正胜编：《种的逻辑》，东京岩波书店2010年版，第493—515页；长谷正当：《田边哲学与亲鸾思想："种的逻辑"的挫折及其从新立场的展开》，《日本的哲学》第12号，京都昭和堂2011年版，第70—89页等。

如本书第一章所述，我们虽然无法在“种的逻辑”中找到它对日本军国主义的直接影响，但若从历史观点来看，显然田边将国家绝对化的国家哲学论述有间接为日本侵华战争提供理论基础之嫌。从 1934 年到 1937 年，我们可以看到“种的逻辑”试图抵抗西欧诸国经工业革命后以近代资本主义、实证主义、自由主义等为基础所发展出来的殖民主义国家（日本亦在列）之暴行。在此意义上，“种的逻辑”可说是对“近代”为人类所带来的负面产物进行反思的哲学体系。然而，从 1939 年到 1941 年，我们亦可以看到“种的逻辑”发展至标榜国家绝对主义的哲学论述时，换言之，就在田边个人无力抵抗国家对内对外的种种暴行的情况下，臣服于“近代”并成为其奴隶。同时期的东京大学基督教哲学家南原繁对田边元的批判，正是来自后者的哲学论述。

何以田边无法毅然决然地在 1941 年的论文及其后的演讲[①]中坚持种、个、类三者的绝对媒介关系呢？能突显出此原因之所在的是南原繁在《国家与宗教：欧洲精神史的研究》（1943）中对“种的逻辑”的批判。在阐明南原的“神国”政治及其田边哲学批判前，首先必须窥探南原的“近代”观与纳粹批判。

四、南原繁的“近代”观与纳粹批判

南原繁于 1943 年 11 月出版了《国家与宗教：欧洲精神史的研究》。此书主要是以柏拉图的“理想国”与基督教的“神国”为论述的主轴[②]，试图建构一个异于两者的日本基督教式（亦即无教会式）的政治哲学。其中除了揭示康德的“永久和平”理念外，还批判当时猖獗

① 论文有《国家存在的逻辑》、《国家的道义性》（1941）、《思想报国之道》（1941），演讲则有《死生》（1943）、《文化的极限》（1944）。

② 加藤节的《南原繁：近代日本与知识人》（第 123—130 页）论究了南原如何糅合柏拉图的“理想国”与基督教的“神国”。

于世的纳粹与法西斯主义，并析论、辩证了天主教与新教两种基督宗教的立场。

南原在《国家与宗教》的第四章“纳粹的世界观与宗教”（成文于1941年2月）里指出，纳粹主义的产生是来自于其对“近代”欧陆精神的抵抗，纳粹主义在“近代”的压迫下，寻创出一条自我存续的国家社会主义路线。

南原在论述纳粹如何对“近代”精神做抵抗之前，针对“近代”精神形成的背景做了初步的分析。对南原而言，所谓“近代”是指以综合、统一近世欧陆文化的康德批判哲学为开端，后经黑格尔的精神哲学所形成的“理想主义”（idealism，此处是指由黑格尔所完成的德国观念论），与以英国、法国重视自然科学认知与人类现实经验的精神为基础所开展出来的“实证主义”（positivism）的综合精神。前者内容蕴藏的是神学式、形而上学式的思维，进而朝向“理性主义”发展；后者内容包含的是自然科学的认识与现实经验的人类思维，进而奔向“个人主义”或“人类中心主义”甚至“自由主义”发展。[①] 南原指出所谓“近代精神”及“近代人”的典型，可从前者到后者的转向中窥见。

至于19世纪后叶盛行的马克思主义，南原则视之为一种与西欧实证主义同路数的思想体系。他指出：“马克思社会哲学虽有唯物论的结构，但不可忽视的是，其作为根本理念的依然是近代的‘人性’，一个‘人文主义’贯穿着全体。因为那是在马克思主义中隐藏的伦理要素，其是驱使人们参与世界改革的全面性运动之缘由。在这个意义上，马克思主义与其喜欢视为敌对的有产阶级的自由主义或民主主义之间，并无根本上的差异存在。”（N1·201）。南原在这里认为马克

① 参见《南原繁著作集》第1卷，东京岩波书店1973年版，第196—204页。

思主义虽与中欧德国理性主义分道扬镳，在与西欧英法资本主义的对决时，还是无法脱离“近代”精神，即“人类中心主义”的笼罩。因此马克思主义还不足以形成消弭“近代”带来负面产物的力量。南原在此不仅将马克思主义视为“近代”精神发展的一种必然结果，甚至视之为一种“近代”精神发展的极端化产物。他认为上述“近代”欧陆精神的共通特征在于现实人性的理念与个人中心主义的原理。（参见N1・202、204）

然而在上述的“近代”欧陆精神特征里，无论理性主义中标榜将宗教哲学化的理性之胜利，还是实证主义中揭示将宗教无用化的经验与科学之胜利，皆显示出宗教在“近代”欧陆精神史上的缺席[①]。南原认为，“近代”欧陆精神随德国理想主义哲学（即观念论哲学）的消退后，丧失了文艺复兴的人文主义思想与宗教改革的精神，整个学问导向着重于自然科学的实证层面，迫使“近代人”的精神生活产生空虚的现象。（参见N1・207）

南原指出，纳粹就在上述的时代氛围当中掀起了对抗“近代”精神的旋风。纳粹针对“近代”精神在实证主义的推动下所产生的普遍性与个别性思维，进行了政治性、社会性的反省。纳粹认为“近代”精神以自然科学为基础所发展出来的普世价值观与个人中心主义思维缺乏对应现实国家社会的实际行动规范，并主张在哲学、科学等诸领域中须占重要地位的应该是实践哲学，特别是政治哲学。因此国家的理念成为纳粹思想中最重要的课题。纳粹在此前提下所发展出来的新世界观，是一种以种族国家（即作为有机体全体的种族统一组织形态）为中心的世界观。（参见N1・209）

---

① 关于此，南原如此说道：“原本自由主义或民主主义中的宽容主义，从承认宗教为个人自由这点来看，或许可以被视为与对宗教的无关心同义，最终则走向无宗教以及无信仰。总而言之，十九世纪欧洲在其经过里，倾向既成宗教或对宗教的否定，亦不是一种偶然。”（N1・203—204）

另一方面，南原又指出纳粹对抗“近代”精神的行动不仅是对外的，还包含对内的层面。对内层面方面，标榜生命哲学立场的纳粹，不仅和德国观念论哲学立场迥异，亦和19世纪前半在德国兴起的浪漫主义（南原称之为旧浪漫主义）有所不同。他认为纳粹的生命哲学相较之下属于一种广义的浪漫主义，亦即新浪漫主义。相对于前者诗的空想与主观氛围，后者更具有意志与实践的特质。前者广泛地超越民族，有朝向世界主义和世界文化理想的倾向，后者则着力在民族文化与民族国家的理想。纳粹所主张的是种族或国家主义与人种学立场。国家主义取代世界主义与个人主义，俨然是纳粹政治哲学的走向。（参见N1・213—215）

南原更进一步探讨了高举国家绝对主义的纳粹在面对宗教时所采取的态度，也就是探究了纳粹世界观中的宗教理念。如前述，“近代”欧洲精神中缺乏宗教层面的窘境，到了标榜超越“近代”的纳粹政治哲学，又呈现出何种态势？南原指出纳粹承续艾克哈特（Meister Eckhart，1260—1328）的神秘主义思想，将他主张的“灵魂”（被认为是等同神的纯粹心灵）转换成“种族灵魂”。就南原来看，“种族灵魂”不外乎纳粹将种族国家视为和神同等的存在。德国旧有的基督教形态也因此形成一种新的基督教形态，即“日耳曼式的基督教”（N1・224）。

南原认为“日耳曼式的基督教”之所以会产生，和当时纳粹为抵抗天主教的权力主义与僧侣主义有很大的关联。“日耳曼式的基督教”高唱的是北方日耳曼式的“心灵人格的名誉”与“灵魂的孤立及完结”。南原视之为一种神秘宗教的要求、宗教的种族性告白（参见N1・229）。南原透露出与天主教、新教不同的“日耳曼式的基督教”有机会带动推展第二次宗教改革的运动（参见N1・230）。

然而“日耳曼式的基督教”在纳粹的国家主义底下，篡夺了神子耶稣基督的位置，违反了原始基督教会的精神。其不仅排斥神的“恩宠”，还无视基督教义下的“原罪”以及回归神的“赎罪”所带来的自我“牺牲”。（参见 N1・224—225）据上不难看出，此种纳粹的宗教理念只是国家主义下的产物。纳粹取代神的角色，不仅将每个国民的特殊性，亦将宗教的慈爱与救济消弭于无形。南原从中看出纳粹对“近代”精神的抵抗已走到末路。

五、南原繁的“神国”政治理论与田边哲学批判

上述有关南原对“日耳曼式基督教”的批判，间接地透露出其承续其师内村鉴三高举“无教会”理念的日本基督教精神。他在《国家与宗教》的补论“天主教主义与新教主义”（1943）中，明确地指出自身的日本基督教立场。南原认为，基督教发展不应该只停留于天主教的教会主义及普遍主义，就如同新教兴起的原因一样，非得是多样性的、国民性的不可。他说道：“原本文化就是普遍的、历史的种族性问题，与此相对，为何宗教信仰就只能是普遍性的、全人类性的呢？基督教在世界・全人类的普遍性救济的宗教这件事与同时达到拥有历史性、国民性这一点之间，应该是没有矛盾的。”（N1・329—330）

南原所主张的日本基督教，同时包含其历史性（相对性）与超历史性（绝对性）的发展。“那是因为一方面即使人类——宗教性人类，亦不可能超越种族的、历史的共同体，并存立于其外，无论如何，都得在历史的制约之下，作为种族或国家的一分子而生存。”（N1・329—330）

南原指出，路德（Martin Luther，1483—1546）为抵抗天主教会而提出“看不到的教会”，此正是其宗教改革的核心价值。然而，路德在提倡“看不到的教会”的同时，却又承认“看得到的教会”，进而陷入“国教会”制度里，这可说是一大矛盾。无论其宗教改革的成功与否，为解决教会问题，依南原的说法，只能将宗教改革的精神彻底实

行，也就是说，非得朝向教会概念的超克不可。（参见N1·332）此无疑是内村“无教会”理念的延伸。至于南原所谓路德宗教改革精神的彻底化，即是不断地将基督教的“神国”视为始终无法在现实中具体呈现的“看不到的教会”。当然此种“神国”即“看不到的教会”自身是一个真实存在，其并非在“彼岸”才真正开始，而是早已作为一个事实存在于“此岸”及具有基督教信仰的信徒心中。对南原繁而言，这才是基督教信仰的核心。

南原所欲建立的基督教“神国”，可说是奠基在原始基督教尚未设立任何教会与信条的“看不到的教会”，亦即“爱的共同体”或“灵性的共同体”之上的。关于此共同体，可从以下南原的论述中窥见：

> 如此一来，神国的形成，在各个国民参与此既神圣又深奥的结合关系，最终我国全体国民的共同体因真正的神圣生命而被填满之前，大概都无法停止。这时，日本国家的内部基础将会成为盘踞在最巩固的永远精神与地盘之上的东西。所谓“日本式的基督教”，除此无他。（N1·333—334）

据上可知，南原所欲建构的政治哲学不外乎日本基督教下的“神国”政治理论。对南原而言，真正的国家只能是借由个人不断参与充满神的爱的共同体所呈现出来的“神国”而已。

若比较上述南原的政治哲学与田边的社会哲学和国家哲学（“种的逻辑”）的话，不难发现，南原在处理国家与宗教之间的关系时始终站在宗教慈爱救济的立场。与此相对，田边在“种的逻辑”中处理种（现实国家社会）、个（个人）、类（人类或人类国家）时，亦论及绝对者——类——对种与个的媒介（救济）作用。然而，何以南原批判“种的逻辑”是为日本的国家哲学建构一套比纳粹的国家哲学更具有体系性的哲学呢？

南原除了以自身的政治哲学立场审视“近代”欧陆精神与纳粹对“近代”的抵抗之外，还将目光转向日本的国家主义。就南原来看，为其做理论建构的哲学学派即是标榜“日本主义”或“日本哲学”的京都学派。南原评价其中以田边哲学为最完备的体系（参见N1·264—265）。南原将“种的逻辑”中的“种”与纳粹的“种族”做了绝对上的区分。因为纳粹的种族始终处于自我同一式的存在状态，也就是自然生命的直接形态或即自形态。其只不过是种族的肆意性活动状态而已。

对南原而言，田边所谓的种，“在根本上，是作为绝对者‘自我疏离’的状态，而将‘种’的即自的直接统一与和其形成否定对立的对自态——‘个’于否定的否定，即绝对否定中统一综合的即自且对自的‘类’存在就是国家。国家作为那种存在，正是类的实现、具体化，其非得是作为类存在的‘人类国家’不可”（N1·265）。南原的田边哲学理解，可说是精确无误。然而南原指出，该哲学发展到《国家存在的逻辑》时却将国家摆在耶稣基督的位置上，使得国家取代了耶稣基督的启示存在。南原批判道：“如此一来，国家才是让真正宗教成立的根据，其自身成了‘地上的神国’”（N1·266）。虽然田边称此处的国家为绝对无的“基体显现”或“应现存在”是为了将基督教思想从神话中解放出来（参见T7·42—43），但南原却认为此正是国家取代耶稣基督走向“国家即绝对”的途径。

值得注意的是，取代耶稣基督的国家并非等同于绝对者——神，或是取代祂而自己成为神。田边在此处还没有脱离作为“种”的国家社会始终是媒介存在的立场。也就是说，国家为绝对无的“应现存在”这种说法，并没有脱离种、个、类三者绝对否定媒介关系的结构。然而，如南原所指出的，“种的逻辑”只不过是一种“哲学信仰”或“辩证法信仰”（N1·267）。换言之，这只是一种对理性的信仰。进一步来说，“种的逻辑”并非一种真正以宗教慈爱为基底的宗教哲学体系。

田边在理论上援用他力宗教的救赎，只不过是理性的邀请。南原的田边哲学批判间接道出田边（或“种的逻辑”）缺乏真实宗教信仰或体验的支持，以至于田边在自身的哲学体系中终止种、个、类三者不断进行的媒介运动。[①]

在此不得不承认的是，南原从宗教信仰视野下的田边哲学批判，具有对“近代”（包括战时的日本在内）深层的反省。在日本军国主义横行于世的时代下，南原采取“神国”政治哲学的立场，不断地在暗地里抵抗、批判日本军国主义的暴行，甚至在其“二战”期间的出版物上透过对京都学派哲学的批评，间接地批判日本军政府。其思想与行径也为战后京都学派的宗教哲学发展带来引领的作用。[②]如战后田边哲学所追求的，唯有真正的、彻底的宗教性忏悔、悔改、自我否定，简言之即绝对他力所指引的自我批判，才能为在战后浴火重生中的日本带来一线曙光。战前未完成的“近代”超克任务，必须以宗教哲学发展为基础才可能完成。

六、结论

当日本透过明治维新，全盘接受西化，从无条件吸收西方近代的

---

① 当然在日本学界亦有学者主张“种的逻辑”无论是战前还是战后都没变（如田中久文、杉村靖彦等人）。但若借用基督教哲学家南原繁的观点来看，显然“理性邀请宗教”与“宗教观或宗教体验下的哲学”有着根本性的差异。前者具有高度危险性，已在本书第四章有所指出。南原繁的立场显然是批判前者、拥护后者。这是本章想突显的地方。

② 关于此，可从田边哲学战后的全面性转向中窥见。譬如，田边于《种的逻辑的辩证法》（T7・367）中，提及南原繁《国家与宗教》一书对其哲学转向的影响。若注意到田边于战后到辞世为止的哲学论述，皆不出宗教哲学的领域，亦可想而知。事实上，田边在 1948 年寄给南原的赠书致谢信中，曾提到南原的批判对他的哲学启蒙很大（参见福田欢一编：《南原繁书简集》，东京岩波书店 1987 年版，第 654 页）。不仅如此，京都学派其他哲学家，如久松真一、西谷启治、武内义范、武藤一雄（1913—1995），甚至是当代的上田闲照、长谷正当等人的哲学，亦很明显地在战后留下了日本宗教哲学发展的足迹。南原哲学对武藤的影响可见于《和南原先生的相遇》一文（参见丸山真男、福田欢一编：《回想的南原繁》，东京岩波书店 1975 年版，第 301—306 页）。

文明，将其融会贯通收为己用，到反省外来文明与自身的关系时，透露出自身在“近代”化与脱离“近代”过程中的轨迹。以上讨论的田边哲学与南原哲学在战时所呈现出的思想活动（前者为间接的国家主义思想，后者为反国家主义思想），可说是其轨迹中的缩影。

田边在当时的帝国主义、国家绝对主义风潮下，原欲建构的是反国家主义的哲学体系，即包含存在与实践哲学的“种的逻辑”。然而，该哲学体系却在当时国家的非合理性暴行与宗教慈爱荡然无存的情况下，遭遇挫败，继而转变成服务国家主义的思想。我们不得不高度警惕在此思想里所潜藏的危险性。相对于此，南原在内村鉴三与新渡户稻造（1862—1933）等基督教徒的带领下，无论在自身哲学还是神学体系的建构上，皆以基督教徒的姿态为基础。其所提倡的“神国”政治理论虽然关乎现实国家政策或行为是否合乎普遍性价值，但他所坚持的始终在于各个国民是否能够不断透过对“爱的共同体”——为“神的爱”、“对神的爱”与“邻人爱”所贯穿的共同体——的参与来建设“神国”（“理想国”）这种宗教实践上。因为一切现实中的国家样态只不过是人类建设“神国”（“理想国”）时的被否定态而已。

加藤节在《南原繁的思想世界：原理、时代、遗产》[①]中从内村鉴三、新渡户稻造、南原繁的“爱国心”（patriotism）出发，来探讨爱国这一贯穿古今的普遍性议题。加藤认为，这三位基督教思想家并非所谓世界公民主义者或普遍主义者，三人皆对自己的国家有很深的爱。但这和狂热的爱国主义者不同，他们透过检视自己的国家究竟在何种程度上具有普遍性价值（比如正义、和平、人道、邻人爱、社会正义、自由等）来衡量对自己国家的爱，因此具有主体行动与客观批判的精神。加藤还举出费希特《对德意志民族的演讲》对南原繁的民族主义论之影响，借以说明其作为日本基督教哲学家的特色。

---

① 参见加藤节：《南原繁的思想世界：原理、时代、遗产》，第171—192页。

在笔者看来，这是一种既有个人、民族国家，亦有普遍价值（即个、种、类）的辩证观点，和田边建构的“种的逻辑”有不约而同的契合处。然而不同的是，田边当时并没有和这些基督教思想家一样的气魄，因此既没有坚定信仰下的主体行动，也没有将自身哲学体系与日本帝国主义之间的关联进行客观的研究与分析。尽管如此，在哲学理论层面上，南原繁对田边哲学理应有高度评价，但因田边将国家绝对化，使得原本应该被高度评价的哲学变成被批判的哲学。南原繁这一锐利的观点值得我们高度重视。

综上内容可知，以何种立场或态度看待“哲学、国家、宗教”三者的辩证关系，是区分战时田边与南原两人思想的关键。若从另一个角度来看的话，如何处理“哲学、国家、宗教”三者的关系，亦可说是研究日本近代哲学的课题之一。

第八章　田边元与卡尔·巴特的辩证法：“种的逻辑”的转向及其问题点

一、前言

本章主要想借由分析田边元对卡尔·巴特的辩证法神学（dialektische Theologie）之批判与继承，来思考战后田边哲学中“种的逻辑”的转向及其问题点。1933 年 1 月 30 日，希特勒内阁成立，纳粹政权正式在德国横行时，为巴特所严厉批判的，除了纳粹政权及其下的德国福音主义教会（Evangelische Kirche in Deutschland）外，还有属于该教会的亲纳粹神学家。

巴特批判纳粹政权最具代表性的文章《今日的神学实存》（*Theologische Existenz heute*，1933）强调任何取代神的启示的政治实体及其发言，都无法存续或发展下去，并主张无论何时，不管发生何事，都不能因为自己认为是正确的或对自身过于狂热，而失去了“神学的实存”。接受纳粹政权召唤的基督教神学家及信徒显然已丧失了“神学的实存”。所谓“神学的实存”指的是人们在教会里的实存，而且是在教会作为接受神召唤（berufen）的传教者或教师之实存。巴特在此强烈呼吁作为神学实存的基督教神学家及信徒，必须拒绝让人远离神及其话语的时代诱惑（某种权力或支配力）。[①]

田边元对巴特神学的批判与继承主要集中在战前的《宗教与文化的关系：来自巴特与布鲁内尔的论争》（1934）及战后的《基督教的辩证》（1948）。无论是在田边战前还是战后对巴特神学的研究中，代表田边哲学的“种的逻辑”始终潜伏于其中，而支撑“种的逻辑”之体系的正是绝对无或空。这种以绝对无或空为基础所建构出来的社会哲学或国家哲学理论，在承认地上任何一种共同体（无论是特定国家、民族或组织）的前提下，对它进行扬弃（aufheben）。这和巴特批判纳粹政权的立场有很大的不同[②]。巴特并不承认地上任何一种由人的自由意志、理性所建构出来的国家或共同体。此外，两者最大的不同在于，田边以绝对无或空，巴特则以绝对有（神）的立场，来探讨地上任何一种共同体（田边以“种”这个概念来概括）。

本章的目的在于透过田边对巴特神学的批判与继承之脉络，来检视“种的逻辑”转向的意义以及其所衍生出来的宗教与国家之冲突对立的难题。

二、辩证法神学与纳粹批判

《宗教与文化的关系》的刊载和“种的逻辑”的问世属同一时间点，前后只差一个月。“种的逻辑”是田边以绝对无或空为基础建构出类（普遍）、种（特殊）、个（个别）彼此以否定媒介关系进行对彼此及自身的“否定即肯定”之绝对媒介辩证法。绝对媒介辩证法与巴特

---

① 卡尔·巴特：《巴特选集 4　教会与国家Ⅰ：从“赤色牧师”、“辩证法神学”时代到反纳粹主义、教会斗争时代》，天野有编译，东京新教出版社 2011 年版，第 338—348 页。以下的该书引用以“《巴特选集 4　教会与国家Ⅰ》”略称。

② 巴特虽坚决反对纳粹政权（特定国家），却还是认为有一种应然的地上之国。因为这种地上之国是顺从神的旨意才得以成立的。但这和田边保留地上之国的恶，并将它作为绝对无（类）的否定媒介的立场截然不同。（参见卡尔·巴特：《巴特选集 4　教会与国家Ⅰ》，第 384 页）

的辩证法神学的差异是《宗教与文化的关系》最终欲突显出来的主题。

正如巴特晚年弟子兼秘书艾伯克·布什（Eberhard Busch，1937—　）所指出的，巴特在早期牧师时代（1911—1921）的神学命题，亦即"神是神"（Gott ist Gott），便显露出其神学的辩证法立场。根据布什的说法，"神是神"的命题不仅在巴特早期牧师时代的演讲中，甚至屡屡在《罗马书》（*Der Römerbrief*，1919，第一版。第二版则在1922年问世）中出现。[①] 关于巴特神学的辩证法立场，布什如此解说："我们应该谈论神，我们根本无法谈论神，我们唯有谈论这两种态度，才能借此将荣耀归于神。"[②] 当然这种两项矛盾对立（应该与无法）的落脚处便是神。神并非人所能谈论的对象，也不是使用"神"概念便能谈论、理解或认识的。因为神的认识只能是神自身的自我认识。"神只能作为不为人知的神而被认识"[③] 这种反论或辩证法式的论述，正是巴特辩证法神学的特征。

田边元认为上述巴特神学的立场承自保罗。因为保罗主张唯有透过对神的启示之信仰，人类才得以被救赎。在对神的信仰下，人会自觉到人的罪恶靠人的自然力量无法得到救赎，人的任何作为都脱离不了罪恶，并对人的立场持否定的态度。而《今日的神学实存》对纳粹政权的批判便是以信仰神的启示、圣经中神的话、耶稣基督的话为第

---

① 根据日本巴特研究者宫田光雄的分析，《罗马书》的第一版因巴特的社会主义者色彩，在瑞士的书店乏人问津，但却因德国帝制的瓦解及其所带来的动荡，在德国成了一书难求的人气书籍。该书的第二版也因此于1922年问世。此书的基本立场便是"神是神"，巴特强调神对人类的固有存在与主权，并否定包含人类的体验信仰及文化理想的被造物神化。关于《罗马书》的成立经纬及社会主义式的解读，参见宫田光雄：《卡尔·巴特》，东京岩波书店2015年版，第2—18页。

② 艾伯克·布什：《巴特神学入门》，佐藤司郎译，东京新教出版社2009年版，第15页。

③ 参见木村里奈：《卡尔·巴特〈罗马书〉中的"神认识"：第一版和第二版的比较研究》，《ICU比较研究》第46号，2014年版，第65—90页。木村比较第一版和第二版《罗马书》中的"神认识"，并得出结论；第一版的神认识来自神与人的直接无媒介性关系，第二版的神认识则是"神的认识不可能性的认识"，也就是和神和解后的"新人类"之神认识以及和神有绝对隔绝的人类之神认识。

一义，因此彻底否定以人或特定政权为中心的宗教观。（参见 T5・62）巴特神学的神无疑是一个不可被动摇的绝对存在。

关于巴特与布鲁内尔（Emil Brunner，1889—1966）的论争，田边先铺陈巴特批判欧洲 19 世纪后半叶理想主义（idealism）的宗教哲学面对自然与恩宠、理性与信仰、文化与宗教所提出的二元克服论（人只要克服自然、理性、文化的有限性，便能与恩宠、信仰、宗教无有间隙），借此来突显出其神学的辩证法性格。也就是说，相对于布鲁内尔对上述两项对立采取连续性的立场，巴特则彻底站在启示神学立场，以反论、辩证的方式主张上述的两项对立与交涉。

在田边的笔下，布鲁内尔《自然与恩宠：与卡尔・巴特的谈话》（*Natur und Gnade. Zum Gespräch mit Karl Barth*，1934）对巴特的批判，恰好显示出两个截然不同的神学立场。田边认为"旧教（天主教）的情况，自然神学是非辩证法式的。相对于此，新教的情况则是辩证法式的。如同巴特，单纯地否定它（自然的理性），只以基督的启示为唯一的启示，只承认神的启示作用，而不承认被启示的存在，结果最终将会全面否定理性在宗教的意义。这可说是一种片面。我想这是布鲁内尔反驳的要旨[①]"（T5・65）。

简言之，相对于布鲁内尔站在折中的立场主张自然与恩宠、理性与信仰、文化与宗教的连续性，巴特则采取辩证法的立场，主张上述两项的否定媒介关系。显然田边认为布鲁内尔的神学立场提示了自然、理性、文化（特定国家或政权）与宗教的非断裂性关系。我们可以间接认为布鲁内尔的神学立场和纳粹政权下的德国福音主义教会及其神学家的想法脱离不了关系。因为巴特在《今日的神学实存》中对纳粹

---

① 布鲁内尔这种自然理性与神的启示的连续性立场，和巴特的绝对断裂之立场势必无法两立，但也并非对田边思索绝对媒介辩证法全无帮助。虽然田边和巴特一样都认为自然理性与神的启示是绝对的断裂，但却又认为两者必须处在绝对断裂的连续，亦即"非连续的连续"关系（或断裂与连续的吊诡关系）里。

政权、德国福音主义教会及其神学家（甚至青年宗教改革运动）明确表示了拒绝的立场。巴特共提出九条拒绝的理由（第九条因检阅被删除）。理由大多是纳粹政权、其政权下的“德意志民族”、德国福音主义教会及其神学家（布鲁内尔与巴特之论争的语境便是自然、理性、文化、特定国家或政权）对神的启示、圣经中神的话、耶稣基督的话、教会（恩宠、信仰、宗教）的僭越。[①]

针对巴特的纳粹批判，田边并没有直接表示赞同或拥护。他的关注点与其说是巴特与布鲁内尔的论争，倒不如说是巴特神学的辩证法立场。因为巴特认为任何特定国家或政权（包含其教会组织等）及其下的每个人，都不能忽视神的启示，毫无忌惮地延伸自己。唯有在神的启示下，特定国家及其国民才能得以存在与发展。这种以绝对有的神为基础，在彻底否定特定国家及其国民的同时又让它们与神有关联的辩证法立场，正是田边所关心且欲加以批判的立场。

三、作为绝对无的神

巴特在《今日的神学实存》中拒绝纳粹的第四个理由是：“教会相信国家作为国民的公众法律秩序的代表者及执行者，必须借由神才得以成立。然而教会不会相信某特定国家，因此也不相信德国这个国家。而且教会也不相信任何特定的国家形态，因此也不相信纳粹的国家形态。”[②] 在田边看来，这种既否定纳粹政权又相信有一种应然的国家的态度，恰好和巴特自身的否定神学立场背离。田边认为挑剔这种矛盾心理并不是那么重要，重要的是要如何处理这种否定与肯定的转换。进一步来说，即是要如何让自然、理性、文化、特定国家或政权进行否

---

① 参见卡尔·巴特:《巴特选集 4　教会与国家 I》，第 383—386 页。布鲁内尔与巴特的论争，同时也意味着纳粹政权下自然神学与启示神学的对立。

② 卡尔·巴特:《巴特选集 4　教会与国家 I》，第 384 页。

定即肯定的转换。（参见 T5・68—69）

这里显露出田边建构“种的逻辑”的关键问题，亦即“如何让种（特殊）或地上之国（某特定国家）借由否定即肯定的转换，来达到其自身的存续与发展”。当然笔者不是要特意指出田边的日本主义或右翼倾向，只是想将讨论的问题放在“对既定的某个存有状态该以何种立场或逻辑同时否定与肯定它”。应对此问题点，巴特的立场是辩证法神学，而田边的立场则是绝对媒介的辩证法。

田边认为能让否定即肯定的转换真正运行的，是以绝对无为基础的绝对媒介立场，亦即要让宗教（信仰、恩宠）的否定性与文化（自然、理性、某特定国家）的肯定性以彼此为媒介的立场。在巴特的历史脉络里便是神的启示与纳粹政权必须以彼此互为否定媒介，而不是站在以绝对有的神为基础的启示神学立场，单方面地以神的启示来扬弃纳粹政权。这意味着两者必须进行从自我掏空到自我建构的转换。

事实上，巴特并没有神的启示与纳粹政权互为媒介的想法。田边认为“没有人类的罪恶，就不会有神的恩宠”（T5・74），这和巴特“无论人类的罪恶，神还是神”的想法截然不同。造成这种差异的最大理由在于，巴特的辩证法神学和基督教立场一样，都是有神论；田边却认为辩证法和有神论不能两立，因为后者将神视为绝对的有，根本无需与人类及其所有一切活动互为媒介，来显现其自身。田边在此援用黄檗《传心法要》的一句话“汝今觉妄起时，觉正是佛。可中若无妄念，佛亦无”来提示妄念（迷）与佛（觉）、罪恶与神彼此同时互为媒介的宗教真理。神、佛在此只是一种绝对媒介样态而已（参见 T5・74—76）。

在禅宗脉络里，没有妄念、觉悟以及佛的概念可追寻，若有这些概念的钳制，人就无法得解脱。这里传达出唯有绝对的空才能摆脱所有限制，才有真正的自由。此语境置换到巴特的神学与纳粹批判上，则变成既没有神概念也没有特定国家概念，神（宗教）与国家都不是绝对的有，而是绝对的无或空。如此一来，巴特的神学才能彻底发挥辩证法，来空（无）化自犹太教与基督教的有神论之历史束缚。巴特的辩证法神学经由田边的推展，转变成绝对无的辩证法神学。神也从绝对有的神变成了绝对无的神。

当然这不是一个具有虔诚信仰的巴特所能接受的说法，因为基督徒这一特定的身份是巴特无法解放自身的最大原因。田边这一绝对空（无）化的作业，使得只限于基督徒的救赎观或世界观开始向非基督徒的所有人敞开。但不可否认的是，这同时也预备了自身哲学将面临破产的局面。那便是绝对媒介辩证法这个“哲学信仰”所带来的困境，亦即绝对空或无必须要有相对有作为其否定媒介的对象。也就是说，承认某种自然、理性、文化、特定国家或政权（作为一种根本恶的存在）是其哲学得以成立的条件。绝对媒介的辩证法虽解决了巴特既否定纳粹政权又相信有一种应然国家的矛盾心理，但同时也成了无教会基督徒南原繁批判的标的。南原在《国家与宗教：欧洲精神史的研究》中明确地指出田边哲学（种的逻辑）的缺陷：神以人类活动或国家行动为媒介才是神，同时人类活动或国家行动（一种否定即肯定的媒介样态）也得是神。[①]

在此不得不说当时的日本帝国（某特定国家）在田边哲学信仰的保证下，因其根本恶（因宗教救赎的自觉）而成了一种否定即肯定的媒介存在。而这种否定即肯定的媒介存在，如果无法不断地作为宗教（如神的恩宠与佛的慈悲）的否定媒介的话，便会篡夺了宗教的绝对性，如此一来自身否定即肯定的转换就无法再运转下去。此即为“种的逻辑”自身所带来的危机。事实上，田边在《国家存在的逻辑》（1939）、《国家的道义性》（1941）、《思想报国之道》（1941）里，便

① 参见《南原繁著作集》第1卷，东京岩波书店1973年版，第265—266页。此部分论述参见本书第七章。

因犯了将国家绝对化而不再将它视为绝对媒介或绝对否定态的错误，从而消解了“种的逻辑”的绝对媒介辩证法特性。

四、“种”概念的位移

巴特的辩证法神学不仅在战前的“种的逻辑”形成过程中，亦在战后的“种的逻辑”重构过程中成为田边批判与继承的对象。田边无论是战前还是战后，皆站在以绝对无为基础的绝对媒介辩证法的立场上批判巴特以有神论为基础的辩证法神学。然而，他对巴特神学的诠释在战后产生了变化，那便是不再讨论国家的问题，而把讨论的重点开始摆在宗教实存与宗教的社会实践上。田边战后在建立忏悔道哲学（他力哲学）的同时，在《种的逻辑的辩证法》（1947）中重构了战前遭挫败的“种的逻辑”。而战后被重构的“种”概念，在两年之间逐渐由政治共同体被转化为宗教共同体。巴特辩证法神学中的末世论、教会论等则为此转化过程提供了一些思考与借鉴。在探讨巴特神学对“种”概念之变化的影响前，此节先简略整理战前与战后的“种”概念之变化。

“种”概念在战前，一开始是和类、个保有否定媒介关系的种，之后变成了篡夺类的绝对性、消灭个的个别性的种，战后则以宗教的社会实践为主要内容，发展成协助绝对无（类 = 神 = 佛）慈爱每个人（亦即还相行）的种。此变化过程显示田边在战后借由忏悔道哲学（他力哲学）重新改造“种的逻辑”，在导入宗教哲学的社会实践后，促使原本就具有保存自我之习性，换言之，即固执于自我同一性的种（在巴特脉络是纳粹政权，田边脉络则是日本帝国）进行自我否定的运动。这正是田边提供了不断让某特定国家或政体进行否定即肯定之转换运动的根据。如此一来，种就会不断地成为类与个的否定媒介，而不会重蹈战前的覆辙。

需说明的是，战后的种虽透过忏悔道哲学的改造，再次成为绝对媒介或绝对否定态，但这不代表种是单纯的宗教共同体。理由是《种的逻辑的辩证法》所主张的种，虽然不再是战前的绝对国家，但它毕竟还是处在不断进行否定即肯定之转换的政治实体。因为“就如个人依靠宗教的救济达到最后的安宁，国家亦是依靠宗教的救济，才能获得其相对即绝对的媒介存在性。国家的绝对性从原始宗教的直接同一性到世界宗教的绝对否定性，都是以宗教为根据的，这可说是属于辩证法结构的必然。国家与宗教以否定的形式而对立，相反地却因而彼此互为媒介”（T7・364）。然而，“种”概念到了《实存、爱、实践》（1947）时有了一个由政治共同体到宗教共同体的新转向。

> 只要神作为无以绝对的态势要求媒介的话，“神即爱”的“信”与感谢神的爱而“爱神”的“行”，就只能在“邻人爱”中被“证”实。这就是爱的三一性之展开。也就是说，还相即往相。在那里，无论是自己的肉体性存在还是社会性生活，不单只是保存自我与种族的本能之发挥，这些还会在人与人的协力共助下成为和睦之爱的媒介。虽然佛教与基督教都有“若要救他人，必定要变成和他人一样的种，才能救之”的思想，我想这就是种本身的方便性意思。（T9・366，引号为笔者所加）

此处的“种”概念显然是东西方宗教在教化、救济上的方便存在，也就是一种宗教的共同体，和国家、政治、体制等没有任何关联。田边在此将国家社会（种）与个人（个）的关系置换为宗教社会（种）与个人（个）的关系。他试图从跨越民族、国家、文化等界限的宗教社会与人之间的交涉关系中摸索新的“种”概念。此新的“种”概念可说是一种开放的共同体。“种”概念的宗教共同体转向在《基督教的辩证》里，有更进一步的展开。

> 神的神即爱若要以自己否定的、媒介的方式被现实化，神就必须要求作为其否定媒介，以历史的形式存在，且是带有种的性格的人类之代表，亦即所谓人类原型的基督，并证实在他的受难死否定他，相反地再以其复活选他当代表自己的神子，最后在他之中启示神即爱。与此同时，接受此神即爱，透过基督的赎罪之死得到赦免、救赎自身罪恶而感谢神恩宠的人类，为报答其恩宠，必会协助神的爱，或者具体地协助参与基督的爱，并还相到人类相互间的友爱。成为其指导与典型的基督，则纯粹彻底于自我牺牲，来实现爱神的绝对恭敬与顺从。这在作为种的人类原型的意思上，一方面属于种，另一方面作为神即爱的完全代表却又拥有类的普遍性，而且同时作为彻底于绝对恭顺，并进一步牺牲自己的主体，又不得不说是个。基督就是在自身进行类即个的转换统一之种的中间者，成为爱的媒介……唯有透过被基督个性的自己牺牲之主体性媒介，类种个的交互媒介才得以贯彻完备。（T10・210—211）

据上可知，神（类）与人（个）之间的交涉关系，必须透过基督这个种的中介者才得以成立。此外，基督并非单纯的个、种或类（个体、种的存在或普遍的绝对者），而是类种个三者统一的媒介存在。因为基督作为基督自己，还包摄神的爱、前人们（他以前的预言者）的爱以及后人们的友爱。战后被修正的“种”概念，经由两个宗教哲学（忏悔道哲学与基督教哲学）论述下的社会实践之润饰，形成了具有宗教实存意义的共同体概念。取代政治共同体的宗教共同体无疑是田边批判式地继承巴特教会论里的“圣徒相通”（communio sanctorum）的结果。当然田边并没有用“圣徒相通”，而是用“灵性协同”（spiritual communion）、“实存协同”（existential communion）来取代。[①] 这也显示出田边以绝对媒介或绝对无的辩证法，来打造开放的宗教共同体及其与宗教实存的社会实践之关系的意图。

田边试图将基督教脉络下的“绝对无（神）⇔中介者（基督）⇔个人（基督徒）”的相互否定媒介关系导入“类、种、个”的新开展当中，并借此将战前与战后“种的逻辑”中代表现实世界的某民族、国家社会、政治体制转换成一种开放的宗教共同体。后期田边哲学的“种”概念之转向正意味着脱离现实世界的某特定国家社会、政治体制而朝向开放式的宗教共同体，才是人类命运的另一个里程碑。而这种开放的立场在田边的巴特神学批判与诠释里可以很清楚地看到。

五、战后的巴特神学诠释

1934年秋天，巴特被解雇离开波恩大学，战后的1946年夏天，再次以客座教授的身份在波恩大学讲课。讲义内容出版为《教义学要纲》（*Dogmatik im Grundriss*，1947）一书。巴特以讲解“使徒信条”（Symbolum Apostolicum）的形式来作为讲课内容，他一再强调信仰并非来自信者的主观真诚与热情，而是由信仰对象（神）所规定的。巴特在第一讲“课题”开头处便说明教义学即是“教会因应其认识的每个时候的状态，以批判的形式，亦即遵循圣经的基准、接受其各种信仰告白的引导，来为教会自身解释与说明关于其宣教的内容”[②] 的学问。显然教义学

---

① 此处的灵性概念，来自铃木大拙的“日本的灵性”与“灵性的日本”，因此具有日本佛教特色。协同是来自马克思主义意义下的工会或社会组织、团体之共同合作，到了田边哲学的语境则变成带有宗教慈爱的社会或政治“改革即解放”、“否定即肯定”之意。实存是源自克尔凯郭尔的宗教实存、雅斯贝尔斯的战斗的实存。灵性、实存、协同虽分别来自不同文化与哲学语境，但经由田边的糅合，形成了绝对媒介辩证法下的宗教实存之社会实践（以上概念的援用脉络，参见田边元：《基督教、马克思主义、日本佛教》，T10·273—324）。

② 卡尔·巴特：《教义学要纲》，井上良雄译，东京新教出版社1993年版，第7页。

必须在神的启示下，并因应时代状况来为教会本身阐释神的启示之学问。

关于教会，巴特在第二十二讲“教团（Gemeinde）：其单一性、神圣性、共同性”有明确的说明，此讲同时也是他陈述教会即是“圣徒相通”（communio sanctorum）之意涵的地方。巴特在解释教会（Kirche）时引用“主人的家”（kyriake oikia）、“包围……”（circa）这两个表现来说明。但他明确表示希腊语ekklesia（教会）才是他所谓经由神召唤（berufen）而成立的集团或集会。他直言教团即是透过圣灵和耶稣基督合体的人们之集会。对巴特而言，教会并非人类自身的集会或结社（包括国家、社会、政党、民族等），而是神召集人们所聚集而成的共同体。教会显然不属于任何因自然（血缘、地理、气候等）、历史、文化或意识形态的因素所构成的共同体。[①]

此处所言的教会这个共同体在第十六讲“在庞提乌斯·彼拉多（Pontius Pilatus）底下（受苦——笔者注）”中，经由巴特的反论神学式政治宣言，和“带有彼拉多这个罪恶政治家面貌的国家”形成彻底的对立。巴特认为这种国家正因彼拉多迫害耶稣（亦即迫害教会的原型）而拒绝、否认了自身的存在根据。相反地，国家秩序虽然因为人类的罪恶而堕落，却在耶稣服从于该国家秩序时服从于耶稣。巴特认为基督徒的任务之一便是为国家寻求最好的东西，尽可能借由选择正义的国家、不选择罪恶的国家来推崇神对国家的任命与制定。显然地上之国必须服从于神、耶稣基督的启示与召唤才得以成立。[②] 若是如此，我们不得不说巴特认为的应然国家和教会有不可分离的关联。

如前述，田边战后重建的“种”概念在进入基督教的脉络之前，尚属于“国家、宗教、个人”彼此否定媒介关系下的概念。换言之，“种”概念中的国家（政治实体），对其绝对媒介的辩证法而言，是绝

---

① 卡尔·巴特：《教义学要纲》，井上良雄译，第174—175页。

② 卡尔·巴特：《教义学要纲》，井上良雄译，第138—140页。

对不可或缺的要素，但绝不是巴特意义上的“教会或神国”。作为战后的绝对媒介态的“种”（实指田边战后期待的日本国家形态），仍保留了作为根本恶的国家形态。由于绝对媒介辩证法的要求，使得绝对无与相对有必须彼此作为否定媒介而存在，因此战后被修正过的“种的逻辑”还是无法脱离保留作为根本恶的国家形态（相对有）这个着力点或落脚处的限制。这是田边为了让绝对无能对现实世界或历史世界产生积极作用所产生的结果。但这个作为根本恶的国家形态，在田边对巴特神学的批判与继承过程当中，有了不同的转向。

田边战前与战后的巴特批判，基本上没有太大改变。他在批判巴特之前，先指出费尔巴哈（Ludwig Andreas Feuerbach，1804—1872）、布鲁内尔摒弃以神的启示为本位，改以人为本位的基督教论述，虽为欧洲近代以来的主流，但到了史怀哲末世论的历史解释及巴特的末世论辩证，则有了新的转折点。（参见 T10・67—68）这种说法无疑是田边为自己勾勒的基督教论述所做出的一个历史脉络。继理性主义、人本主义下的基督教论述之后，出现了以历史解释或宗教实存立场下的基督教论述（亦即历史诠释的神学与启示的神学）。相对于此，田边则选择了站在具有东方大乘佛教色彩的绝对无立场，来改造与接续这个欧洲基督教诠释史的脉络。

田边虽从史怀哲《使徒保罗的神秘主义》（*Die Mystik des Apostel Paulus*，1930）中解读出史怀哲对基督教的历史诠释带有其末世论信仰（亦即宗教实存），却批判他的基督论尚缺乏他自身宗教实存的自觉，另在巴特的早期著作《罗马书》、《神之言与神学》（*Das Wort Gottes und die Theologie*，1924）中精辟地整理与评价巴特神学的特色后[①]，却又批判巴特的保罗神学诠释缺乏历史的媒介，亦即缺乏“耶

---

① 此特色显现在论神之言的神学必须以辩证法为方法。而此辩证的立场则来自“人应该谈论神的启示却无法谈论”、“神的启示在基督复活中得到证实却无法出现在作为人类的耶稣”、“历史的终末即始源”的反论。田边的评价自然是因为“神的启示与耶稣基督”或“神的启示与人”

稣·基督”这个辩证统一事态的历史媒介，因此导致该神学的思想观念化。这意味着巴特必须和耶稣基督具有灵性协同关系，才能避免辩证法神学缺乏宗教实存的自觉。田边指出保罗并非真正缺乏历史的媒介，因为保罗体验到复活后的基督之灵性作用，恰是将保罗的信仰从天国信仰推向基督信仰的新阶段[①]。（参见 T10·74—75）

田边批判巴特的焦点就在于巴特自身的宗教实存是否和其辩证法神学形成一种辩证的关系。简言之，田边关注的是包含巴特本人在内的“神、耶稣基督、人”是否以辩证法的结构维持下去。如前述，“圣徒相通”代表教会（ekklesia），同时也是显现“神、耶稣基督、人”之辩证关系的重要概念。笔者认为巴特辩证法神学与战后被修正、中经基督教论述再次被转化的“种的逻辑”在形式上有其一致性，也就是田边的“绝对无（神、类）⇔中介者（基督、种）⇔个人（基督徒、个）”和巴特的“圣徒相通”、教会概念在形式上具有一致性。然而，田边与巴特最大的不同在于，让这个结构维持下去的分别是作为绝对无的神与作为绝对有的神。关于绝对无的神，田边如此主张：

> 只要神这个概念意味着绝对者，那么祂就不能以“有”，而必须以“（绝对）无”为内容。这在对媒介辩证法的要求上是理所当然的，无须一再说明。然而，此“无”作为“无即爱”被具体化为“爱”，这里存在着逻辑学乃至作为存在论的哲学之所有被宗教所媒介的理由，这也是我一直以来的主张。而且我也一再强调，“爱的三一性”必须作为“神即爱的根柢”、“对神的爱的

（接上页）的辩证、反论关系和自己的基督教辩证具有亲近性的缘故。“神与耶稣基督”、“神与人”的绝对断裂在宗教的信行下，形成一种创造性的结合，亦即“非接触的接触”之关系。（参见 T10·70—73）这种辩证关系正好和“类与个”、“类与种”的辩证关系是一致的。

① 本书第一章指出田边认为保罗的信仰具有二重性格，即天国信仰与基督信仰，偏向后者会导致一种神秘主义倾向，而和基督一同信仰天国的福音才能避免该倾向，进而处在一种“神（类）、基督（种）、人（个）”三者否定媒介的辩证关系里。

> 忏悔恭顺”以及“人类相爱中对神的协助与报恩、感谢”来展开。然而，我必须说，透过如此以交互性为本质，却在自他之间将作为“爱即无”否定、空化自己的“自己牺牲的爱”进行授受与交换，爱不仅扩充了自己，甚至以“空化即充实”的态势，来证实了永恒。这种爱真正彻底了无的绝对媒介，并完备了以它为内容的“神”概念。如此一来，一般认为的有神论，会因此而改变其意思。（T10・183—184，引号为笔者所加）

田边批判式继承巴特神学的地方也在此显现出来。他认为，任何一种有神论都将无法让内含“神、耶稣基督、人”，亦即“圣徒相通”的教会[①]变成一种以绝对无为基底的开放共同体。透过对巴特《我相信》（*Credo*，1935）的解读，田边认为巴特的教会论具选民思想，教会只成为信徒透过基督而得以救赎的场所，亦即悔改、回心、信仰的场所。这相对淡化了教会对他者（异教徒）的连带感与慈爱心。用田边自身的话语来说，便是只有个人的往相（救赎），没有还相（感谢、报恩绝对者，并与其一同慈爱他者）。巴特的神学实存因此成为一种个人主义式的孤独者，其所谓的教会变成了孤独者的避风港。（参见T10・75）巴特的教会论在田边的批判下，因绝对有的神无法空化自身，而使得耶稣基督与基督徒，亦即“圣徒相通”成了不对外开放的封闭共同体。

当然更重要的是，田边援用“圣徒相通”的“类、种、个”之结构取代了“宗教、国家、个人”的结构，使得中介者（基督、种）替代了某特定国家或共同体，并进一步将“神”、“耶稣基督”、“人”掏空，使得三者能以“空化即充实”、“否定即肯定”的态势存续下去。

---

① 巴特明确表示，教会不是“看不见的教会”，而是“看得见的教会”，而且必须是接受神与基督之启示或召唤的特定团体（参见卡尔・巴特：《教义学要纲》，井上良雄译，第176—178页）。

“圣徒相通”也从特定的团体，被解放为无特定、无边界的开放共同体。田边以“灵性协同”或“实存协同”来取代巴特特有的教会论思想——“圣徒相通”，代表了即使不是基督徒，也能进入这个团体，来进行灵性的社会实践。田边在此所说的实存协同是一种包含日本佛教、马克思主义、基督教三者混合的社会协同体（参见T10·304）。[①]

这意味着“种的逻辑”由此转向，暂时抛开了“绝对无必须以相对有为否定媒介”的牢笼。换个语境来说，“种的逻辑”唯有如此才能脱离“作为绝对无的宗教必须以作为根本恶的国家（相对有）为否定媒介才能显现其慈爱现实世界”这种绝对媒介辩证法的束缚。但与此同时，“种的逻辑”却也失去解决现实世界中国家、民族、任何特定组织或共同体之间矛盾对立的可能性。

六、结论

本章经由检视田边对巴特辩证法神学以及其教会论的批判与继承之脉络，论证了战后被修正过的“种的逻辑”的转向过程及其意义。笔者认为这种转向仍然无法摆脱宗教与国家之冲突对立的难题。因为在此过程，田边只是单向地借由巴特的“圣徒相通”（亦即教会）概念，将“种”概念进行一种和政治、国家体制的切割动作而已。此做法并无法正面回应既有的政治、国家体制该如何处理的问题。绕过现实的政治问题，直接建构一个和现实脱离的实存协同体，亦即开放的宗教共同体，无疑是理想主义者的浪漫情怀表现。

反观巴特的辩证法神学，其反论、辩证的逻辑则建立在“神人的绝对隔绝”与“神召唤下的神人连结”。“承认人的理性、能力之不可

① 田边在该处如此主张这种共同体：“在教理上，它必须重新让无即爱、爱即无的念佛禅有所发展，同时在组织上，必须建组新的修道院协同体，并开启统合‘以科学技术为基础的生产自给体制’与‘修道即传道的宗教活动’的宗教协同村落之发展。”（引文内单引号为笔者所加）。

能正是神所使然”的说法，同时也反映在“应然的地上之国必须顺从神的旨意才能得以成立”的想法里。神是绝对不可动摇的绝对存在。任何人类的活动（包含文化、国家在内）本身都不可能是义行，唯有接受神的启示才能称得上义行。这种反论的辩证结构与绝对媒介辩证法相较之下，简单、明了又不会陷入必须保留相对有（作为根本恶的国家）的危机里。因为任何一种国家的罪恶在巴特辩证法神学里，既不会被承认，也无法成为神的否定媒介而被保留下来。在巴特看来，现实世界里的宗教与国家之冲突对立的难题并不存在。

再回到“种的逻辑”的转向与其问题点。现今世界的国家针对宗教大多采取分离政策，但这并无法消除两者之间的矛盾对立。当然亦有将宗教收摄在政权底下的国家形态。然而，这也不代表宗教势力没有取代特定政权的可能性。“种的逻辑”中的“种”概念，在未转向开放的实存协同体之前，尚能借由与宗教的否定媒介关系，来调整现实世界中国家、民族、任何特定组织或共同体之间的矛盾对立。当它转向开放的宗教共同体时，显然已经无法对应现实世界的冲突。“种的逻辑”本应显现在宗教实存的社会实践中，最终却只停留在辩证逻辑的形式里。笔者认为这表明绝对媒介辩证法只保留了其逻辑形式，并无力涉及现实问题。从哲学立场来看，这种情况并无所谓逻辑矛盾可言，但从实践角度来看，我们不得不说逻辑与实践之间还存在着不可跨越的鸿沟。此种逻辑形式事实上仍可为作为根本恶的国家提供一种形而上的担保。

第九章　现象学与田边哲学形成之间的关联：以海德格尔为中心

一、前言

本章将以田边元所见的现象学与其自身哲学之间的连接点进行探讨[①]。如一般所知，西方哲学（特别是19、20世纪的德国哲学）与日本哲学（特别是京都学派的哲学），至少在日本，具有极为密切的关联。田边哲学与现象学的连接点亦必须放在此历史脉络里来谈论。若要谈论两者关系，必定得思考西欧与日本的哲学交涉史（此处限定在现象学与京都学派的交涉史）。从这种交涉史的视野来阐明田边哲学的形成与发展不免有僭越之感，然笔者认为此解析作业对目前的东西哲学交涉史或日本哲学研究能够提供一种新方向，同时对当代现象学研究（或对现象学的批判性研究）亦能提供一些可以参考和比较的资源。[②]

---

① 田边为日本首位具体介绍海德格尔哲学发展的哲学家，涉及的海德格尔论著有《心理主义的判断理论》(1914)、《邓·司各特的范畴和意义学说》(1916)、《存在论：实际性的解释学》(1923)、《存在与时间》(1927)、《康德和形而上学问题》(1929)、《贺尔德林和诗的本质》(1936)、《真理的本质》(1943)、《关于人道主义的书信》(1947)、《林中路》(1950)、《物》(1951)、《演讲与论文集》(1954)、《走向存在问题》(1956)、《同一与差异》(1957)等。海德格尔哲学可说是田边哲学形成与转向的主要参考资源之一。

② 关于海德格尔哲学与东亚之间的关系，最早的专书是莱因哈德·梅依（Reinhard May）著、张志强译的《海德格尔与东亚思想》(中国社会科学出版社2003年版。德文版1989年、英文版1996年)。由梅依撰写的“海德格尔哲学与中国思想”与帕克斯（Graham Parkes）撰写的“海

以下首先简述今日所谓京都学派这个哲学团体的意思，以及西田几多郎哲学与田边元哲学的形成与发展。之后，探讨田边哲学与现象学分别朝往不同方向发展的理由为何会出现在田边的现象学理解中。接着，将论及田边在批判胡塞尔的现象学与海德格尔的存在哲学后，提供异于两者的新哲学发展形态之轨迹。最后，思考现象学与京都学派哲学的跨文化哲学运动所提出的新哲学研究视域。

二、京都学派：从西田哲学到田边哲学

根据当代日本哲学家大桥良介对自身学派的定义，所谓京都学派是指在京都帝国大学，以西田几多郎、田边元为首，底下包括两者门下生久松真一、务台理作、三木清、西谷启治、户坂润、高坂正显、下村寅太郎、唐木顺三、高山岩男、武内义范、大岛康正等哲学家的知识团体，亦即从事哲学思想工作的知性团体。他们经常在哲学思索上相互给予影响与批判，并发展各自独特的哲学体系与观点。①

此学派创始人西田几多郎的第一本专著《善的研究》（1911）问世之前，日本明治时期（1868—1912）思想界的演进大致可分初、中、后三期。初期重于西化（近代化）上的启蒙（以实证主义哲学为主），中期重于西方哲学思想的译介（以德国观念论为主），后期则倾向于以西方哲学思想的方法，重新整理、诠释或界定自身思想传统。②西田虽

（接上页）德格尔哲学与日本哲学”这两个部分勾勒出海德格尔与东亚之间的交涉脉络。此书的做法成了首开先河的成功案例，造成了2000年以后的“海德格尔与日本哲学”研究的风潮。

① 关于京都学派的定义，参见大桥良介编：《京都学派的思想：种种图像与思想的潜在力》，京都人文书院2004年版；藤田正胜：《何谓京都学派：从近年的研究谈起》，《日本思想史学》第41号，2009年。

② 麻生义辉的《日本近世哲学史》（东京近藤书店1942年版。东京书肆心水2008年版）和小坂国继的《明治哲学的研究》（东京岩波书店2013年版）针对明治时期的哲学状况有详细的探讨。

为明治时期人物，却与上述时期的哲学潮流迥异。原因在于他是首位以自身对人生、世界的关怀为出发点，援用自家的佛教传统资源，批判式地借用西方哲学语境来重构自身哲学的哲学家。具体来说，西田将笛卡尔（René Descartes，1596—1650）以降在西哲论述中逐渐显著化的心物、主客二元论进行解构，提出心物、主客一元论。从西田、田边及其门下生的哲学开展可察知，京都学派哲学作为日本近代哲学显著于世，并非只凭恃引介或译介西欧哲学。最关键的是，该学派哲学因应时局，除了探讨与西欧哲学家一同面对世界时所应思索的哲学问题外，还援用传统思想资源提出一套与西欧哲学不同进路的日本哲学。

西田在《善的研究》主张“主客未分”之前的意识统一状态——“纯粹经验”或“直接经验”，借以解构西方主客二元对立的认识论体系。当此种标榜“纯粹经验”的意识哲学开展到认识论体系的重构与说明时（《自觉中的直观与反省》，1917）却遇到了极大的瓶颈，即意识之外不能有反省思维的作用存在。因此为解决“直观”（纯粹经验、内部意识、无分别知）与“反省”（反省思维、外意部识、分别知）之间的对立，西田提出“自觉”（不断将直观与反省，也就是将自己映照在自身的作用）来进行统合。然此种不断将自己映照在自身的作用（亦即自己反省自己的作用）之所以能够成立，是因为其所在的“场所”。“场所”便成为“自觉”成立的根据（《从动者到见者》，1927）。

“场所”的逻辑奠基在反新康德主义的认识论，可说是具有西田色彩的认识论，然其本质却又归属存在论，亦即形而上学范畴。西田认为使主观与客观、意识与对象等的统合系统得以成立或存续的是“所在之场所”（於いてある場所）。所谓“场所”是指将自己映照在自身的“真正的无的场所”（真の無の場所），也就是“绝对无的场所”（絶對無の場所）。而绝对无所指的是超越“有与无”这种相对立场，即绝对意义上的无。因此“场所”成为意识作用“所在的场所”。西田又称其为包含一切并使一切得以成立的“一般者”。“场所”的理论不仅是一种形而上学，亦是一种辩证法的体系。①

相对于以“场所的逻辑”（或称“场所辩证法”）达到成熟阶段的西田哲学，田边元则以“种的逻辑”（或称“绝对媒介辩证法”）提出自己的哲学体系。西田的接班人田边元于1930年发表《求教西田先生》与西田哲学分道扬镳。田边发表该文后，始终认为西田哲学是一种神秘哲学，是一种缺乏对应现实的“寂静哲学”，原因在于其哲学体系始终缺乏以民族国家、种族或共同体为对立统合媒介的“直观哲学”，并断言西田哲学与普罗提诺（Plotinus，204—270）的流出论，亦即神秘主义思想无异。②

田边一系列的“种的逻辑”（一种具实践性的社会哲学理论）论文中批判式地继承西田哲学体系，提出在“普遍”（类、idea）与“个别”（个、个人）概念的逻辑（在西田哲学脉络里是指场所与个体、一般者与个别者、普遍与个体）建构中“特殊”（种、国家社会、共同体）之媒介的重要性，并强调三者（类、种、个）应不断互为媒介（即透过自我否定即肯定，在不灭任一方的情况下寻出一条统合之道）以存续自身。田边透过“种的逻辑”的建构，发展出一套与“场所辩证法”不同的“绝对媒介辩证法”。

“种的逻辑”一方面是对西田哲学的持续批判，另一方面则是回应与批判当时资本主义、国家主义、个人主义风潮。其探讨内容广泛，

---

① 关于关于西田几多郎初、中期哲学的形成与演进，可参见小坂国继：《西田哲学的研究场所逻辑的生成与结构》，京都密涅瓦书房1991年版；《西田几多郎：其思想与现代》，京都密涅瓦书房1995年版。

② 田边的西田批判之研究为数不少，在此不一一列举。其中小林敏明的《逻各斯与反逻各斯》对田边的西田批判及西田哲学本身的立场进行了简洁的分析。田边批评西田的绝对无哲学（场所哲学）是一种宗教，不是哲学。因为哲学处理的应该是“分别对立的反省”立场，亦可说是现实的对象、历史和实践行为。在绝对无的场所里，不可能产生这些对象，该哲学也无法处理这些对象。小林指出两者的不同在于，相对于田边的逻各斯立场，西田则站在反逻各斯的立场处理逻各斯。

涉及希腊哲学、欧陆哲学，欧陆的社会学、宗教学、人类学，日本佛教思想与西田哲学等领域。“种的逻辑”的精密体系性结构可说是凌驾于当时纳粹主义与法西斯主义所构筑的社会哲学或国家哲学。田边建构“种的逻辑”的目的在于为现实世界的共同体或国家社会（种）以及住在其中的个人（个）提供一种能够对应现实的理想存在与行动的形态。也就是说，“种的逻辑”透过“类、种、个”三者不断对立与统一的关系，提供了作为理念的存在（Sein）与应该（Sollen）在现实之中实现的可能性，因此可说是一种具有具体性与现实性的实践哲学理论。①

上述学派内的哲学发展之探讨是目前京都学派研究的进路之一。在这种日本哲学的发展中，西欧哲学的发展（特别是从观念论、现象学到存在哲学的发展）给予了很大的影响。

从以上概括性的论述可看到，从西田的“意识哲学→自觉的哲学→场所的哲学”这一思索的进路发展到田边的“种的逻辑”，亦即存在与实践哲学的过程当中，可以看到京都学派哲学发展的一个主轴。当然，从后期西田哲学的发展中亦能很清楚地看到存在与实践的要素。在此若将“康德哲学→新康德主义的李凯尔特（Heinrich John Rickert，1865—1936）之先验哲学→胡塞尔的现象学→海德格尔的存在论”这个 19、20 世纪德国哲学的发展对应到京都学派哲学的发展的话，可以发现一个值得思考的问题。海德格尔并不满足于胡塞尔主张以直接经验所建构的意识哲学（现象学），因此试图将人类的实存从其直观意识下的独我论世界中解放出来。此时他的实际性解释学或解释学现象学

① 当然这种标榜理论与实践、存在与行动的“种的逻辑”，就如其忏悔道哲学的展开所示，只不过是理性哲学、自力哲学，既没有宗教救济的介入，亦没有田边本人的自觉实践。关于此点，可参考小林敏明于《逻各斯与反逻各斯》中指出的，田边战前的“种的逻辑”尚处在观想（theoria）、眺望的阶段。西田的辩证法（如绝对矛盾的自我同一论等晚年的辩证法）论述，则处于辩证动态中的论述，因此无须再为其添加所谓历史现实或对象领域中的物（如种或共同体）等。

所建构的存在论，恰好引领田边去思考“究竟应该是何种实践或行为下的存在”的问题。

三、田边所见的现象学及其新转向：从胡塞尔到海德格尔

1919年，田边应西田几多郎的邀请，从东北帝国大学转任到京都帝国大学。他对哲学的关心亦从自然科学、数理哲学转移到德国观念论、现象学、实存哲学等领域上。1922—1924年留学德国期间，他从学于胡塞尔，在学习现象学的同时，亦曾听过海德格尔的讲座“存在论：实际性的解释学”。回国后立即在京大讲授“现象学的发展”（1924）。其研究成果有《现象学的新转向》（1924）及《认识论与现象学》（1925）。

根据其晚年弟子大岛康正的解说，“现象学的发展”是当时田边留学海外学成归国后所尝试讲授的课堂内容。田边在此讲课内容当中扼要地展开他在德国学到的当时在德国极具人气的现象学，并解说它是如何形成，其特色在哪，以及潜藏的问题点等。（参见T15・505）

田边指出，黑格尔以后的德国观念论处于衰退期，相反地，自然科学则进入兴盛期，而作为其反动，19世纪后半叶新哲学的复兴则是从对自然科学表明态度开始的。他认为，扩展康德的批判哲学（亦即其科学的认识批判工作），承认和自然科学不同的历史文化科学，为其打造基础，并在这之上广泛建设价值哲学的西南学派哲学是一种“科学的哲学”。（参见T15・36—38）然而，复兴期的新哲学并非只有上述的“科学的哲学”。另一方面，柯亨（Hermann Cohen，1842—1918）、文德尔班（Wilhelm Windelband，1848—1915）、布伦塔诺（Franz Clemens Honoratus Hermann Brentano，1838—1917）、狄尔泰（Wilhelm Christian Ludwig Dilthey，1833—1911）等人则强调和物质的自然不同的精神生活世界。这些所谓精神主义者的哲学，也就是“生命

的哲学”，亦推动了新哲学复兴的机运。（参见 T15 · 39—40）“这些人追求的是由精神现象的内部知觉所带来的明证，换言之，这些人想借由直接体验的理解来顺从和自然科学不同的认识方法，并将和对象界形成对立或君临其上的精神生活世界打造成哲学的领域”（T15 · 39）。

田边同时将“科学的哲学”与“生命的哲学”视为上述 19 世纪后半叶到 20 世纪初期的新哲学复兴运动，并认为“生命的哲学”比“科学的哲学”更具优势，前者实是现代哲学的主流。因为当时的欧洲（“一战”后）不断地被现实生活的不安所扰，特别是德国和法国的思想界，更倾向于“生命的哲学”，并认为有价值的东西并非是逻辑的整合性，而是对现实的掌握。（参见 T15 · 41）胡塞尔的现象学正是在这种时代的趋势下诞生、发展。而京都学派哲学正与这个欧洲哲学的转向发生了同时性的进展。

当 19 世纪的欧陆哲学由以黑格尔的精神哲学为高峰的德国观念论转而向以胡塞尔的意识哲学为主的现象学发展时，日本哲学界随即关注了此一转向，并有学者相继前往欧洲取经。京都学派哲学家如田边元、山内得立（1890—1980）、三木清、三宅刚一（1895—1982）、西谷启治、务台理作，该学派的外围哲学家九鬼周造等人，更是亲自向胡塞尔与海德格尔学习现象学。

田边在留欧归国后的首堂课程“现象学的发展”中举出了胡塞尔的《论数学概念：心理分析》（1887），《算术哲学：心理学和逻辑学研究》（1891），《逻辑研究》第一、第二卷（1900—1901），《作为严格科学的哲学》（1910—1911），《纯粹现象学和现象学哲学的观念》（1913）等，并以上述新哲学的立场，来考察胡塞尔现象学的发展。[①] 其重点可

① 田边留学德国前已对这些著作极为熟悉，并撰写过相关的论文，在其《科学概论》（1918）的第一章“意识的现象学概观”，《一般意识》（1919），《认识主观的问题》（1920—1921）等中可窥见。

整理如下。

田边指出胡塞尔现象学的出发点在于阐明数学概念的心理成立之现象特质。在《算术哲学》当中，胡塞尔试图借由意识作用来说明数学概念的起源、内容，以及数学所处理的大小、相等关系与数学演算的特性。然而，胡塞尔以《逻辑研究》为契机，舍弃了先前的心理主义，开始采取彻底的纯粹逻辑主义，并提出和布伦塔诺经验心理学不同的作为先验本质学的现象学。到了《作为严格科学的哲学》，胡塞尔针对“科学的哲学”与“生命的哲学”，明确地表示出自己的态度，并排斥在前者当中意识的自然化或科学化（也就是将意识视为科学认识的对象）。对于存在与意识的关系，他认为意识之外并没有任何存在，并借此提出作为意识本质学的现象学（亦即纯粹意识的哲学）。因此，作为严格科学的哲学并不是建立在“科学的哲学”之上，而是建立在一种受“生命的哲学”（作为生命的哲学）所启发的现象学（关于生命的哲学）之上。到了《纯粹现象学和现象学哲学的观念》时，胡塞尔进一步发展出作为严格科学的哲学基础之纯粹意识哲学，并彻底贯彻对象只能从属于意识作用的意向性意义才能成立的想法。（参见 T15・42—59）

根据田边的观察，胡塞尔的现象学在当时会受到欢迎的理由不仅在于该现象学和之前的新哲学复兴运动有一线之隔，而且在于不舍弃“科学的哲学”与“生命的哲学”，并将两者进行统合。（参见 T15・63）然而，只要现象学是所有学问基础的根本反省，就不得不落入“科学的哲学”。田边从青年海德格尔的解释学现象学（hermeneutische Phänomenologie）当中找到此种作为“学问的哲学”之现象学应当发展到作为“生命的哲学”之现象学的理由。因为他认为海德格尔标榜的现象学已经不再是胡塞尔原本意思下那种绝对普遍（同时也是一种无从接近的、虚构、抽象的）意识的本质直观的现象学，而是具体解释意思下的现象学。（参见 T4・23—24）关于海德格尔的解释学现象学，田边如此说道：

> 很明显，其现象学接近来自狄尔泰的世界观学（Weltanschauungslehre）。只不过相对于世界观学以对过去世界观之理解为主，始终站在先验意识之立场的解释学现象学，却以在对过去进行解释的历史中表现自己的现在意识的反省式理解为特色。在此现象学的方法论上，特别要注意的是，相对于胡塞尔显著的映像论（Abbildungstheorie）倾向，也就是抽象、形式的意识自由之变更以及在可立足之地的绝对普遍之本质直观，以一种静态的方式将意识置放在吾人之前，来进行反省这种倾向，氏（海德格尔——笔者注）则将现象学视为一种从现实具体的历史意识来理解自身的东西，换言之，不是将现象学视为映像，而是视为其自身的发展，也就是自觉。如此一来，重视事象性、事实性（实际性——笔者注），以具体的体验之学为目标的现象学之要求，则被彻底发挥出来，与此同时，该现象学自身则被视为一种意识的自觉，亦即自我解释（Selbstauslegung）。因此在这里出现了作为学问的现象学以及作为生命的现象学这两种面向。如此一来，现象学在这两种意义上，则变成了生命的哲学。（T15・65）

田边之所以会连结狄尔泰与海德格尔，显然来自其自身对海德格尔“历史意识的现象学”与胡塞尔“纯粹意识的现象学”的区分。如田边所指出，“原本我们的精神生活，就不是某种被抽象化的学问认识之意识，而是在历史当中活灵活现地展开发展的现实本身。最具体的精神生活之现象学，并不是针对被抽象的某种领域的学问意识之现象学，而是活生生的、具体的意识，换言之，其应该是现实存在（此在）Dasein本身的现象学”①（T4・29），统合“科学的哲学”与“生命的哲学”的胡塞尔现象学与海德格尔所谓和历史、现实世界有关的实存现

① 田边解释此说法来自海德格尔本人的解释，“现实存在即现实的生命于世界中的存在”（Dasein [faktisches Leben] ist Sein in der Welt）。（参见T4・31）

象学之间，有很大的差别。海德格尔所谓的“现象学事实上是现实意识的自我理解、自我解释”（T4・29）。

上述海德格尔所说的解释此在的现象学，已经不再是纯粹意识的哲学，而是一种往具体生命的存在论发展的现象学。在《存在与时间》（1927）、《存在论：实际性的解释学》（1923）尚未公诸于世之前，海德格尔的存在论或解释学现象学早已经透过田边的论文《现象学的新转向》（1924）传达给日本的学术界。[①] 从以下田边的海德格尔哲学理解便能间接窥见其端倪。譬如人类的现实存在（此在）与时空之间的关系，带有操心（Sorgen）这种根本结构的实存与他者，世界或世间之间的关联，借由带有以关心、操烦为基础的顾虑结构，总是在朝着某物前进的途中之实存动态，生命的现实存在性存在于其操心的动态性（Sorgensbewegtheit）当中，以及对死的顾虑之自觉所带来的实存之反动性（亦即一种积极的生活态度）等。（参见 T4・30—34）而这些思想极具重要性，几乎已经是《存在与时间》的主要结构之一了。

岭秀树在《田边元对〈存在与时间〉的接受》[②] 中，继其前著《海德格尔与日本哲学：和辻哲郎、九鬼周造、田边元》（京都密涅瓦书房 2002 年版）探讨了田边自留德回国到“种的逻辑”形成之间的海德格尔接受及批判过程[③]。如本书序言所述，田边 1924 年回国后，除介绍现

---

① 继田边之后出席海德格尔讲座，并介绍其解释学现象学的是三木清。三木于马堡大学从学于海德格尔，出席“现象学研究导论”（1923—1924 年冬季学期）讲座与“亚里士多德：修辞学”（1924 年夏）的讨论班等（期间为 1923 年 10 月—1924 年 8 月）。三木撰写于 1926 年、发表于 1927 年的《解释学现象学的基础概念》（《三木清全集》第 3 卷，东京岩波书店 1966 年版，第 186—220 页）比《现象学的新转向》中的解释学现象学介绍更为详细。

② 收于岭秀树：《西田哲学与田边哲学的对决：场所的逻辑与辩证法》，京都密涅瓦书房 2012 年版。

③ 岭秀树：《西田哲学与田边哲学的对决：场所的逻辑与辩证法》，第 274—279 页。岭秀树注意到《综合与超越》（1931）、《人学的立场》（1931）、《哲学通论》（1932）、《从图式“时间”到图式“世界”》（1932）等文章和著作中田边的海德格尔论，总结出田边批判海德格尔的重点集中在其存在论缺乏空间性和身体性的问题点上。此种海德格尔批判的说法，在同时代的日本哲学家中还有九鬼周造（《海德格尔的哲学》的结论）、和辻哲郎（《风土：人学的考察》第一章）。

象学及其新发展外，还将精力放在消化康德与黑格尔的德国观念论以及和马克思主义的对决。“种的逻辑”的个、种、类之区分，采用生物学的区分方式，而不采用黑格尔的精神概念，正是想避开其观念、抽象性。这里可看到田边所欲探讨的是人（现实存在、此在）与其寄寓的共同体（国家社会）之间的现实、具体性，当然这里也无法脱离理想、普遍性的探讨。“种的逻辑”和此时期田边关注的存在与身体、空间之间的问题意识有很大的关联[①]。也就是说，海德格尔借由讨论实际性、此在或实存，企图克服传统形而上学的本体论，恰好为“种的逻辑”的建构提供了一个视野，即如何重新探讨人的现实存在问题。“种的逻辑”形成完整体系后，田边便将关心点转到实存哲学及历史哲学上。这和海德格尔的哲学亦有很大的关联。这里恰好补足了“种的逻辑”中时间论述的不足。海德格尔与田边元的哲学视域或景象之不同，最关键在于各自对当前哲学的克服之历史脉络（海德格尔的是胡塞尔现象学、田边元的是西田的场所哲学）之不同。

就如本章第一节结尾所述，西欧哲学的发展（特别是从德国观念论到现象学及存在哲学的展开）对京都学派哲学的发展有很大的影响。这从田边暗地里关注着海德格尔哲学发展的同时，试图建构一种能巧妙地整合个人（个）与国家社会或种的共同体（种）之间关系的“种的逻辑”，也就是一种存在与实践的理论的做法中亦能够窥见的到。[②]如果说这种推测能够成立的话，那么或许就能够理解田边于第二次世界大战日本战败前夕将自身哲学转向宗教哲学的同时，便将批判的矛头转向海德格尔的理由。

---

① 岭秀树指出田边批判海德格尔在《康德与形而上学的问题》（1929）中只关注到康德超越论的构想力中的时间性，而忽视空间性、身体性。海德格尔对康德的独特解释触发了田边构思“种的逻辑”（参见岭秀树：《西田哲学与田边哲学的对决：场所的逻辑与辩证法》，第279—280、292页）。

② 合田正人的《田边元与海德格尔：被封印的哲学》（京都PHP新书2013年版）基本上亦采取同样的观点，认为田边哲学的形成和其海德格尔观有一定的关联。

四、后期田边哲学的海德格尔哲学批判

若要理解后期田边哲学的面貌（指“二战”前后的宗教哲学转向），首先要回顾一下战争期间“种的逻辑”遭遇挫折的过程。如上所述，“种的逻辑”是田边为了给当时国家社会（种）与个人（个）提供一种存在与行动的理想形态所建构而成的哲学体系。他一方面试图让日本从自身帝国主义的桎梏中脱离，而朝往开放的状态，另一方面则企图让个人从国家全体主义的束缚当中解放出来，令其处在自由的境地，因此可说是一种实践的哲学。然而，“种的逻辑”却因田边在战时被吞噬在国家全体主义的浪潮当中，而不得不面对逻辑与实践之间的矛盾。因为田边将原本应该作为否定媒介存在的国家社会（种）给绝对化（类化）了，也就是将“种的逻辑”改造成了国家绝对主义的理论。

田边在日本战败前后提出作为他力哲学的忏悔道哲学，借此改变了自身的哲学方向。在其忏悔道哲学里，进行哲学的主体已经不再是他自身，而是让他承认理性信仰的不可能，并让他在理性支离破碎的状态当中再重新认识理性的绝对他力。也就是说，忏悔道哲学若不以绝对他力为主体，是不可能成立的。他力哲学可说是后期田边哲学的本质。田边以他力哲学为基础，强调个人与自己民族全体的忏悔，透过绝对他力下的忏悔，重新建构“类、种、个”三者的关系。在此被论及的存在与行动之间的关系有了很大的转变。存在的维持已经不再是倚靠其自身的力量，而是绝对他力所带来的自我与他者的否定即肯定（自我与他者的忏悔即救济）之转换行为。当然，该存在亦因忏悔即救济（死即复活）的宗教实践而带有宗教的性格。

田边晚年从上述宗教哲学的立场及新的“种的逻辑”的立场出发，不断地对海德格尔的存在哲学进行批判。其未刊遗稿《哲学、诗、宗教：海德格尔、里尔克、贺尔德林》（1953）及论文《是生的存在论还

是死的辩证法？》[①]（1957—1958）便是其成果。田边主要是将焦点放在海德格尔的“向死的存在”（Sein zum Tode），并将论述集中在海德格尔的现实存在（Dasein，此在）及死的议题上。

一言以蔽之，对田边而言，海德格尔所谓的死，只不过是现实存在的一种可能状态。在这种状态的人类存在只是一种能够朝向死亡的存在而已。田边认为，作为此种“向死的存在”的自觉只停留在对现实存在的自我所带有的有限自觉，根本没有达到所谓的死。（参见T 13・428—429）田边如此理解海德格尔的现实存在及死，甚至评价他那种细腻分析存在的论述，但另一方面又主张自己所谓的人类存在是一种透过“绝对无即爱”这种不断地进行死与复活的存在，也就是一种“在死当中的存在”。至于存在与死的议题，田边举出自己的“死的辩证法”来对应海德格尔的“生的存在论”。

> 海德格尔将人类现实存在的存在性解释为“向死的存在”（Sein zum Tode），相对于此，人类的象征存在性正可说是“在死当中的存在”（Sein im Tode）。在宗教领域里，该存在便是一种在生活的同时却是死人，在死的同时却又是在生活的存在。唯有此种存在才能直接对持有存在性的过去或未来契机，带有超越这些的脱自性（绽出，Ekstasis）。然而，脱自，也就是脱离自我或超越自我这种存在的方式，并不是存在者所能够直接拥有的。因为存在者的直接存在方式，始终是归属于自己、内在于自己，因此没有所谓脱离自我或超越自我。那样的存在者绝对不会有脱自性。脱自能够实现，除了作为绝对无的契机、自己承继绝对无的性格，并且作为象征存在否定自身之外，别无他法……脱离自我、超越

① 此论文的一部分被辻村公一翻译成《死的辩证法》（Todes Dialektik）寄稿给《海德格尔七十岁纪念论文集》（*Martin Heidegger zum siebzigsten Geburtstag*, Verlag Günther Neske Pfullingen, 1959）。

> 自我并非是自己直接能够做到的。唯有在被绝对无所媒介的同时，自己变为绝对无的媒介，在承受其绝对无性后并参与它，才有可能做得到。（T13・435—436）

从这里可以看到，两者对脱自、绽出（脱离自我、超越自我）概念的不同诠释。一个是海德格尔试图让朝向死的自己能充分发挥生命的脱自（绽出），另一个是田边元所谓随着“绝对无即爱”的运动救济他者，来进行生即死、死即生的脱自。如上所述，海德格尔的死如果只是现实存在（此在）的可能状态的话，那么它就无法脱离现实存在（此在）本身。因此，现实存在即使将脱自性作为死的能力来发挥，还是无法以自身的力量加以完成，因为这只不过是将个人的生命发挥到最大限度的行为而已。

相对于此，田边所谓的死，是借由“绝对无即爱”的作用，让朝向死的自我行死，在这过程中随着绝对无的不断还相运动（净土宗用语），也就是不断地参与其救济事业，去救尚未得救的他者之自我牺牲的行为。对田边而言，人类存在只有在这种绝对无与相对者相互参入的慈悲行当中，才能得到保证。两者解释的不同就在于“死的能力”与“死的实践”。田边认为死不单只是主体的自觉或思考，而且还必须是随着“绝对无即爱”的作用，来救济他者的实际行动。

在海德格尔的哲学脉络里，究竟为何要主张现实存在的脱自（此在的绽出）？当然是因为人类处在“忘记存在”的状态，亦即一种人类自我疏离的状态当中，因此必须重新确认现实存在的本来状态，亦即“世界内的存在”，也就是必须让它回到未被遮蔽的原本状态。田边认为在重新确认这个被抛（日语：被投）到自由的筹划（日语：自由なる企投）的转换过程，也就是“人类存在在世界当中的被限定即能限定之转换交涉”（T13・432）当中，缺乏了宗教的绝对力量。换言之，从被限定转到能限定的自我否定力量，不单是现实存在（此在）

本身的力量，更不是解释、分析存在的立场所能给出的动力。

如此看来，海德格尔的“向死的存在”只是没有“绝对无即爱”的转换运动介入的直接存在形态而已。田边显然拒绝这种生命的直接形态。相对于海德格尔对人类存在的关心出自于以分析的方式来解释存在的立场，田边元对人类存在的关心则是来自于以辩证法的方式让存在进行死与复活的转换运动之立场。因此，田边对“向死的存在”的解析恰好反映了两种处在平行线上的哲学立场[①]。一个是海德格尔的“生的存在论”，另一个则是田边的“死的辩证法”。前者标榜无止境地阐释人类现实存在的本来性质，后者则希求绝对无与相对者不断进行自我否定所显现的救济真实。

田边在建构“死的哲学”的笔记“补遗二”中，针对海德格尔此在思考的转向（Kehre）之后的死如此说道：

> 将死思考为存在的全体可能，无疑是一种观念论。在此，死完全是内在于生命的观念，因此在实际上不是死。即使海德格尔将它解释为被抛的筹划，也不可能会有死与复活的实存自觉。若是如此，转向以后的教授又如何解释死？在被收录于“Vorträge und Aufsätze”（《演讲与论文集》，1954）中的讲演“Das Ding”（《物》，1951）当中，海德格尔教授将人规定为可死的存在，其意被解释为人是唯一能将死作为死而去死亡的存在，死才是无的神圣盒子。人绝不能只停留在单纯的存在者，必会作为存在本身的秘密而存在。在这个意思上，死带有存在的本质，但作为无的宝箱却是存在的秘密仓库。因此人被规定为并非因为现世的生命

---

① 岭秀树指出，早在20世纪20年代后半期，从西田和田边的海德格尔批判当中就能看到西田和田边皆站在辩证法的立场（前者：无的场所自觉。后者：辩证法自觉），来批判海德格尔的解释学现象学立场（参见岭秀树：《日本接受海德格尔的一个侧面：以西田的海德格尔批判为线索》，《日本的哲学》第16号，京都昭和堂2015年版，第12—29页）。

终止才是可死的，而是因为自己有能力去死才是可死的（S.177）。（T13・592—593）

在田边看来，海德格尔的死并非意味着生命的断裂。其死的角色就在于追究此在的原本状态或存在的本质。换言之，死是开示存在之真实的钥匙。这始终是限定在个人实存中的死之自觉、生的可能性极限。海德格尔的死只是个人生命的极限状态而已。

田边将上述海德格尔的“向死存在”进一步推向死，推向死也死不尽的极限处。其结果最终达到的是他所谓绝对无即爱作用下的往相之死（否定）。但田边认为这里还只是可能性的死（自力的死）。这种死应该更进一步随着绝对无的还相行，从往相的解脱即救济之境地还相到相对者，将相对他者引导到救济的真实，借此确证自我与他者的死与复活之转换运动下的存在状态。田边的死和海德格尔的死极为不同，前者的死将海德格尔的生命推到一种死与复活的宗教救济运动里。而这种运动不单只是个，还包含无数的先进与后辈的救济真实。海德格尔实存式的死之自觉和田边的死与复活之实存自觉有着彻底的不同。

田边对海德格尔哲学的理解终始没变，不仅如此，他还将它推向辩证法的方向来发展。如此改造的动机就在于个体逻辑与共同体逻辑的不同。对田边而言，个为了保有自己的存在不能只凭恃个体的本真状态，还必须透过处在不断进行死与复活之转换的种之否定媒介才有可能。田边为补救海德格尔的存在论，亦即个体逻辑的破绽，才将其分析论的立场推展到辩证法的立场。田边在遗稿《哲学、诗、宗教：海德格尔、里尔克、贺尔德林》中，如此对海德格尔哲学进行解构与重构的工作：

教授的思想从具有西欧思考特色的科学思考立场出发，并溯源到“存在”的主体性思考，即作为其对象存在者的客观思维在

> 背后作为前提、预设的根据，并再一次于表现在客观思维的分析论结构的语言解释当中，以一种重构的方式，来展开其被自觉的统一的意义关联。若跟从传统的语言用法，将这种被客观思维的同一律、矛盾律所支配的逻辑称为分析论的话，那么作为根源的“存在”以无为媒介的超越性根据的自觉之主体性思考法则可称为辩证法。若是如此的话，教授的思想可说从分析论出发，并溯源到辩证法根据的同时，在没有将它彻底实践的情况下就再次下降，以重建的姿态来展开对其根源的分析论述。①（T13・538—539）

海德格尔的分析论存在论虽言及“向死的存在”，但只要其死是此在的可能状态，就仍然属于生命的存在，因此不可能意识到田边所谓“在死之中的存在”，亦即“生即死、死即生”的存在。田边虽将海德格尔哲学（分析论的存在论）中潜藏着接近辩证法思维的地方揭露出来，但严格说来这是他将海德格尔的存在论纳入“死的哲学”中，让它进行死与复活（否定即肯定）的还相行为。在这层意义上，田边“死的哲学”可说批判式继承了海德格尔的“生命的哲学”。

当海德格尔在讲座“存在论：实际性的解释学”中表明自身哲学排拒辩证法的立场时，就已经埋下京都学派哲学与其哲学的平行关系。海德格尔在试图摆脱胡塞尔本质直观现象学的笼罩，将研究对象转向具有实际性或动态性的人类存在时，并没有关注到自己的解释学现象

---

① 田边进一步注意到海德格尔的演讲《同一性原理》（Der Satz der Identität，1957），并主张同样的想法。“现在教授的存在论可以说以辩证法的方式几乎发展到在内容上和辩证法一致的东西了。然虽然如此，教授今日仍未承认采用辩证法，他曾一度在内容上迫近几乎和辩证法一致的根源，但仍旧无法溯及辩证法的无之根源本身，而再次逆回到分析论的立场来贯彻存在论”（T13・552—553）。从这里可以看到，海德格尔所触及的无，还未达到田边元所说的“无即有、有即无”，“否定即肯定、肯定即否定”，“死即生、生即死”的彻底转换意义上的绝对无。西谷启治在《何谓宗教》（1961）中对尼采与海德格尔的批判亦是如此，认为两者只停留在虚无之场（亦即相对空或恶取空），尚未达到空或绝对无之场。

学也将面临被批判为具有同一性或静态性的哲学之命运。[①] 至于海德格尔哲学与田边哲学孰优孰劣，已经超出本章探讨的范围。

站在田边哲学角度来看的话，人类存在绝非只是概念分析以及解释的对象，更是人在如何对应现实世界及居住环境之中所形成的。在战争期间的“种的逻辑”里，被强调的是带有理性色彩的实践哲学（自力哲学）。相对于此，在战后的宗教哲学及“种的逻辑”里，被强调的则是带有宗教色彩的实践哲学（他力哲学）。在这个关注存在与实践的“种的逻辑”的形成与转换甚至是田边宗教哲学发展的过程中，海德格尔的存在哲学无疑地给予了田边元很大的刺激。

五、结论

今日若要谈论京都学派与现象学，或田边哲学与现象学，想必不能单单只考察其各自的内部发展，还必须将两者的交涉史放入考察的视野当中。因为哲学运动或发展必不会只被限制于一个文化圈或一个地域里。19、20 世纪所谓近代欧洲哲学流传到日本来，透过京都学派的接受、诠释与转化呈现出新的动态，亦是西学东渐哲学史演进上极为自然的事。

一直以来的田边研究或京都学派哲学的研究，大多集中在其自身的内部发展及和西田哲学的关联上，或者是集中在和宗教（禅宗、净

---

① 参见海德格尔：《存在论（实际性的解释学）》，何卫平译，商务印书馆 2016 年版，第一部第一章和第三章。西田几多郎的海德格尔论并不多，出现在《在自觉一般者的存在及其与其背后存在之间的关联》（收于《一般者的自觉体系》，1930）以及《我所谓绝对无的自觉限定》（收于《无的自觉限定》，1932）中。西田以自身的生命哲学立场（绝对无的辩证法）认为海德格尔的存在哲学为无根的哲学，虽能对应具体的现实世界，却无法承担为生命哲学建基的事业。西田针对现象学基调“实事”（Sache）进行批判，并主张真正的“实事”不是观察、反省或解释的“实事”而必须是“行为的实事”（Tatsache）。显然海德格尔解释学现象学还是脱离不了对象逻辑（一种主客二元立场），仍停留在同一性哲学的立场。

土真宗、基督教）之间的关系上。然而，早期除了梅依与帕克斯的《海德格尔与东亚思想》进行了一个跨文化哲学视域的研究工作外，近年来亦有和上述保守研究倾向不同的研究路数出现，譬如岭秀树的《海德格尔与日本哲学：和辻哲郎、九鬼周造、田边元》、合田正人的《田边元与海德格尔：被封印的哲学》。这两本书皆忠实地阐明了海德格尔哲学与田边哲学之间的差异，借以突显不会在西方出现的日本哲学之发展，亦即一种实践哲学的发展。然而，在此需注意的是这样的问题：更加具有现实性及具体性的后期田边哲学之发展，究竟能否对应现代人的行动？因为作为实践哲学的后期田边哲学只要是一种逻辑体系（学问）的话，似乎很难直接连结到实际的行动上。因此我们必然会遇到该如何处理行动与逻辑的问题。

对照于上述的情况，现今的现象学研究亦遭遇同样的状况。胡塞尔以后的现象学运动，在今日虽然以各种不同的方式呈现出其显著的发展（以施皮格伯格的《现象学运动》为代表），但若要考虑到现象学更进一步的发展的话，不也应该积极地向欧洲文化圈以外的哲学思想（譬如中国哲学、日本哲学、印度哲学、伊斯兰哲学等）寻求一些刺激，借以用来发起一个往来于东西方文化或东亚文化圈之间的跨文化哲学运动吗？

〔第四部分〕

比较哲学与跨文化哲学研究

第十章　中国哲学与田边哲学形成之间的关联：《易经》与“种的逻辑”

一、前言

田边元在东北帝国大学时以自然科学作为自身的研究出发点（1913），自转任到京都帝国大学后（1919），逐渐将关注点转向西方哲学，最终变成一个跨越人文与自然科学领域的哲学家。代表田边哲学特色的“种的逻辑”（1934—1937）尚未问世前，其哲学论述大多集中在数学、物理学、科学、德国观念论、现象学等。

田边以留学德国（1922—1924）为契机，受到青年海德格尔的影响，在20世纪20年代后半期逐渐将研究转移到历史学、社会学与人学（Anthropologie）等方向。[①] 这些相关的研究对他自身的“种的逻辑”之建构富有重要的意义和影响。此时期出现的带有中国哲学色彩的《关于儒教的存在论》（1928），是一篇极具异质性的论文。此论文是田边为其同事高濑武次郎的六十岁纪念论文集所撰写的文章。他在

---

① 藤田正胜在《“种的逻辑”是如何成立的？——前往田边哲学成立的道路》（《思想》第1093号，2015年版，第30—50页）中除了探讨“种的逻辑”形成与海德格尔的关联外，另借由田边的论文《人学的立场》（1931）讨论了田边如何处理海德格尔的存在论、舍勒（Max Scheler，1874—1928）的哲学式人学以及洛维特（Karl Löwith，1897—1973）与费尔巴哈的人学，并指出田边试图探讨的并非哲学式的人学，而是人学式的哲学。人学在田边建构“种的逻辑”时，显然成了其进行哲学思索的资源。

此文章中分析中国《易经》的存在论（Ontologie）[①]，并定义其为儒教的形而上学基础。（参见 T4·289）此外，他还以比较哲学的视野将该存在论和希腊的存在论（艺术的存在论）以及希伯来、基督教的存在论（宗教的存在论）进行对比，并得出结论，《易经》的存在论是一种具有中国独特的政治形态及其道德观的存在论。

本章将检视田边如何在接受高濑武次郎及其背后的宋明理学之影响下描述《易经》存在论的图像，在探讨其内容后进一步检证田边关于中国哲学的思考对其"种的逻辑"的建构带来何种影响。

二、太极与阴阳

在分析《关于儒教的存在论》所探讨的《易经》存在论之前，首先参考日本当代阳明学者吉田公平的《高濑武次郎年谱稿：东洋大学的汉学家们（其一）》[②]，简略介绍高濑武次郎这位中国哲学专家以及他在当时中国哲学研究的位置。

根据吉田公平整理的年谱，高濑以历史的方式整理、叙述了日本阳明学的发展，因此有很大的贡献。除了中国和日本的阳明学外，他在老庄哲学、杨墨哲学、中国哲学史等研究领域上亦留下足迹，而且他也因走向当时的国体论路线，被世人贴上所谓国粹主义者或国体论者的标签。在其庞大的业绩表中，带有异样色彩的是《易学讲话》这本书。

此书成于高濑从大正十三年（1924）9月到12月在大阪怀德堂（江户时代遗留下的民办儒学校）的七次讲课内容。该书由五章构成，分别为第一章"易的宇宙观"、第二章"易数的渊源"、第三章"占筮论"、第

---

① Ontologie一词的使用，显然出自田边对海德格尔的继承，但随本章内容展开便可发现，田边对onto（存在）和logie（逻辑、话语）这两个字的解释，透过其《易经》存在论的展开，有别于海德格尔的实际性解释学，具有媒介辩证法的独特风貌。

② 《井上圆了中心年报》第15号，2006年版，第161—324页。

四章“《论语》与《易经》”、第五章“易的伦理学说”。其中第一章的内容，特别是太极与阴阳的部分给予田边的《易经》观很大的影响。

根据高濑的说法，此书的成立背景有二：一是自己长年对《易经》的关心，二是对《易经》的国体论（皇统万世一系的国体论）之亲近感。关于周易的解释，主要是依据周敦颐的《太极图说》。① 高濑的目的一方面是演绎周敦颐的《太极图说》，另一方面则是阐明继承“孔子对周室的思想在于天子万世一系”的根本通明（1822—1906）之“易经国体论”。

本章在此不讨论受到日本历史限制所形成的高濑学之特征，而将探讨的焦点放在田边的《易经》观部分，特别是关于其与高濑的太极与阴阳论之间的关联。高濑在《易学讲话》第一章第二节第一项中，如此说明太极与阴阳：

> 太极虽为宇宙万有的本源，但并非于万物以外以超然的态度独立存在。此外，太极亦非处于无限静止状态的存在，其是必然形成动与静的存在……无生无臭、无形状的太极，依必然之势（不得已的诚道）惯穿古今，形成动静，一瞬间也不休息。然而，为何会形成动静并没有被说明。除了说是宇宙必然之理外，并没有可以尝试说明的方法。为何万物会产生，特别是人类为何会诞生，并无法说明。诞生是最明白不过的事实，无论和哲学说明的有无有没有关，万物从古至今都一直在生长。哲学家的说明只是尽可能地正当表述如何产生出来。说法或许有点极端，哲学家、宗教家的真理探求，好像在解谜一样。一被问“为何”的话，最终只会穷于辞令，但若是问“如何”的话，或许还能加以说明。这就是所谓学说。《易经》哲学亦属于这种，主要是以太极阴阳来

① 参见高濑武次郎：《易学讲话》，东京弘道馆 1926 年版，第 166—170 页及其“跋”。

说明宇宙万有。因此才会谈论有关阴阳两仪的造化作用。[①]

此处省略周濂溪对“易有太极是生两仪”的解释之引用（“太极动而生阳，动极而静，静而生阴，静极复动，一静一动，互为其根，分阴分阳，两仪立焉”）。所谓两仪指的是阴阳、动静。高濑依据周濂溪的说法，认为周易的世界观是从太极与阴阳的媒介关系产生的。[②]此外，他还强调与其问“为何”会变成这样，倒不如去追究“如何”变成这样的问题，会更加有建设性。

田边作为一位哲学研究者和思考者，对于高濑这种《易经》存在论（或形而上学）的论究方式必定感到很亲切。他以高濑的思考为依据说明太极与阴阳：

> 假设生阴阳的是太极，为太极所媒介、合一的是阴阳，如此才能为万象的复杂多样性与生成变化打造根据的原理，那么更进一步询问为何太极生阴阳、阴阳为太极所媒介，就没有什么意思了。然而，不是以“为何”为理由，而是质问“如何”是这个样态的话，当然不仅是可能的，同时阐明此样态才能知道《易经》存在论的特色。（T4・293）

田边在此采取和高濑相同的态度，认为太极与阴阳的所谓“一而二、二而一”的媒介关系必须加以阐释。此意图的产生不单是来自对以中国儒教思想为基础的存在论之好奇心而已。[③]田边构想的是如何突

---

① 高濑武次郎：《易学讲话》，第29—30页。

② 高濑亦大量引用朱熹针对周敦颐的《太极图说》、《通书》的关联部分施加解释的《太极图解》、《太极图说解》或者《易学启蒙》、《周易本义》、《朱子语类》等。从这里我们可以间接看到，田边对《易经》的理解受到不少宋学的影响。

③ 高濑认为《易经》是东洋（中国）思想的最高峰，孔子思想之所以深远便是在此（参见高濑武次郎：《易学讲话》，第6页）。田边亦有相同的想法，因此将《易经》的存在论视为儒教的存在论。

显出能与西洋（希腊哲学与基督教）的存在论并肩的东洋（中国）存在论之图像。此作业在某种意义上亦是一种将中国儒教存在论从一国或一个地域（汉字文化圈）解放出来，并以更普遍的方式来进行论述的思想工作。笔者认为此儒教存在论或《易经》存在论在以后“种的逻辑”的形成过程中发挥了极大的影响力（于下文探讨）。

高濑引用王阳明的《传习录》（中卷，第三章，答陆原静书）[①]，在吸纳其阴阳、动静的言说时，如此阐释太极与阴阳的媒介关系：

> 阴根于阳，阳根于阴。在阴之前有阳，在阳之前有阴，可无限上溯。动起于静，静起于动。若无动则无静，若无静则无动。动之前有静，静之前有动，可无限上溯。
>
> 阴阳者是附随一个元气发展的两个形容词？还是实际上有阴阳二者存在？古时学者亦有人说那是两个实物，也有人说那只是单纯的一个元气之形容词。我认为阴阳并非两个实物而是形容词，只是一个元气在显示阴阳两面，因此看起来像两物。所谓太极生两仪便是如此，在此点上，可谓太极的一元两面论。因此亦可说有阴阳两个原动力。[②]

---

① 该引用的内容如下。“周子‘静极而动’之说，苟不善观，亦未免有病。盖其意从‘太极动而生阳，静而生阴’说来。太极生生之理，妙用无息，而常体不易。太极之生生，即阴阳之生生。就其生生之中，指其妙用无息者而谓之动，谓之阳之生，非谓动而后生阳也。就其生生之中，指其常体不易者而谓之静，谓之阴之生，非谓静而从生阴也。若果静而后生阴，动而后生阴，则是阴阳动静截然各自为一物矣。阴阳一气也，一气屈伸而为阴阳；动静一理也，一理隐显而为动静。春夏可以为阳为动，而未尝无阴与静也；秋冬可以为阴为静，而未尝无阳与动也。春夏此不息，秋冬此不息，皆可谓之阳、谓之动也；春夏此常体，秋冬此常体，皆可谓之阴、谓之静也。自元会运世岁月日时，以至刻杪忽微，莫不皆然，所谓动静无端，阴阳无始”（《王阳明全集》上册，中央编译出版社 2014 年版，第 61 页）。王阳明在此提及周敦颐的太极、阴阳言说，借由主张“阴阳为一气，一气屈伸为阴阳。动静为一理，一理隐显为动静”，来说明良知的动静状态（未发・已发）。田边所注目的显然是此阴阳、动静的“二而一、一而二”这种媒介关系。

② 高濑武次郎：《易学讲话》，第 46—47 页。

高濑认为阴阳（动静）只是太极的两个侧面。阴阳并非两个实物，而是表现一元气的太极之形容词，太极本身不外乎阴阳两个原动力。高濑在此立场始终不变，主张太极与阴阳的媒介关系，亦即一元两面的关系。此观点反映在田边以下的论述：

> 太极为万物发生的根源，亦即绝对穷极的一元之元气。当它要在现实世界中完成生成时，通常会分成作为该元气发动流行的阳与作为其素材的阴，唯有相对的阴阳二元之消长，庶物才能得以出现。（T4・295）

田边并没有将阴阳的对立视为两个实物的对立或一方消除另一方这种对立，而是将阴视为被动的原理、收容静闭的原理（高濑所谓消极的原理），将阳视为发动的原理、发动进行的原理（高濑所谓积极的原理）。关于上述主与从、发动与被动、积极与消极这种一元两面的关系，田边称为二元合一关系或辩证关系（媒介关系），并主张阴阳的对立只是“观念的反对对立”而已。（参见 T4・295—296）

上述田边对太极与阴阳的理解，看起来像是对高濑《易经》观的演绎，但实际上不能忽视的是田边对《易经》存在论（太极与阴阳关系论）的处理方式，这和他将该存在论与西洋（希腊哲学与基督教）的存在论进行比较亦有很大的关联。

三、希腊、希伯来、中国的存在论

收录在高濑武次郎的六十岁纪念论文集[①]的《关于儒教的存在论》，很快就受到西田几多郎的评价。西田针对此文写下感想并寄给田边元。

---

① 《支那学论丛》，京都弘文堂 1928 年版。

其内容如下：

> 你的论文已拜读。这实在太有趣了。中国哲学的存在以这种方式被突显出来，这有别于希腊和希伯来的存在论，可表达出中国民族的思想道德。与印度哲学（虽在宋代和佛教结合）的对立相比，阴阳更具有情意与人性。所谓德政是中国人的理想。阳总是在上位，阴跟随之。他们似乎是用此方式来看天地、万物、人类社会。此文章埋没在高濑君的纪念论文集里，实在可惜。①

西田高度评价的是和此论文所提到的西洋（希腊哲学与基督教）存在论完全异质的中国存在论。因为那里交织着中国人的情感、感受性、道德观、世界观等。这与西田初期借由“知情意为一”（打破西方以知所建构的世界观）的“纯粹经验”（一种东方式的认识论或生命哲学）有着不言而喻的契合。② 以下检视田边在《关于儒教的存在论》中作为中国存在论的对照而提出的西洋存在论，借此来思考他在此过程中如何建构《易经》的存在论。

田边在《关于儒教的存在论》第一节便表示要阐明作为《易经》基础的阴阳究竟是在何种意义上形成对立。对应到此问题意识，田边设定了各种对立的情况。比如，逻辑的肯定与否定、表示空间的南与北、上与下、物力的引力与排斥力、神与魔、理与情、爱与憎、质料与形式、素材与形象、天与地、明与暗、男与女等。这些虽是表示对立的概念，而这些对立是何种对立，才是问题的真正所在。田边在此特别视为问题的是《易经》的阴阳二原理对立之本性或其本质性的构造。

---

① 《西田几多郎全集》第 20 卷，东京岩波书店 2006 年版，第 293—294 页。

② 关于西田几多郎与王阳明之间的思想连动，可参见小坂国继：《近代日本哲学的西田哲学：比较思想的考察》，京都密涅瓦书房 2016 年版，第 141—168 页。

为了补充阴阳二原理的对立构造，田边首先提出希腊哲学中的质料（hylē）与形式（eidos）。众所周知，此对概念指的是亚里士多德哲学以来的存在论（形而上学），例如，书桌的机能和构造是形式（eidos），其素材和木材是质料（hylē）。每个于现实存在的东西都是借由形式限定质料的公式而成立。田边如此说明这种希腊的存在：

> 我们可以说，希腊存在的二元，在亚里士多德的形式、质料之对立当中，显示了其最后的完成态。其所谓质料是指其自身完全没有任何自性的可能之原理，为了将其以某物实现出来，必须和它结合，并将它变成该物的形成原理便是形式。此思考方式显然是以艺术品，例如雕像制作中素材及其形成秩序之关系为标准的。天性富有雕塑精神的希腊人，以雕塑的方式来观看一切存在，将其比拟为雕塑成形的机构，并以质料的形式化来思考存在。在此意义上可以说，希腊的存在论是典型的艺术存在论，专从表象观照的立场来理解所有的存在。（T4・300）

显然在亚里士多德看来，形式在具体的个物中，必须和质料共在，否则就是非实在。形式和质料是不可分离的，是内在的，且形式主宰着没有自性的质料。

相对于此，“阴作为阳显现的媒介，在观念上虽和它对立，但实际上并非反对、抗争的积极力量”（T4・296），田边所理解的阴阳是具有自性的存在，分别扮演着君临者（阳、刚）与接受者（阴、柔）的角色。另一方面阴也接受阳，阳君临于阴之上并统制它，但绝不是一方会消灭另一方那种存在，这里显示出上述“太极一阴阳”这种一元两面的状态。

在这里既没有质料与形式那样的二元对立，亦没有以绝对的一元（太极）为媒介所形成的两者之结合状态。也就是说，质料与形式一方面处于二元对立的关系，一方面处于结合（合一）的关系，但没有所谓以一元的第三者为媒介的情况出现。（参见 T4・294—295）那么，相对于上述中国哲学与希腊哲学的存在论，希伯来、基督教的存在论又具有何种内容呢？田边如此说道：

在希伯来、基督教的存在论里，作为恶的原理、堕落之罪的原理——恶魔，因恶被视为是在神之内的堕落，没有和神形成绝对的对立，始终是从属于它，因此同样地在两者之上不需要对立的媒介。然而，若在此处追究恶的根源，强调其独立性的话，在神的内在与自由意志带来的堕落之罪之间，就会酝酿出难题。这从初期基督教的奥古斯丁，中经近世的波墨到前世纪初的谢林的自由意志论，实际上都可以看到。相对于此种潜在乃至内在的二元论，《易经》的二元合一论从一开始就很清楚地显示出存在的辩证构造。我们可以在此看到其特色。（T4・295）

田边在此将基督教的存在论问题，亦即神与人（绝对善与恶、罪）的对立关系突显出来，并区分在恶的神之中的内在二元论与《易经》的二元合一论。根据田边的说法，基督教的存在表现的正是此神与恶（自由意志）、神魔相克的各种阶段。（参见 T4・300）这里强调的显然是在神与恶的内在二元对立之上，不需要一元（太极）的媒介者。也就是说，"太极—阴阳"这种"一而二、二而一"，或者一元两面的媒介关系，不可能存在于基督教的存在论之中。田边从辩证的观点如此思考希腊、希伯来、中国的存在论：

若能将希腊的存在的消极原理——质料，因其无自性的缘故，比拟为逻辑的否定，并称它为矛盾的对立者的话，希伯来、基督教的存在的消极原理——"恶"，可说是反对抗争的实在性对立者。相对于此，儒教的存在的消极原理——阴，或许可被解

> 释为立于两者中间的观念反对对立者。然而，若考虑到在辩证法的正反合的二元合一之综合中，反由于是正的单纯的逻辑否定而被具体化为反对对立，因而开启了辩证的发展。《易经》的存在论在其太极的概念中，和其他两种存在论相比，显示出更明确的辩证统一。在此不得不承认其理所当然的理由。（T4·296—297）

无论是质料与形式的矛盾对立，还是神与恶（自由意志）的实在对立，两者不仅没有《易经》的阴阳那种观念对立的要素，亦没有太极的统一角色，或者作为阴阳观念对立之媒介的“绝对穷极的一元之元气”，因此缺乏真正的辩证法意涵。笔者认为此处揭示的辩证法意义上的存在论，对其后发展出来的“种的逻辑”中种、个、类三者关系有直接的影响。阳（种）阴（个）虽有其自性，与太极（类）形成一元两面的存在关系。当然这里尚未加入自我否定即肯定的转换运动，亦即尚未有绝对无的概念装置，但不能否认的是，太极在阴阳的媒介角色以及阴阳互为媒介的想法为“种的逻辑”开启了辩证运动的事实。

四、儒教道德的存在论

如上所述，《易经》的阴阳并非在实在层面上的抗争，而是在观念层面上以一方为另一方的媒介这种关系形成对立。这又是何种想法下的结果？田边认为这显然是《易经》作者的制作意图所产生的结果。《易经》作者设定某种道德的社会秩序，并以其为基础考察了天地、君臣、男女、夫妇、父母等具体的对概念。阴阳正是这些概念的总称。而某个道德社会的形成及其营运，都必须依照“太极—阴阳”这种“一而二、二而一”，或者一元两面的媒介关系才能得以成立。关于阴阳在观念上的对立，田边如此思考：

在观念上的反对对立里，一方虽反对另一方，然却带有另一方之存立所必要的媒介，在两者相依相待所成立的一之秩序里，一方并没有克服另一方，两者处于共存状态。在这种共存的二者之同一秩序中的对立，正是在观念上对立的特色。（T4・298）

田边接着在上揭内容之后指出，阴阳的对立便是一方领导另一方跟随这种关系上的对立，亦即在秩序中立足于唱随关系的对立。这种反对对立，并非是实在层面上斗争力量的反对，而是在同一秩序中两个存在的本分对立，亦即其资格的相反这种观念上的质的反对。形成这种秩序中的对立，便是阴阳二原理。而以此原理作为一般存在的穷极原理之意识，不外乎“将道德的社会秩序视为其体验的基础形态之所谓哲人政治的统治者意识”（T4・298）。

此意识显然是以君民秩序、统治者的统率教导与被统治者的随顺服从之关系为基础内容的儒教道德之意识。《易经》的存在论是以圣人政治的儒教道德意识为基础所产生的。田边透过以上论述连接了《易经》存在论与儒教道德之间的关系。（参见 T4・299）也就是说，以儒家思想为代表的中国哲学之存在论的形成，是以儒教道德为基础所展开的。相较于从具体现象或经验提炼出抽象的存在理论之形成过程，“种的逻辑”的形成过程恰好与之形成鲜明的对比。因为“种的逻辑”的对象并非具体的日本社会现象或生活经验，而是处理人与其共同体（国家社会）的西方社会学理论与西方哲学理论。

高濑的《易学讲话》第五章“易的伦理学说”处理的是作为教训的伦理学说。他认为《易经》伦理学的特色便是透过说明吉凶（善恶）、悔吝、利不利，让人能无有过错、趋吉避凶。[①] 总之，透过《易经》六十四卦三百八十四爻的辞与孔子的十翼来开示人所应走的道、不应走的道即高濑所谓《易经》的伦理学。高濑在此章并没有全面展

① 参见高濑武次郎：《易学讲话》，第 154—155 页。

开《易经》的伦理学，因此无法验证其对田边《易经》观的影响关系。

然而，笔者认为高濑所谓《易经》伦理学和田边理解的《易经》存在论与儒教道德之关系相差不远。正如田边所言，“作为道德政治的教导内容，遵循四时秩序、气象运行的农耕操作占有主要位置，从这里足以推算出此存在论发生的民族生活之时代即是农耕中心的时代。统治者阶级的道德意识将准则带给以农耕为中心经营生活的民众之生活秩序，并正确地领导这些民众，此种意识经反省、分析该体验的存在后，所求得的形而上学原理之结果正是《易经》的存在论”（T4·299）。统治者（君）灵活使用《易经》的原理，换言之，即考察存在者及其生成或世界的动脉来教导被统治者（臣民）本身就是儒教的道德思想，此亦可说是《易经》的伦理学。

若是如此，此处的《易经》存在论便是儒教道德的存在论。高濑在《易学讲话》中只介绍了《易经》的宇宙论（存在论）与伦理学说。相对于此，田边并没有满足于高濑这种单纯的学说介绍，或者像国体论者（日本主义者）那样将中国哲学关联到日本国体或天皇体系上。田边一方面阐明儒教的道德思想与《易经》存在论之间的关系，另一方面又借由和西洋存在论的比较，来突显出中国存在论的特征。

五、“种的逻辑”与《易经》存在论的关联

如前述，《关于儒教的存在论》是田边在建构“种的逻辑”之前，透过和西洋存在论的具体比较所撰写的儒教存在论。笔者认为《易经》的存在论因具有辩证法的构造，和后来的“种的逻辑”中媒介存在或辩证法存在的主张十分接近。

如“种的逻辑”的出发点《社会存在的逻辑》（1934—1935）所示，今后的存在论必须是社会存在论。此主张在“种的逻辑”系列论文《存在论的第三阶段》（1935）中有详细的展开。以下简单回顾“种的逻辑”，并探讨社会存在论何以是必要的，接着再论述社会存在论与

《易经》存在论之间的关联。

所谓“种的逻辑”，是田边借用生物分类“类、种、个”概念，来说明三者的绝对否定媒介关系之社会哲学体系。此哲学体系探究的是种（现实中的共同体、国家社会）与个（个人）的存在与行为之形态。种与个唯有透过类（idea，人类、人类国家、菩萨国）的否定媒介，才能保有、存续自身的存在与行为。同时，类与个以种为否定媒介，类与种以个为否定媒介，才能保有存续自身的存在与行为。在不灭“类、种、个”的前提下，三者彼此既对立又相互媒介。这种辩证法的关系成为“种的逻辑”的根本构造。这里我们可以看到“太极—阴阳”这种“一而二、二而一”，或者一元两面这种媒介关系的踪影。

“种的逻辑”的目的在于为现实中的共同体、国家社会（种）及住在其中的个人（个）提供能对应现实的理想存在与行为之形态。因此其可说是具有具体性和现实性的实践哲学理论。

田边在《存在论的第三阶段》中将希腊的自然存在论与基督教的宗教存在论划分在第一阶段，将近世以降的人格存在论划分在第二阶段，并主张两者最大的不同在于有没有辩证法的要素。

在《存在论的第三阶段》的第一节与第二节中，田边先论及柏拉图以前的存在论，爱奥尼亚哲学家毕达哥拉斯（Pythagoras，公元前582—前496）的形式存在论、德莫克利特（Democritus，公元前460—前370）的原子论及埃利亚学派的质料存在论，并规定这些都属于自然存在论。这些形式与质料的存在论为柏拉图与亚里士多德所继承。田边认为柏拉图是轻视质料重视形式的存在论，而亚里士多德因其自然哲学家的精神，比起形式更加重视质料。然亚里士多德因其分析论的思维，最终还是走向重形式的存在论之立场。因为亚里士多德并没有彻底论述形式与质料的彻底媒介关系或辩证关系。也就是说，质料与形式并没有以彼此作为否定媒介，以致两者无法同时在对立、否定之中保有与存续自己。此为自然存在论的局限。（参见T6·267—280）

田边认为，希腊的自然存在论在历史上随着都市国家的瓦解而面临消灭的危机，取代它的是基督教的存在论。基督教的神消灭了自然存在论中的质料与形式之对立，让人与万物皆从属于自身的内部。在基督教的世界里，个人的主体性存在在神面前都是属于质料的、肉体的存在，因此是一种应该被否定的存在。

此说法可对照到《关于儒教的存在论》。在《关于儒教的存在论》中，神与人的恶（自由意志）是一种实在的对立。这种宗教的存在论随着社会变动与教会的堕落而瓦解，个人的主体性存在（即追求解放、自由、理性的人类存在）因此而诞生。也就是说，“在被消解于神的绝对存在中的信仰人类之存在的位置里，出现了以自身理性与意志进行实践的主体性人类这种存在”（T6・281）。这种“作为自律性自由的主体来自觉自身存在的理性自我，即是取代自然存在的一种新的存在”（T6・281）。此为从第一阶段的自然存在论到第二阶段的人格存在论之过程。

代表第二阶段人格存在论的哲学家，田边举出笛卡尔、康德与海德格尔。到了笛卡尔与康德，出现在第一阶段和第二阶段之存在论的自然与人格（自我）有了不同的展开。在笛卡尔那里，意识主体的自我之确立是倚靠神的绝对存在，因此“自我与神在相对的绝对与绝对的绝对之关系中彼此相即”（T6・282）。自然亦受到神的保障。解决此种自然与自我的否定对立之课题，不仅是斯宾诺莎，亦是康德所要面对的。

田边认为“康德为了避免它（独断论——笔者注），而否定自然的基体性，并将它还原到主观的意识综合当中……希腊的自然存在论并没有承认相对于基体的主体之独立，并将后者消解于前者之中。相反地，近世的人格存在论在康德那里则将基体消解于主体”（T6・281）。也就是说，在康德那里，自然被自我所消解。而能将其消解的可能，就在于其超越论的哲学。

然而，“康德的超越论哲学可说是近世人格存在论的完成。其所谓人格存在事实上就是导向存在的废弃。因为自由意志的主体只在实践上意识到善这个层面上存在，其虽将自发的自我立法作为原理，但只要被既存的某物所制约，必会掉入在他律的不自由，因而丧失人格的存在性。因为那是一种完全脱离现象存在的时间性，并从经验的因果性中解放出来，在超时间的层面上开始所谓来自自由的因果这种意志活动”（T6・285）。田边想指出的是康德的超越论哲学所导出的时间性（历史性）或无因果性的意志主体之缺点。在此，自然被消解于自我，两者的对立统一之辩证法关系则无法从中看到。克服此缺点的正是海德格尔的时间存在论（实存哲学）。

海德格尔的存在论并没有采取像康德那样的立场，即存在要么是作为现象完全受时间的制约，要么是作为本体来超越时间这种二择一的二元世界论之立场。其“实存因自己是进入时间构造的超时间契机，却反而变成时间的存在……因此实存并非如康德的人格那样，因超时间的关系而伫立在时间存在之外，却反而因为超越时间而成为时间的存在”（T6・286—287）。田边评价的是海德格尔那种包含超越性和时间性的实存概念。然而这种作为实存的每个主体（自我、人格）与世界（自然）之间的关联，则变成了世界（自然）只能从属于主体（自我、人格），其无法和主体形成对立并成为其否定的媒介。（参见 T6・287）

田边在此不仅指出了海德格尔的时间存在论的非辩证法构造，还进一步批判其存在论缺乏空间的面向，亦即批判其因忽视人所居住的空间、环境及国家社会而不免有抽象化的倾向。[①]（参见 T6・288）在此海德格尔批判中可发现田边正逐步将自身的社会存在论，亦即“种的逻辑”接轨在海德格尔的时间存在论之后。也就是说，在海德格尔的自我与自然（实存与世界、田边所谓个与类）之间加入作为否定媒

① 类似的批评，同时代的人有九鬼周造（《海德格尔的哲学》的结论）、和辻哲郎（《风土：人间学的考察》第一章）。总之，认为海德格尔的存在论虽有时间性或历史性，但却缺乏空间性或风土性（乃至社会性）的想法，可说是该时代哲学家的共同认识。这一想法可在田边《综合与超越》（1931）一文中见到踪迹。

介要素的国家或社会（种），正是下一个阶段应该发展的存在论。理由是自我（主体、人格）与世界（自然）若没有以国家社会（基体）为否定媒介的话，事实上根本无法对应近代社会的状况。这也是田边所说的第三阶段之社会存在论何以必要的理由。田边在此处理的显然是希腊与近世之后的存在论脉络，并没有谈论绝对者（神）在其中的位置。也就是说，在处理海德格尔的时间存在论这条线上，基督教的存在论并没有浮现出来。

当然"类、种、个"的对立统一之辩证法的关系，并非田边自己的独创，其原型来自黑格尔的《法哲学原理》（*Grundlinien der Philosophie des Rechts*，1821）。黑格尔在此所思考的国家哲学相当于田边的社会存在论。然而，黑格尔所说的主观精神、客观精神、绝对精神（主体、基体、神，田边所谓个、种、类）并没有彻底维持彼此对立统一的媒介关系。因为黑格尔并没有将神视为媒介者，而是将神视为超越媒介的绝对存在。如此一来，绝对精神便断绝了媒介的角色，变成生出一切的根源。（参见 T6・295—296）我们在此亦可立即察觉《易经》存在论中的太极所扮演的便是媒介角色。太极并非一个超越的绝对原理，而是与阴阳处于一元两面的媒介存在。

按《存在论的第三阶段》的内容来看，"种的逻辑"和日本的传统、风土及以这些要素为基础的存在论似乎没有任何关联，甚至在否定自身或绝对无这个意涵上和《易经》的存在论亦有一线之隔。换言之，根基于中国风土和儒教道德的《易经》存在论之形成过程，和"种的逻辑"的形成过程并不相同。田边的第三阶段之社会存在论毋宁说是渊源于西洋的存在论所发展而来的。当然，《易经》存在论中的媒介作用推使田边去思考绝对媒介的辩证法，亦是不争的事实。我们必须承认两者的存在论的构造本身带有辩证法结构，因而又具有无限的亲近性。阴阳在观念上虽形成对立，但在实在层面上又相互结合。而此媒介关系能成立是因为有太极这个万物发生之根源的绝对穷极的一元气。阴阳的对立统一关系必须依靠太极这个媒介者才能成立，同时太极这个绝对根源的一元气亦必须以阴阳为媒介才能成立。

太极绝不是超越阴阳的绝对存在。阴与阳亦不是消灭对方的存在，而是彼此互为其根，是一种对立统一的存在。阳（统治者）与阴（被统治者）的关系，在某个意思上，亦是政治集团（种）与个人（个）的关系。因此将太极视为类并非无稽之谈。若是如此，笔者认为将“类、种、个”彼此对立统一的辩证法关系被视为“太极—阴阳”这种辩证法关系，亦可说是有迹可循。

六、结论

本章作为探讨中国哲学与“种的逻辑”的形成过程之关联的一环，探讨了《关于儒教的存在论》、《社会存在的逻辑》、《存在论的第三阶段》这些文章的内在性关联。《关于儒教的存在论》和中国哲学（特别是宋学与阳明学）与“种的逻辑”之间的关系在田边哲学研究史里一直都没有得到重视。合田正人的《田边元与海德格尔》虽然指出其重要性，可惜的是他只提到此文处理的《易经》存在论对“种的逻辑”有很大的影响，并没有详细探讨彼此在逻辑上的关系。笔者试图透过与高濑武次郎的《易学讲话》的比较研究，来思考两者之间的内在性关联。在此考察过程中发现，田边考察的《易经》存在论所带有的辩证法构造和“种的逻辑”中所讲的社会存在论之构造具有亲近性。若说田边的《易经》观来自高濑或者其背后的周濂溪、朱熹、王阳明等人的《易经》观之影响，那么我们可以说“种的逻辑”中所说的绝对媒介的逻辑不单是从大乘佛教的空或无的思想，亦从《易经》的存在论（儒教的存在论）得到很多启发。透过此研究我们期许能为中日哲学比较研究开拓一条新的道路。

第十一章　田边元的实存哲学

一、前言

existence（existentia，Existenz）这个概念，在日本被翻译成真实存在、现实存在、实存、于现在实际存在者或于现实存在者等，它不仅在19世纪以降的欧洲大为流行，就连传到日本之后，亦在日本人的生命或学术上占有相当深远的意义，因此被广泛地传达、接受，并被加以改造。然而，阅读日本当代学者佐藤真理人的论文《作为可能性的实存思想："实存"概念的崩坏》[①]可以发现，那种充满哲学意味的"实存"概念在日本现代社会里可说是形同死物。因为"实存"这个语词只被使用在哲学及和其有关联的业界当中，而且该语词的意思及定义有很多种，根本无法以系统性的方式来将其加以规范。一般人对这些和"实存"有关的意思及定义都兴趣阙如，更不用说把这些哲学术语使用在日常生活当中。因此，佐藤真理人在此论文最后如此主张："那些被称为实存的思想家们，之所以有足够的力量对我们诉说，并不是因为实存这个语言，而是因为他们真诚的、有动力的思想。"[②]这意味着，对我们而言，最重要的不外乎揭示实存的思想家们的人生态度或

① 佐藤真理人:《作为可能性的实存思想："实存"概念的崩坏》，载实存思想协会编:《作为可能性的实存思想》，实存思想论集XX，东京理想社2006年版，第5—23页。

② 佐藤真理人:《作为可能性的实存思想："实存"概念的崩坏》，载实存思想协会编:《作为可能性的实存思想》，第20页。

精神。

在此首先要注意的是，日本实存思想协会编辑部以“重探实存思想的现代性意义”这个目的，出版论文集《作为可能性的实存思想》的意义。这让人联想到实存思想协会所担心的实存思想在日本现代社会的“消灭的危机”或“存续的危机”。或者与之相反，我们也可以猜想，该协会试图增加实存思想的研究者或崇拜者。这种现象对照于佐藤真理人的论文，实在耐人寻味。因为佐藤真理人一开始就认为根本没有实存思想的存在，若真的有其实现性的话，那也只能出现在人的现实生活或生命当中。

《作为可能性的实存思想》这本论文集的执笔者之一岭秀树便指出：将日本没有的或和日本没关系的欧洲哲学的概念或语言移植到日本，并且仿佛就像自己的东西一样地对其抱持高度关心、对其加以思索，这样做的意义究竟在哪里？[①] 岭秀树认为，不应该一味地将那些外来的哲学用语作为客观的对象来加以理解，并以理性的态度来告诉那些不懂的人，而是应该学习那些揭示“人是什么？”“人该如何活下去？”这种具有存在论式的，或宗教伦理式的实存思想家所呈现出来的真诚的生活方式。简言之，唯有学习如何在现实生活上实践，才是最真实的。

以下本章将依循上述的立场，首先论究田边元的实存论述，特别是针对和其最相关的战前论文《实存哲学的极限》（1938）与《实存概念的发展》（1941）以及战后著作《实存、爱、实践》（1947），借此阐明实存这个概念是如何被田边所接受，以及其在田边自身宗教哲学式的实践当中又呈现出何种变化。此外，也将思考田边所谓的实存究竟要传达给我们的是什么。

---

① 岭秀树：《作为可能性的实存思想》，载实存思想协会编：《作为可能性的实存思想》，第26页。

二、关于实存：从知到行的转变

在分析田边元的实存论之前，首先必须将其三个论著《实存哲学的极限》、《实存概念的发展》、《实存、爱、实践》分成两个时代来思考。前面两篇论文是田边于日本战败前在完成“种的逻辑”的体系之后所发表的论文。这两篇都是关于起源于欧洲的实存概念之考察。而《实存、爱与实践》则是田边于日本战败后，经过自身他力宗教信仰体验下的哲学转向后，亦即主张忏悔道哲学后，所撰写的著作。他在此著作中展开了自身独特的宗教哲学式的实存论。关于以上材料，大致来说，田边在前面两篇论文中除了探讨欧洲的实存概念以及实存哲学的形成与变化过程外，还指出实存哲学在当时的局限。《实存、爱、实践》这本论著则明显地揭示出实存概念随着田边自身生命（人生观或价值观）的转变所产生的转化。此节主要是想分析《实存哲学的极限》，并突显出田边因应当时的历史现实所勾勒出来的实存图像。

我们可以从田边元的年谱（参见《田边元全集》第15卷）中明显地看到，田边在战争前后的某一段时期（1942—1945），除了公开演讲外，并没有公开发表学术论文。当时他主张的“种的逻辑”虽然呈现出“类”（绝对者、理想国、人类）、“种”（国家社会、共同体）、“个”（个人）的三一性结构，然而，他在《国家存在的逻辑》（1939）、《国家的道义性》（1941）、《思想报国之道》（1941）等论文中，有将“种”给普遍化（也就是将国家给绝对化）的倾向，因此为自己的哲学体系带来了破绽。[①] 上述说法在日本的学界已成为一种定论。若思考“种的逻辑”的挫败经纬，便可容易地察觉到，在田边对人类存在的解

① “种的逻辑”会出现破绽是因为其虽然主张人必须采取对应历史现实的自己否定之实践（也就是不把自己绝对化，而不断地让绝对的他者——类——与相对的他者——种、个——进行自己否定的行动），但在现实层面上却没有彻底地进行自我否定。

释里，潜伏着“种的逻辑”的运作。因此，田边的实存论很自然地不是欧洲实存论的复制或翻版，而是一种带有“种的逻辑”色彩的实存论。若详细解读过《实存哲学的极限》、《实存概念的发展》就可以清楚地知道，田边的实存论与其“种的逻辑”有着密不可分的关系。

田边在《实存概念的发展》的开头处便提到：实存（existentia）和本质（essentia）这两个概念的对立，事实上是中世哲学为了解决亚里士多德形而上学遗留下来的问题而提出的。至于实存的渊源，田边则追溯到亚里士多德对个体的本质（essentia）之定义。田边认为：亚里士多德所谓的“个体作为‘此物’（τόδε τι）而于现实中存在，并不能光靠其拥有固有的本质这件事来证明。‘此物’作为所谓 dies da（此时此地的存在 —— 笔者注）而 da-sein（在此存在 —— 笔者注），不外乎本质拥有对本质呈现出偶然性的‘于现在’（da）这种外在的规定”（T7・213）。如此看来，个体的存在是一种本质与实存（现实存在）的结合状态，也就是说个体必须处在“于现实中存在”这种状态当中。若是如此，所谓实存只不过是个体存在的一个侧面而已。关于这点，和田边同时代的哲学家九鬼周造在论文《实存哲学》[①] 中探讨何谓实存时，亦提出类似的说法。九鬼认为要探讨何谓实存就必须先了解何谓存在。关于存在，就西方哲学的脉络来看，就包含“可能的存在”（essentia，日语：である）和“现实的存在”（existentia，日语：がある）这两种面向。前者属于广义的存在，后者则属于狭义的存在。（参见 K3・59—62）

田边指出亚里士多德形而上学所遗留的问题（其虽提出实存但最终倾向本质的个体存在论）亦影响了邓斯・司各脱（Johannes Duns Scotus，1266—1308）的个体主义，并在司各脱探讨实存的工作上起

① 初稿完成于 1933 年，收录于《人与实存》，东京岩波书店 1939 年版；《九鬼周造全集》第 3 卷，东京岩波书店 1981 年版。本章引用《九鬼周造全集》以“K 卷数・页数”标示。

了阻扰的作用。田边认为，这种本质与实存之间的扬弃逻辑要到近世的黑格尔才能有所展露（参见 T7・213—214），并断言这种从古代、中世到近世的“实存概念之困难点就在于，无法对其永恒的本质进行彻底的否定，以及反过来将历史性或偶然性转化成本质”（T7・215）。

田边在以下引文中论述实存（existentia）的定义之后，试图将海德格尔的自觉存在之模型放到古代以来的实存（existentia）与本质（essentia）的统一态当中来看[①]：

> 所谓 existentia，作为 ex-sistere 的合成语言，本来就意味着保持于外的存在方式。相对于 essentia 的内在本质，我们称其（existentia——笔者注）在和他者之间的关系中保持于外的存在方式，也就是表现或显现这种存在为实存。进一步来说，实存不外乎在对他者关系中的外在现象性是由作为该现象根柢的内在本质所反省的东西。也就是说，由外反省于内，由内表现于外，便是实存的意思。今日在海德格尔的自觉存在论当中，“现实存在”Dasein（此在——笔者注）自觉到自我存在的可能，并于自我的本质中进行反省的存在被解释为实存，这正和这个意思不谋而合。（T7・214）

据上可知，借由田边的解释，海德格尔所说的“现实存在”（Dasein）或“实存”（Existenz）便以从“**世界内**存在”到“世界内**存**

---

① 事实上，九鬼周造在《实存哲学》一文当中，亦论及实存概念出自古代希腊的存在本质论（柏、亚二氏），并说明往下亦可从中世神学、近世浪漫主义的生命哲学、近代的实存哲学的脉络中见到其踪影。其最后则在海德格尔身上落脚。（参见 K3・76—89）九鬼甚至在最后直言，哲学问题不离存在一般，而前往存在一般的道路不外乎实存，因此哲学即是实存，反之亦然。但九鬼又对这种具体的、实际存在的、时间的、历史的、热情的、具有可能性的实存持有戒备，认为哲学既然是标榜普遍性，那么实存哲学势必会处在现实存在与本质存在的交叉口上，此为实存哲学的难题。（参见 K3・89）

在"、从被抛的存在到筹划的存在、从自身的本质出于其外（亦即作为现象而于现实中存在）这些形式出现。而田边认为这种实存（existentia）与本质（essentia）的关系在斯宾诺莎（Baruch de Spinoza，1632—1677）的哲学里可见其端倪。因为古代本质存在论之根底的个体主义所带有的实证性及力学倾向，已经逐渐地往前者（实存）倾斜。斯宾诺莎的"力学存在论"一般所带有的力学观即是：力量就在引力与排斥力的交互性紧张关系中产生。因此，斯宾诺莎所说的存在（或者实存）亦可说是包含内在本质与外在现象之交互性的复合体，不可能是单纯的自我同一的单纯者，或者直接主张、肯定自我同一这种作为内在本质的实体存在。（参见 T7・223—224）然而，田边以海德格尔的"向死的存在"（Sein zum Tode）为基础，称斯宾诺莎的实存为一种表现存在，并说明此种"生"的存在必须要有"死"的自觉，应借此进而开展为将自己的"死转化为生"、将"否定转化成肯定"的自觉存在。（参见 T7・224—225）

在此需注意出现在上述的实存（existentia）与本质（essentia）的交互关系之西方哲学史脉络中的两个存在概念，也就是"表现存在"及"自觉存在"（"自我肯定的存在"及"自己否定即肯定的存在"）。对田边而言，真正的实存必须是"表现存在"与"自觉存在"的媒介统一体。然而，这里我们要问的是，"表现存在"要如何做，才能变成"自我否定即自我肯定的自觉存在"？田边认为唯有透过绝对者的爱或慈悲才有可能。关于此论述，可以从田边所提示的主体实存之构造中看到。

> 普遍必须是将此种自己的反抗者所施加的否定（人类否定绝对者并篡夺其绝对性的行为——笔者注）转变为自我肯定的绝对转换之媒介统一，因此才能够发挥超越的绝对普遍性……个别之所以能作为个体而成为自由的主体，是因为自己进而成为此超越的爱之媒介，并自由地奉献自己，对于绝对者的慈悲召唤，自己也能有所决定并响应它。而自己对绝对者的慈悲召唤做出回应，

> 就是对自身进行绝对者的媒介，因此实存的个体自身，对于其他的个体，亦非得变成以绝对者的慈悲为媒介的爱之行动者不可。具体来说，实存应该是意味着作为爱的行动者来进行还相才对。（T7・242）

据上可知，田边从他力宗教（特别是基督教与净土真宗）的脉络，将“绝对者”（神或佛）与“相对者”（众生）之交互否定的媒介关系移植到西方的实存概念当中，并将“人是何种存在”这种对存在的提问置换成“人该如何活下去”这种对行动的提问，借此来建构自身的实存图像以及其应有的结构。（参见 T7・243）

当然，在实存概念中加入宗教及伦理的要素并非田边自身的独特见解。田边试图建构的实存图像我们可以在克尔凯郭尔的实存概念当中找到线索（关于此论述，将在第四节展开）。田边在《实存概念的发展》这篇论文的结尾处，一方面指出黑格尔的实存概念由于被逻辑的理性所收摄，因此缺乏宗教性和伦理性，另一方面试图超越黑格尔（无论是绝对者还是个人，都被收编在国家或逻辑的理性这种具有思辨性的实存立场）和克尔凯郭尔（重视个人与绝对者之间关系的单独者之实存立场），来建构一个“绝对、国家、自我”（即所谓“类、种、个”）这种三位一体的，且具有历史、行动之自觉的实存哲学（＝国家哲学）。（参见 T7・246—249）我们可以很清楚地看到，田边根据当时的历史现实所建构的“种的逻辑”在其实存论述当中起了很大的作用。

下一节将透过讨论田边在《实存哲学的极限》这篇论文中所展开的雅斯贝尔斯批判（即对包括者［das Umgreifende］的批判）与西田批判（即对无的场所之批判），来探究田边自身所勾勒的实存图像。

三、实存哲学的局限及其转换

本节所论《实存哲学的极限》（1938）一文，从公开发表的顺序来看，早于《实存概念的发展》(1941)，然而由于《实存概念的发展》比较具有哲学史的意义，因此先在前节讨论。延后讨论《实存哲学的极限》的另一个理由是:《实存哲学的极限》一方面指出包含雅斯贝尔斯在内的欧洲实存哲学之发展方向，另一方面则透过批判作为日本哲学代表之西田哲学的神秘主义倾向，来提示一种包含宗教的社会实践之内涵的新实存图像。(参见 T7·3)田边在此论文的主要工作是评价雅斯贝尔斯将海德格尔的"时间式的实存哲学"发展成"空间式的实存哲学"，并将其"主观的实存哲学"转化成"现实的实存哲学"。田边接着在批判雅斯贝尔斯的脉络下，顺带批判西田几多郎的"无的场所"之思想，认为该思想即是从包摄一切的静态空间所产生的神秘主义思想。最后，田边表示：今后的实存哲学非得是以宗教的社会实践为核心的绝对无的哲学不可。[①]

田边在《实存哲学的极限》这篇论文的开头处便指出，雅斯贝尔斯的实存哲学是一种"哲学的哲学"，也就是对作为自觉存在的实存进行反省的哲学(亦是对海德格尔的实存哲学之批判)，并认为此种哲学和自己所谓的"绝对批判"的精神相当接近。田边之所以评价雅斯贝尔斯的实存哲学，是因为其"将现实存在(Dasein——笔者注)的矛盾的空无性视为对实存的媒介，这种想法可说更加接近辩证法"(T7·7)。换言之，其实存哲学便是将空间的包括者(das Umgreifende)作为实存能得以显现的媒介。雅斯贝尔斯的实存以自我否定的无性与作为超越的包括者为媒介，正是令实存之所以为实存，包括者之所以为包括者的理由。以下是田边对雅斯贝尔斯的包括者概念之理解：

包括者概念是该氏的实存哲学之轴心，此概念作为其最后

---

① 田边在此所提出的实存构想，到了日本战败后，经过忏悔道的哲学而变得更加的鲜明。而此时期的实存论早已为战后的实存论做了准备工作。关于其战后的实存论将在本章第四节讨论。

的样态，也就是超越，让透过诸存在的空无性而得以面临无的自我，在面对它的同时，并从它那里接受、得到自我的根源，这意味着回归到世界的空间。因此，包括者被解释为：能让自我被其所包摄，且不断地进行自我超越的同时，在面对它时却被它所反弹而回归到世界的墙壁。在这一层意义上，包括者对比于所谓无的场所，是毋庸置疑的。包括者在将被包括在其内的东西无化的同时，反而让它回归到世界，在这一点上，包括者看起来就像是以绝对无为原理。包括者或许并没有停留在一种消极的无的场所，而是相当于一种积极的无的场所。相对于前者只将存在无化，后者则带有让"无即有的转换"成立的辩证法的一般者性格。（T7・14—15，引号为笔者所加）

据上可知，田边虽将雅斯贝尔斯的包括者等同于西田几多郎的"无的场所"，但认为前者比后者更具积极性，并指出雅思贝尔斯的包括者带有让实存进行"自我否定即肯定"之转换的作用。田边对于这种作用给予高度的评价。

然而，就如田边所指出的："雅斯贝尔斯既没有让理性发挥实践理性的意义，也没有让历史进行'生成即行为'这种'基体即主体'的转换，这种立场必然会让内在与超越的媒介消失，使得实存始终只将相遇的超越作为相对于自己的他者，因此也让'他即自'的行为之统一无法实现。"（T7・4，引文内单引号为笔者所加）雅斯贝尔斯的实存和海德格尔的一样，既没有脱离静力学式的、均衡式的观想，也没有"真正地以动力学与危机的方式，彻底突破到历史现实的'无之行为'的自发性"（T7・5，引文内单引号为笔者所加），因此尚未达到超越者（包括者）与相对者（个人）的彼此否定媒介关系，也就是尚未达到一种"他者（超越）即自我（内在）"、"往相即还相"的转换关系。雅斯贝尔斯的实存可以说是一种作为观想或觉醒的实存概念，而不是一种作为行动的实存。总之，田边追求的是积极地以“死即生”、“往相即还相”的转换运动方式参与历史实践的实存，而不是对社会实践呈现消极态度的实存（亦即作为思辨哲学的实存）。

田边针对雅斯贝尔斯与西田展开批评。雅斯贝尔斯的包括者（超越）或西田的无的场所（超越）所显示的绝对无之原理，是在将包括于其内的存在（实存）无化的同时，让它回归到世界（包括者、无的场所本身）。然而经过自身此在的空无化直面包括者或无的场所（超越）的实存，又如何作为超越所给予的存在回归到世界呢？又如何知道作为他者的超越并将其作为自己的根源呢？（参见 T7・14—16）田边认为若要解决这个问题，“超越与实存两者都必须带有绝对无的性格，实存不能只将超越视为他者，同时也必须将这个他者作为自己来理解。相同地，超越作为绝对无，也必须转化到和自己相反的内在当中，实存作为这种超越即内在的绝对无之显现，自己也必须共有内在即超越的性格”（T7・16）。

如此看来，超越与实存虽然彼此是绝对的矛盾对立，但又处于以彼此为否定媒介且相互转入的相即关系当中。田边真正想避免的是超越（西田的无的场所或雅斯贝尔斯的包括者）只是单方面地包摄实存，并让其进行“无即有”的转换。因为，在他看来，作为绝对无的场所（超越）除了必须将实存（相对者）作为否定媒介来参与实存（相对者）的活动外，其自身还必须进行“自己否定即肯定”的转换。[①] 因篇幅关系，以下无法再详论田边对西田哲学的批判，特别是针对这种作

---

① 田边不仅批判西田的无的场所，亦批判雅斯贝尔斯的包括者。“对于他者能发挥绝对否定的机能并对其进行媒介，然而对自己却拒绝进行否定媒介，这可说是没有跳脱出所谓断常二见的结果。只转换他者，自己却没有包含转换的话，那么又如何将他者包摄在自己之中呢？这样一来，其只是作为拒绝相对的媒介之绝对，如此一来自己反而会坠落到相对，这不外乎一种自我否定。这就是没有还相的往相是绝对无法摄取的理由。”（T7・17）此外，另举出田边对西田的无的场所之批判内容。“所谓无的场所只要是能被直观，其自身就会变成有，而不会进行否定媒介。无亦是以否定在其场所内的东西之方向为主，因此不免无法将其做绝对否定式的转换肯定。因为若要让此转换成为可能的话，无的场所本身必须否定转换自己，并还相到相对的存在，然而只要其作为场所而存在的话，就只能停留在往相的层面而已。”（T7・18）

为绝对无的场所的滞怠性、封闭性与神秘性。

事实上，田边认为雅斯贝尔斯的实存并不是绝对无，而是一种具有自我同一性的“有”，是一种从超越来接受存在的容器。也就是说，雅斯贝尔斯所谓的超越并没有贯彻绝对无的性格，其自身尚带有“有”的性格。（参见 T7・16）相对于绝对无的场所或空间，田边提出绝对无的行动，透过绝对者与相对者的无限往、还二相的转换运动来重新建构超越与实存的相互关系。关于此论述，可从以下的内容中窥见：

> 超越与实存的关系，只要是前者是后者的根源，就不能是作为他者来与之形成隔离与对立。它同时必须是以自即他、他即自的姿态来达到相即合一的状态。也就是说，两者都必须作为绝对无，相对于该“往相”的面向是超越，该“还相”的面向非得是实存不可。绝对无唯有在这种往、还二相的表里相即关系当中才能成立。（T7・16，引号为笔者所加）

从这里可以察觉到，超越与实存唯有在自身内部及自身之外进行相互的“自己否定即肯定”的转换运动，才能存续或保存自身。而这种以宗教实践为基础的实存结构，在第二次世界大战日本战败之后，经由田边自身的他力宗教信仰而得以继续被深化。当田边在《实存哲学的极限》的第四节中论及雅斯贝尔斯谈论实存的殉道性时，便透露出其自身试图将基督教救赎论脉络中的“自我牺牲即自我实现”（殉道即净福）这种爱的行动作为实存的原理。（参见 T7・19）当然，这也是田边为了寻找宗教和伦理的实存在东西方的共通点或连接点所做的努力。

四、战后的实存图像

田边在《实存、爱、实践》的序文中如此说明自己撰写此书的理由："我在前面两篇论文中，选出并分析一般人认为克尔凯郭尔的哲学思想之永恒意义，并阐明相对于黑格尔的理性主义，其实存主义所展现的特色，在显示出其是哲学的必要条件的理由之同时，批判其立场仍是偏向超越的自我在往相层面上的单独性，造成缺乏社会性的媒介，以至于以'爱的自我牺牲'为基础的社会解放之实践变得非常淡薄。这可说是其难以掩盖的缺点。最后阐明了即使其所提倡的'爱的应当'有实存的协同作为基础，但因其尚未还相于具体的现实社会之政治实践，因此无法避免其抽象性。"（T9・276，引文内单引号为笔者所加）

田边撰写此书的意图显然是想从克尔凯郭尔的宗教实存中找出和自己构想的实存论（或者是宗教哲学）相近的东西，借由分析与指出其不足的部分来建构一种能对应当代的新哲学（即新的实存哲学）。

田边撰写此书是在"二战"之后，当时"无的实存主义"风靡于战后的法国，虚无主义和实存主义亦在战后的日本大为流行。西谷启治的《虚无主义》[①]便是其代表著作。西谷在此书中说，自己在战败后的日本感受到浓厚的虚无感。在阐明虚无主义在欧洲的历史性展开之后，西谷便论究了尼采的虚无主义思想及其所谓的实存，在比较了尼采与海德格尔的思想之后，最后返回到尼采的实存，并摸索了一条超克虚无主义的道路。西谷撰写此书的意图即是透过模仿尼采来超克虚无主义，为人类提供一条可行之道与实存的精神（即爱自己的命运，以自身的意志自由地选择未来的精神）。田边在《实存、爱、实践》的第一章第一节的结尾处早已指出，"虚无主义即是实存主义"的想法正弥漫在战败后的日本，并表示这是一个不得不详加探讨的课题。（参见T9・282—285）

田边在《实存、爱、实践》中，花费了三分之二的篇幅集中探讨

---

① 西谷启治：《虚无主义》，京都弘文堂 1949 年版。该书收入《西谷启治著作集》第 8 卷，东京创文社 1986 年版。

克尔凯郭尔的宗教实存。在讨论其论述之前，先简要地说明田边在日本战败前后所建构的忏悔道哲学之结构。田边在日本战败前后，借由提出忏悔道哲学这种他力哲学来改变自己的哲学方向。在忏悔道的哲学里，进行哲学的主体已经不再是田边自身，而是让他承认理性信仰的不可能，并在理性的支离破碎当中，再一次让他认识理性的绝对他力。也就是说，忏悔道哲学必须以绝对的他力作为主体才有可能成立。他力哲学可以说是后期田边哲学的本质。（参见 T9・3—14）

田边以他力哲学为基础，强调个人及其民族的忏悔，透过绝对他力所唤起的忏悔再一次重新建构"种的逻辑"中的类、种、个三者的关系。而在这种被重构过的哲学当中，存在与行动的关系有了很大的转变。人类的存在与行动的存续已经不再倚靠其自身的力量（或思辨的理性），而是倚靠绝对他力所引导的"自他否定即肯定"（自他忏悔即救济）的转换运动。人类的存在与行动因忏悔即救济（死即生）这种宗教实践而带有宗教与伦理的性格。很显然，此种存在观与行动观和田边在《实存、爱、实践》所说的宗教实存有相通之处。

《作为忏悔道的哲学》中的法藏菩萨论将过去佛召唤众生往生而得到救济的这种无媒介的、直接的、平面的交涉关系，转变成"佛 ⇔ 法藏菩萨 ⇔ 众生"三者立体式的往、还二相之循环关系。田边认为绝对者为了救济相对者，必须透过相对者之间的否定媒介关系。而扮演这种媒介者角色的便是法藏菩萨的因位修业。因为绝对者的力量并非直接地而是以法藏菩萨的因位修业（绝对者的自我否定）为媒介来进行众生救济的工作。（参见 T9・196—201）我们可以从这里看到，法藏菩萨的修行带有双重性。也就是众生的往、还二相之循环运动和佛自身内部的循环运动。此处所说的"佛 ⇔ 法藏菩萨 ⇔ 众生"三者立体式的往还循环之交涉状态，便是田边所追求的宗教实存之交涉状态。而这种田边的宗教及伦理的立场可说是催生新的实存图像之原动力。

田边在"关于克尔凯郭尔的实存生成之划时代思想"（T9・286）

这个章节一开始便批判黑格尔的精神哲学，接着评价克尔凯郭尔的实存思想将人类的现实存在从概念的普遍、理性的必然、思想的可能性及抽象性中解放出来，并赞许克尔凯郭尔不仅以现实的行动来规定人类的现实存在，并且这种单独的个人是一种能自由地决定自己一切的自觉存在。（参见 T9・286—288）田边认为，实存与世界的关系通常必须是相互限定的依存关系，世界无法直接用直观的方式来掌握，而必须以实存的“自立即依他”这种爱的实践为媒介才能显现出来。（参见 T9・289）也就是说，世界之所以能成立，必须倚靠实存的“被限定即限定”的自由行动及爱他者的宗教实践。

如本章第二节所述，亚里士多德的个体存在论包含了本质与实存的两个面向然而却倾向于本质，以至于实存的性质被掩盖，无法显露出来。田边在探讨克尔凯郭尔如何谈论实存的生成之前，便先说明亚里士多德以自然科学的认识来解释物体的生成、变化之不可思议性，以其潜能的现实化之思想将生成的不可思议性化为可思维性，并试图消除同一性原理下的矛盾。很明显，田边认为亚里士多德的思想并没有办法解决非自然的实存生成之问题（参见 T9・292），而从正面解决此问题的正是克尔凯郭尔。

克尔凯郭尔在《哲学片段》（1844）中提出“人要怎么做才能变成基督徒”这种和实存生成有关的问题，并借此提问来突显出基督教式的实存图像。田边特别注意到克尔凯郭尔将宗教的要素添加在实存的生成上的做法，并评价这种做法的划时代意义。因为田边认为克尔凯郭尔在基督教信仰中承认的死后复活这种实存式的自觉，正是无的立场中的超越性自觉、绝对批判的实现。[①]（参见 T9・294—295）

需注意的是以下田边对克尔凯郭尔的评价：“克尔凯郭尔彻底地为

---

① 关于克尔凯郭尔的实存生成过程，也就是美的阶段、伦理的阶段、宗教的阶段，请参见田边元《实存、爱、实践》的第一章第三节。因文章篇幅的关系，在此不深入探讨。田边特别关注克尔凯郭尔经过的人生第三个阶段，并对其基督教的实存图像产生共鸣。

自己的原罪性所苦恼，其在罪恶、不安、绝望、苦难的底部抛弃自己，借此复活于爱的神之恩宠，并于瞬间时机成熟时所产生的永恒之时间化当中，间接地作为与神之子基督同一时代者之弟子，和基督一起接受死后复活的苦难与净福，而且透过模仿师傅基督的行径，变成一种浸润在其教化当中得到救赎的实存者。如此一来，才能够在自身的自觉当中，突显出彻底的主体性立场中的生成问题，以及获得解决该问题的基础。”（T9・295）

据此可知，田边在一年后出版的《基督教的辩证》（1948）中提出的“神 ⇔ 耶稣基督 ⇔ 民众”三者立体式的交互否定媒介关系，便是从上述克尔凯郭尔的基督教实存图像中找到的模型。[①] 在此必须重新回顾先前所说的《作为忏悔道的哲学》中的“佛 ⇔ 法藏菩萨 ⇔ 众生”三者的往、还二相之循环关系。若从以上的论述可以了解到：田边之所以对克尔凯郭尔的实存有亲近感，是因为其在克尔凯郭尔的实存思想当中找到了他所追求的宗教及伦理的实存图像。

话虽如此，克尔凯郭尔的实存思想不见得和田边的一样，即使他从宗教性A到宗教性B的过程来提出自己的宗教观[②]，那里仍然缺乏如马克思主义的社会改革的动力。因为即使是他晚年的教会改革之实践，亦缺乏宗教信仰下的还相运动，因此不能算是真正具有宗教伦理性的自觉存在。（参见T9・326）田边在此指出克尔凯郭尔的实存之局限（因其保守的反动性及缺乏历史感觉），并主张唯有和马克思主义进行结合，才能补足“个”（实存）反抗“种”（共同体、组织）并对其进行改革的动力。而这种想法形成了田边撰写《基督教、马克思主义与

---

① 关于这一点，伊藤益如此说明道：“对作为爱的空无之追求，早已在《辩证》（《基督教的辩证》——笔者注）之前的《实存、爱、实践》这本书中显现出来了。”（伊藤益：《爱与死的哲学：田边元》，第133页）。

② 关于田边对宗教性B的理解，在此无法详论。总之，田边早已将基督教的核心，也就是“神的爱、对神的爱、邻人爱”这个爱的三一性，放到克尔凯郭尔的宗教性B里。（参见T9・320）

日本佛教》(1947)一文的基础。

然而，在此我们亦可看出，后期田边哲学中的“种”概念存在着暧昧性。从田边对克尔凯郭尔的批判中可以推测，田边所追求的理想的实存图像，虽然包含有共同体或其自身所处的国家社会及政治组织的否定媒介，然而随着田边自身的宗教哲学之深化，却逐渐地失去国家社会或政治的色彩。[①] 若是如此，田边于晚年所追求的未来实存图像岂不和克尔凯郭尔的宗教实存图像一样吗？笔者认为，田边的宗教实存概念在战前的“种的逻辑”体系里并没有占重要位置。与其说未占重要位置，倒不如说该位置被其哲学叙述(一种哲学信念)所掩盖。宗教实存式的社会实践必须在后期田边哲学，即在忏悔道哲学的诞生后才会显露出来。

以上是田边继受起源于欧洲的实存概念到其变化的过程。很明显，这是从哲学知识的接受到哲学实践的转变。当然在此过程中日本的历史现实是让田边具有那种人生观或世界观的关键。这种知识与生命的呈现方式透过田边的哲学实践后，转变成实践中的知识与生命，也就是“行即知、知即行”、“行即生、生即行”这种非常具有当代性的形态。因为光谈作为存在论的实存哲学不足以应对“二战”后人类的历史现实，而必须借由一种具有社会改革性质的宗教实践才能有当代生命力。

五、结论

透过以上对实存概念的考察可以知道：实存概念的发展，无论是在西方还是东方，都是每个时代的思想家们在思考人类存在(或自己)

---

① 关于此问题，可参见冰见洁：《应现存在与方便存在：田边哲学的国家观所提示的东西》，《人间存在论》第9号，2003年，第171—183页；拙论《田边元的国家论》，《求真》第17号，第29—42页。关于后期田边哲学的种概念，可参见本书各章中的论述。

与世界之间的关系时，所编织出来的人类观或行动观。人作为“于现在在此活着”的真实存在，当然可以不断地被当作客观的对象来加以思索。然而，像这种作为客观认知对象的人绝对无法满足我们人类自身，因为那毕竟和我们的生命并没有直接的关联。所谓实存，若从田边的立场来看的话，非得是“于现在在此活着的人”不可。事实上，田边已用其自身的行动来证明它。

如果说绝对无的哲学是京都学派哲学家们的共通思想基础的话，那么其所意味的便是彻底地否定包含人类存在在内的所有东西的本质。关于这一点，我们可以从田边的宗教伦理的实存图像中窥见。因为绝对无才是让所有一切东西存续下去的动力。毋庸置疑的是，京都学派此种将事物本质空无化的思想是在和西方的实体、实在（绝对有）的思想做对决时所产生的。我们不难想象，此处的宗教实存概念是田边对海德格尔解释学现象学意味下的存在哲学之回应，也是他晚年提出的哲学洞见，这值得我们注目，无论其哲学能给予我们何种启发。

第十二章　田边元的海德格尔批判与道元的现代诠释：实存哲学与现实哲学

一、前言

如本书第九章所述，田边元应西田几多郎邀请，于1919年从东北帝国大学转任至京都帝国大学；1922—1924年留德期间从学于胡塞尔，曾出席海德格尔于弗莱堡大学的讲座；回国后立即在京大讲授“现象学的发展”（1924），研究成果有《现象学的新转向》（1924）及《认识论与现象学》（1925）。田边在这些文章中，仅止于介绍现象学的发展、转向及海德格尔的哲学。从《综合与超越》（1931）、《人学的立场》（1931）、《从图式“时间”到图式“世界”》（1932）、《种的逻辑与世界图式》（1935），中经“种的逻辑”系列论文到《正法眼藏的哲学私观》（1938年成形，1939年出版。以下简称《私观》）为止，田边以存在与时间之论述为焦点，对海德格尔的解释学现象学或存在哲学展开批判。[①]

《正法眼藏》是窥知日本曹洞宗始祖道元思想的重要著作，经由何

---

① 关于田边的海德格尔批判与“种的逻辑”形成之间的关联，有岭秀树的《西田哲学与田边哲学的对决：场所的逻辑与辩证法》、合田正人的《田边元与海德格尔：被封印的哲学》、藤田正胜的《“种的逻辑”是如何成立的：前往田边哲学成立的道路》。但这些研究并没将焦点放在田边如何阐释自己的时间哲学与“种的逻辑”（绝对媒介的辩证法）上。

燕生的努力，得以中译本形式出现。[①] 此举为国内日本宗教研究开启了另一个新领域。继该译书之后的道元研究成果，可见于吴言生主编《中国禅学》第4卷（中华书局2006年版）。从此论文集内容可知，关于道元研究，除一小部分言论集中在《正法眼藏》中译本出版的贺词、介绍、书评与意义外，大多集中在道元禅的阐释、道元与中国禅思想的关联。按照何燕生的划分，近来研究道元的方向有五点。（1）"传统宗学"与"批判宗学"的议论。（2）关于道元思想与本觉思想的诸问题。（3）道元与中国思想的关系及其位置。（4）《正法眼藏》的文体及其成立情况。（5）以今日关心的问题为出发点，重新阐释道元思想的可能性。[②] 本章的关心点在第五个方向上，拟探讨田边的道元解释。[③]

按上田泰治的解说，在田边的《私观》问世之前，已有两本书以哲学方式探讨道元思想。一本是和辻哲郎的《沙门道元》（1923），一本是秋山范二的《道元的研究》（1935）。作为田边研究道元的重要参考书，则有西有穆山的《正法眼藏启迪》。上田指出田边不仅将道元视为形而上学的思索者、日本哲学的先驱者，还将《正法眼藏》视为具有指导当代日本哲学进行统合东西哲学思想的重要经典，并指出田边的绝对无哲学之立场正是道元思想的现代形态（亦即被田边哲学化的道元禅）。（参见T5・502—503）

本章首先拟讨论田边的海德格尔批判，因为该批判和"种的逻辑"

---

① 道元：《正法眼藏》，何燕生译，宗教文化出版社2003年版。以下引用该书以"《正》・页数"标示。

② 参见何燕生：《关于最近的道元研究》，《宗教研究》，82（4），日本宗教学会2009年版。另可参见其《中国语圈的道元踪迹》、《会议小组的宗旨与汇整》，均收于《宗教研究》，83（4），日本宗教学会2010年版。

③ 针对此讨论已有辻口雄一郎：《田边哲学与道元禅》，《比较思想研究》第18号，1991年，收入《正法眼藏的思想研究》，东京北树出版2012年版；以及杉本耕一：《关于田边元的道元解释：重新思考京都学派的禅哲学》，《求真》第15号，2008年；《道元的"行"与田边元的"行为"》，《伦理学年报》第60号，2011年。其中以《关于田边元的道元解释》最为重要。此文不仅阐释了田边的道元解释之现代性意义，亦梳理了京都学派内部的禅论述之异同，还勾勒出田边的道元论在当代道元研究的位置。

形成有密切关联。田边对道元禅的现代诠释，除了是对西田场所论的批判外[①]，亦可说是基于对海德格尔的批判。若通览《私观》可知，田边从其哲学立场（种的逻辑）来解释《正法眼藏》。本章除探讨《正法眼藏》“道得”、“佛向上事”、“嗣书”等的田边阐释外，另从田边哲学形成与发展这一内部研究与比较哲学、跨文化哲学的视角出发，探讨《正法眼藏》“有时”中的“存在即时间”之当代哲学意义、局限及其与海德格尔时间性存在论之关联。

本章透过此脉络的阐明，目的有三个。第一是透过探讨田边的海德格尔批判来思考道元禅作为田边所谓“现实哲学”的可能性[②]，第二是思考海德格尔哲学在田边哲学中产生的影响以及田边、道元、海德格尔三者的哲学差异。第三是借由勾勒田边的时间哲学论述，为当今田边哲学研究提供一个新研究方向。

二、田边元的海德格尔批判与“种的逻辑”

田边在《人学的立场》（1931）中揭示当时欧洲的人学正在引领风潮（费尔巴哈、狄尔泰、舍勒、海德格尔等的人学讨论），并承继西田于《人学》（1931）所提出的内在人类与外在人类的论述方式，在

---

① 相对于西田几多郎、久松真一、西谷启治、上田闲照这一以临济禅（公案禅）为哲学思考核心的脉流，田边则依据道元对临济禅的批判，打造出异于该脉络的禅哲学论述（参见杉本耕一：《关于田边元的道元解释：重新思考京都学派的禅哲学》，《求真》第15号，2008年）。但田边在《私观》第六章后半部分已指出道元禅继承默照禅与看话禅的复杂性。他如此说道：“道元的师傅天童如净，最初学习的是临济的家风。道元自身最初亦是从荣西习得临济禅。若通览《正法眼藏》中多处对临济系祖师之公案拈弄的批判，可知道元的坐禅辨道至少并没有排除对自身古则公案的提拈与自我商量。只不过此商量拒绝堕入单纯的葛藤樊笼、如字义般停留在话头的拈弄。参禅所期待的，在于回光返照、身心自然脱落、显现本来面目的坐禅。”（T5·488—489）

② 田边在《私观》出版当年于京大的特别讲座课便是“实存哲学对现实哲学”。此组概念，可在《私观》第六章对海德格尔逃避现实的实存哲学之批判脉络里窥见。在田边看来，道元的当代哲学形态，因其“绝对现实的行为自觉”比海德格尔的实存哲学更能彻底克服当代的危机。（参见T5·488）

批判西田的内在人类之人学立场（将外在历史世界包摄在人的内部之立场）的同时，主张统一这两种立场的“整体的人学”，才是自己追求的目标。在田边看来，要谈论整体的人学，必须要异于传统（希腊哲学、基督教思想或自然科学的方法），而海德格尔的“自觉存在论”（existenziale Ontologie，今译生存存在论）[①]便可成为处理整体人学的方法。然而田边将他的解释学现象学视为是一种存在论的（ontologisch）立场，而不是“存在的—存在论的见地”（ontisch-ontologischer Gesichtspunkt，今译生存的—生存论的见地），因为海德格尔的存在论缺乏此二者（哲学与生存）的媒介统一之辩证关系。（参见T4・364）

指出这一点的目的在于突显海德格尔存在论的独我论（物为人所属）与观念论（将属己之物视为超越）倾向。田边指出《存在与时间》中的用具论（即人与用具的交涉关系）虽显示出一种辩证关系（另一个是“被抛—筹划”），然这种交涉关系并非人与人（我与你）之间的关系，因此海德格尔即使将“作为物的世界内存在者”视为超越的存在者，其仍然只是一种观念上的超越。真正作为实在的超越、无法内在化的超越存在者并非和我的关心点有交涉的物，而是包容我、让我和你于其内成立的共同体（具体指从家族、部族、民族到人类社会）。因为此相对于个体人格的整体人格才是真正的超越存在者。[②]

---

① “自觉”的翻译语，值得注意。岭秀树认为此自觉概念的使用受自西田哲学的影响。自觉是西田《善的研究》（1911）的“纯粹经验”概念之深化，是《自觉中的直观与反省》（1917）一书的重要概念，与《场所》（1927）中的绝对无之场所有密切的关联。其结构被西田以“自己在自己中观看（映现）自己”来表示。“自己”是主客未分的“实在”的“自己”。“在自己中”意味着包含活动的“场所”（绝对无）。“观看（映现）自己”则是一种没有被观看（映现）的自己之观看（映现）。此种“没有观看之物地看”的自己，被西田称为“超越的自己”，是超出意识自己的所谓睿智自己之特征。此种超越自己的自觉，作为意识深层的绝对无之自觉，即是作为意识表层的对象意识之基础。（参见岭秀树：《西田几多郎与海德格尔相遇的场所》，《哲学研究》2018年第10期）当然海德格尔的实存（生存）概念可能与此并没有直接关联。

② 海德格尔在《存在与时间》中虽没有直接探讨如家族、部族、民族到人类社会的共同体问题，但此在并非只是与手上用具形成世界的存在，亦是与他人共同存在的存在。此在并非单独的个人，而是以“共同此在”（Mitdasein）的生存样态建构世界。（参见海德格尔：《存在与时间》，陈嘉映、王庆节译，中文修订第2版，商务印书馆2015年版，第150—159页）

田边借由谈论超越存在者（共同体）、我（自我）、你（他我）彼此对立统一的辩证关系，主张自己的人学结构。（参见 T4・363—364）此人学结构，可被视为田边在《社会存在的逻辑：试论哲学的社会学》（1934—1935）中处理类（普遍：人类、菩萨国）、种（特殊：国家社会、共同体）、个（个别：个人）的“种的逻辑”体系之萌芽。

除上述超越存在者（共同体）、我（自我）、你（他我）三者之间的辩证关系外，田边还透过对海德格尔存在哲学忽视身体性（乃至空间性）的批判，发展出自己的身体（空间）辩证法。田边指出在海德格尔的自觉存在论里，物为道具，身体一方面虽为道具的典型，道具被理解为身体的延伸，但另一方面身体也应有不被理解为作为道具的属己的一面。这一观点目的在于人类存在必须有一个非属己的身体作为其限定根据，并以此身体限定作为自身实现超越的整体之媒介。田边借由既属己又非属己的身体性来阐述超越的整体或存在者（绝对的整体、人类）、共同体社会（家族、部族、民族）、我（自我）三者之间的辩证关系。（参见 T4・374—375）

根据以上田边的海德格尔批判，可隐约看出“种的逻辑”体系试图从西田所建构的“我和你”之辩证结构脱离出来，借由身体辩证法的建构，提出尔后的“种的逻辑”体系之雏形。此种身体辩证法或“种的逻辑”之建构，对田边而言，代表人类存在的整体面向。这也是田边与海德格尔的存在论差异。以上述的海德格尔批判为基础，田边在《从图式“时间”到图式“世界”》（1932）中进一步指出海德格尔“康德书”（《康德与形而上学的问题》，1929）中“时间性存在”的问题点。

在《从图式“时间”到图式“世界”》中，田边探讨了《存在与时间》中的时间论。田边一方面评价海德格尔对黑格尔的时间论之批判，另一方面批判海德格尔存在论并无法真正处理历史性的问题。因为其时间仅属于人类存在的根源性构造，无法成为历史性的时间（田边称为世界存在的时间）。换言之，海德格尔的时间属于一种脱离世界存在而独立自存的人类存在，不属于从外部来限定人类存在的世界存在。（参见 T6・11—12）所谓世界存在，既是包含我（个人）的共同体社会（家族、部族、民族），又是一个超越我的绝对整体、共同体（人类）。因此海德格尔的时间不属于田边的“既是世界存在又是个人存在”的辩证法式人类存在。

田边借由辩证法观点，批判海德格尔的时间与存在缺乏外部历史时间与共同体社会的否定媒介。海德格尔在谈论存在的时间结构时，忽视了从外部来否定、规定或束缚、限定此结构的他者（＝空间）问题。原本在时间中含有的外部性、空间性要素也因而被排除在外。这个他者（＝空间）否定原理的缺乏使得海德格尔将作为外部他者的历史性和空间性收摄到人的内部。这一内部时间观点成了田边批判的标的，同时也是田边往后发展自身哲学（“种的逻辑”及该体系下的时间或历史哲学）的出发点。（参见 T6・14）

田边在《从图式“时间”到图式“世界”》中批评《存在与时间》的时间论缺乏外部时间（空间、世界）的视野。接着，他又以《存在与时间》中的时间结构（亦即一种在真理中的此在结构）来批评“康德书”中的时间结构之错误源自海德格尔自身的存在论视野——将康德理性批判的意图从认识论解读为存在论，并为超越论的想象力加入时间要素。田边认为，“康德书”中的时间图式论唯有走向世界（空间）图式论或以时空的对立统一为基础的图式论，才能真正完整地表示出存在与时间的关系。此主张即是承续身体（空间）辩证法的存在论立场。[①]

关于“种的逻辑”的基本结构及其宗教要素可见于本书各章的相

---

① 如岭秀树所言，此时田边以身体性、空间性的缺乏为由，批判海德格尔的时间图式而提出世界图式，针对实存论的存在论而提出社会存在论（“种的逻辑”），促使了田边哲学的诞生（参见岭秀树：《西田哲学与田边哲学的对决：场所的逻辑与辩证法》，第 280 页）。

关部分，不再重复。[①] 田边在《种的逻辑与世界图式》（1935）中如此主张“种的逻辑”与时间（历史）的关联：“我所认为的种的基体始终只是否定契机，并非如独立自存的物质般的实体，因此所谓种的逻辑并不是种作为媒介者被固定，种亦是被媒介的绝对媒介之逻辑。我已说过，此种不单只是先于媒介的直接形态，还作为由来自被媒介态的自我疏离之过去传统的契机，相当于作为历史基体的共同社会。”[②] 种的时间样态作为历史性存在，虽属于过去，但因其与个、类之间的否定媒介关系，亦包含未来与现在。个、类的时间样态亦是如此。

田边批判海德格尔的“存在即时间”观点缺乏历史基体（种）这种从外部来的否定与规定。这在田边的《从图式“时间”到图式“世界”》中已能窥见。田边借由讨论海德格尔“此在在真理中”的生存论结构，即“被抛的自由筹划”（geworfener Entwurf）与时间之间的关联，来阐明海德格尔的时间之非历史性或世界性。此处的被抛状态（Geworfenheit），是指被限定的存在，相当于时间样态的过去，筹划是指自由、自主的状态，相当于时间样态的未来。按田边的说法，人要能真正活出自己，必须是在与过去（被抛状态）的抗衡中展开未来的自由筹划。换言之，过去不能被吸收到人的内部意识中而失去其自立性或独立性，反之亦然。过去在我之内又在我之外，未来亦是如此。（参见 T6・12—14）

这里列出田边与海德格尔的“存在即时间”之比较，和本章将进

① 田边在战前的他力宗教或救济之论述属哲学层面的讨论，而不是自身宗教体悟的论述。这也是他受具有宗教体悟的西田几多郎与南原繁批评的地方。此认知对田边的道元理解是一个非常重要的关键，将于后文探讨。

② T6・235。田边在《历史的现实》（1940）一书中，将历史所包含的过去视为人类所属的种族与传统，将现在视为既非种族亦非个人的“人类”（理念），将未来视为欲挣脱种族与传统的个人（T8・142）。无论这三种存在样态的哪一种，必包含其他二者。其时间样态亦是如此。能让此结构成立的，就是“自我否定即肯定”、“无即有”、“死即生”的运动。因此时间样态的过去、现在、未来无法以自我同一的形态出现，必须奠基在自我否定即肯定的实践活动上。这用宗教语言来说，便是“死即生”、“往相即还相”。

行探讨的道元"有时"论有极大关联。两者的"存在即时间"论不仅因各自的哲学脉络（田边：西田几多郎；海德格尔：胡塞尔）及思索（田边：绝对媒介辩证法；海德格尔：解释学现象学）呈现出差异，还因涉及是否裁断宗教要素而有不同的发展。田边的"存在即时间"论可说极接近道元的"有时"论。当然两者亦因宗教体证的有无而分道扬镳。因为道元在"有时"中论述的时间是一种人类自身宗教体证下的"永恒的现在"，此时间即是人类的（道元所谓宗教者）"绝对现实的、自觉的存在"。

三、道得与得道：宗教与哲学的辩证

在探讨道元的"有时"及田边的时间哲学之前，有几个阐明工作必须进行。一个是道得与得道，亦即辨道说话与佛法之间的关联。关于此部分的探讨将纳入和辻哲郎的道得论来进行对比。另一个是"佛向上事"与"嗣书"传达出来的佛法真理及宗教救赎的真相。前者牵涉到宗教的去神话化（去神秘主义）的问题。后者则涉及佛法相传的宗派集团之救济运动。无论何者都和田边哲学的基本立场，亦即和"宗教的哲学化"与"哲学的宗教化"之动态立场脱离不了关系。《正法眼藏的哲学私观》所涉及的《正法眼藏》之内容如下："说心说性"、"生死"、"辨道话"、"现成公案"、"行持"、"道得"、"佛向上事"、"坐禅仪"、"四禅比丘"、"洗净"、"法华转法华"、"山水经"、"佛性"、"见佛"、"唯佛与佛"、"普劝座禅仪"、"嗣书"、"全机"、"诸法实相"、"溪声山色"、"诸恶莫作"、"深信因果"、"有时"、"海印三昧"、"密语"、"身心学道"、"即心是佛"、"自证三昧"、"发菩提心"。

根据和辻哲郎的道得论，道即言、说（动词），因此也是语言（名词），也就是表达真理的语言，亦可说是真理本身，和逻各斯（logos）

对等。所谓道得就是能够说、能够表达菩提之道。换言之，即真理的表达、真理的获得。和辻解释“道得”首句话“诸佛诸祖，道得也”（《正》· 283），主张从诸佛诸祖的大用现前来看他们便是道得，并如此解释道：“当然佛祖的大用现前，不单只是依靠语言，还可透过人类的一切表现手段，如眨眼、微笑、弹指、棒喝等。但必须注意道元特别选用道说一语可知其极为重视语言的表现”[①]。和辻针对“不得学哑汉当无道得。有道得者，非必不是哑汉。哑汉亦有道得者。哑生可闻，哑语可听”（《正》· 285）如此说明：“所谓道得，首先是以语言来表达”（W4 · 237）。在和辻看来，道元的道得虽没有摒弃语言以外的表现手段，但道元思想中的逻辑（语言，logos）倾向不容忽视。这里看似和辻将道元理解为理性主义者，但事实并非如此。因为他又如此认为：“道元并没有将其道得打造成纯逻辑物的要求。对他而言，透过修行功夫所实现的证悟，是难以动摇的事实”（W4 · 240）。和辻最后主张理性（哲学）和非理性（宗教）的要素实是难分难解。

田边的道得论承继和辻的观点，将其纳入自己的绝对媒介辩证法语境，来进行当代哲学的改造。[②]对田边来说，道元的思想并没有停留在宗教的层面，因为道元的道得论（不限于“道得”卷）与其证悟

---

① 《和辻哲郎全集》第 4 卷，东京岩波书店 1989 年第 3 版，第 236—237 页。以下引用该全集以“W 卷数 · 页数”标示。

② 傅伟勋在《道元》（台湾东大图书股份有限公司 1996 年版，第 257—259 页）第五章中谈论道元与京都学派，指出田边以黑格尔的辩证法硬套到道元的思想上成果不彰。理由是：“他们亟欲批判地继承并创造地发展日本本土的（哲学暨宗教）思想传统，但是无形中被西欧抽象性严密哲学思维模式与概念表达所压倒，动辄刻意套上此类未经彻底消化的模式与表达到道元禅学等等日本本土的传统思想，因此成果有限。”此观点有其意义，但笔者认为傅伟勋并没有真正理解，田边的绝对媒介辩证法正是批判黑格尔的观念辩证法所产生。田边的道元论显然是以“种的逻辑”这种辩证法为基础而产生的。京都学派哲学家不解西哲概念，将其硬套到传统思想的说法，实有待商榷。通常对传统思想的研究，以该研究对象的语言、语境、历史背景等来进行说明是传统的做法。田边并非不知道传统的道元思想研究脉络，他借由当时的哲学语境与问题意识来改造道元思想，是基于建构能解决当时人类危机的日本宗教哲学之欲求。笔者认为这也是哲学思想研究者与哲学思想家的最大不同。

（宗教体验、不道）实不可分割。田边关注的是道元思想中的哲学陈述（语言表现、道得）与宗教体证（超语言境地、不道）之对立统一关系。关于道得与不道，道元引用赵州示众的一句话“你若一生不离丛林，兀坐不道，十年五载，无人唤作你哑汉；已后，诸佛也不及你哉”（《正》· 284）时，如此解释道：“只究辨兀坐，莫厌不道。不道是道得头正尾正也。”（《正》· 284）木村清孝如此解释道：“真正的坐禅（兀坐）本身就是丰富的道得。不道本身可说是道得的彻底样态。”[①]

通常坐禅（行）在逻辑上不等同于用语言表达（言、说），不说话（不言、说）也不可能是用语言彻底表达（尽言、说）的状态。在逻辑上的矛盾能得到统一，是因为宗教的体悟。此说法是西方因果论的表述方式。相对于此，以佛教因缘世界观为根柢的东方表述方式来说的话，坐禅（行）与语言表达（言、说）、不说话（不言、说）与用语言彻底表达（尽言、说），并不存在矛盾对立的说法。行与言、言与不言这种在逻辑上的矛盾对立，在宗教的体悟里根本不存在。在这个意义上，田边才会指出，道元既然是宗教家，其思想就很难说以学问的现实认识之批判为媒介，其思想是宗教的，不是哲学的。但若只是如此主张的话，道元的当代哲学（辩证法）面貌，则无法被呈现出来。因为如此一来，不仅无法真正认识道元的利他言论精神（真正的行与言、言与不言不分的真相），亦无法让其思想和当代哲学有接合的可能性。针对此点，田边如此主张：

> 大乘佛教排拒主张厌离世间、欣求涅槃的二乘之教，承认两者的表里相即，并教导菩萨的自利得道必须返回世间，实现众生救度的利他行。虽说如此，其作为解脱的宗教，仍旧倾向于否定、无化相对，这也是自然的趋势。然而，道元特别警戒此点，并强

① 木村清孝：《〈正法眼藏〉全卷解读》，东京佼成出版社2015年版，第206页。

调绝对唯有返回到相对以其为媒介，才能避免单纯与相对形成对立而自己陷入相对之中，绝对必须以相对为交互媒介，溯源、还归到其绝对否定即肯定。（T5·453—454）

显然，道元的道得和得道无法分割，道得（言、说）才是得道的信证。田边借道元在“说心说性”对临济禅的批判（“临济尽力道取者，仅无位真人，而未道取有位真人”[《正》·343]），来强调临济禅倾向自立得道，忽视返回现实界救渡众生的面向。当然田边的着重点并非在此，而是如何解释道元的道得论与自身哲学立场——主张宗教与哲学对立统一的辩证关系——的接合点。

那么田边对道得又如何理解？他认为和相对于临济禅以棒喝来传达体证，道元则提出道得（语言的对话媒介）。对道元来说，佛法并没有停留在不立文字、直指人心、见性成佛的顿悟直觉，而是行走穷尽对话的辩证法——彻底在相对者彼此对立之间进行的问答——之哲学道。关于哲学与宗教（言与不言）的媒介（相即）关系，田边引“佛向上事”中的一段话：“若非语话，则不体得佛向上事。非相显，非相隐，非相与，非相夺。是故语话现成时，是佛向上事也。佛向上事现成时，则闍梨不闻……谓正当语话时，更不有即闻，即闻现成；当为不语话之时”（《正》·221），并如此说明道：“因语话与不语话相即、相对与绝对相媒介，哲学的语话现成和佛向上事的不说不闻相即，宗教为哲学所媒介”（T5·455）。

至于和道得在文字顺序上相反的“得道”，田边引用“行持”中的“洞山悟本大师道：‘说取行不得底，行取说不得底。’此是高祖之道也。其宗旨者，乃明行有通于说之路，说有通于行之道也。是故，终日所说，终日即行也。其宗旨者，谓行取行不得底，说取说不得底也”（《正》·134）来进行解释。田边将此处的说取与说不得，分别置换成道得与道不得，并说明道元的道被言、说（动词）主体化，“得道”（道を得る）因而与道得（道い得る）相通。道的存在经由言、说（动词）的辨道说话，完全被行为主体化，这种哲学思索成为宗教体验的否定契机。在田边看来，说取说不得（道得道不得）并非意味着哲学替代宗教，而是宗教与哲学以自立的方式相互对立，并以否定、媒介的方式彼此相通。（参见 T5・456）能使宗教与哲学、说取与说不得（道得与道不得）、得道与道得形成对立统一关系的是道元本人的利他、教化行。这意味着利他的宗教实践才是关键所在。这也反映出“种的逻辑”缺乏这种宗教体证与实践的面向。

道元的道得论被田边解读成辩证法思辨的极致。须厘清的是，两者的辩证法思辨在逻辑上并无矛盾，但根本的不同在于实际的体证或悟道。两者的分歧在于阐明造成哲学与宗教（言与不言）的媒介（相即）关系的究竟是什么。关于这里的议论，若对照到《私观》结论处对道元思想的现代转型之期待，可窥见田边真正的意图：“从哲学的立场，将《正法眼藏》带入历史现实的伦理中，并让科学成为其否定契机，这同时意味着将佛法从宗门解放出来，并将它从僧堂引到街头上。”（T5・493）在田边看来，唯有将道元的传法（实践）及其思想从宗门内解放出来，将它带到一般民众的生活里，方能发挥道元思想的当代意义。

四、宗教实存与时间

从以上的道得议论中可知，道元禅思想作为当代哲学的逻辑架构。这里将透过田边引用“佛向上事”与“嗣书”的内容，来具体检视道元禅思想中宗教实存与时间的问题。

在探讨“佛向上事”中佛与众生之间的关联时，田边引用“唯佛与佛”中的“佛法者，非人之可知。是故，昔来无以凡夫悟佛法，无以二乘究佛法。独为佛所悟故，云‘唯佛与佛’，乃能究尽”

（《正》· 657）来解释作为绝对的佛，因其绝对性无法为众生所知、所得，佛在众生中自我现成，在佛祖与佛祖的代代相传中，深入到自己的根源，并借此来穷尽自己。成佛即是佛的否定媒介之自觉，众生的成佛必须以此为媒介才可能。佛即成佛、见佛即被佛见成，两者同时成立，非分别的二物。这种相对与绝对的辩证法媒介形成了佛的内容。佛就存于此媒介的行为自觉中。（参见 T5 · 468）田边着眼在绝对者与相对者的断绝以及绝对者对相对者的自我现成，强调相对者因绝对者的救济、绝对者因相对者的呼应，彼此构成相互媒介的辩证关系。

“佛向上事”以道元继受洞山良价的问答、示众内容为契机，经田边的当代哲学立场被淬炼成当代的日本宗教哲学体系。在探讨田边的“佛向上事”解释及其意图前，先检视一下道元对“佛向上人”即“非佛”以及“佛向上事”的解释。“其佛向上人者，是非佛也。当疑着‘如何是非佛’时，须思量：以是佛之先故，不谓非佛；以是佛之后故，不谓非佛；以是超之于佛故，不谓非佛。但以佛向上故，是非佛也。谓其非佛者，谓脱落佛面目故，谓脱落佛身心故。”（《正》· 222—223）“谓佛向上事者，谓到佛后，进而更见佛，同于众生之见佛也。”（《正》· 226）此两句话的意思是，并非佛以前的存在才是非佛，也不是佛以后的存在才是非佛，更不是超越佛才是非佛。只有不断地佛向上才是非佛。所谓佛是无法被概念化的。非佛即是连佛的面目、身心都脱落。所谓佛向上事即是到达佛的境地进而见佛，在这点上和众生见佛是相同的。

田边看重的是“不断地佛向上才是非佛”，“非佛即是连佛的面目、身心都脱落”，“进而见佛”。因为这意味着绝对者（佛）与相对者（众生）之间不断地“向上即向下”、“向下即向上”之否定媒介运动。在这个不断形成佛与众生相互否定媒介的辩证结构中，田边找到了人类历史的具体形象。道元所说的“到佛后，进而更见佛，同于众生之见佛”，被田边解释为佛和众生的“向上即向下”、“向下即向上”

之运动，亦即一种无穷尽的救济辩证法之运动（参见本书第四章）。

绝对（佛）的向上即向下的救济行与相对（众生）的道德、历史行为，虽处于欠缺任何一方另一方就无法存立的关系，但由于绝对的佛作为绝对，无法为相对的众生所得知，所以二者可说是处于既相互牵引又相互对立的关系。这种绝对的宗教世界和相对的历史世界形成了一种诡谲关系。田边引“深信因果”来称许道元批判圜悟克勤与大慧宗杲有不落因果、拨无因果的倾向，同时认为道元禅比临济禅更强调以伦理、历史为媒介的还相面向。（参见 T5・475）在田边看来，宗教与历史的关联必会涉及伦理问题。

田边另引用“嗣书”来解释道元思想中佛与佛、佛与众生、师徒之间“向上即向下”、“向下即向上”的翻转循环。虽然田边并没有特别强调嗣书的意义与形态、嗣法（嗣书）与佛的现成之关系，但这牵涉到道元思想的独特性，在此将探讨一些能呼应田边哲学立场的内容。

> 由是，佛佛之相嗣，深远而不退不转，不断不绝。其宗旨者，谓释迦牟尼佛虽于七佛以前成道，然经久而嗣法于迦叶佛，虽自其降生以后，于三十岁（时），十二月八日成道，然是七佛以前之成道也。诸佛齐肩，同时成道也。诸佛以前之成道也，比一切佛，末上成道也。更有参究迦叶佛嗣法于释迦牟尼佛之道理。不知此道理，则不明佛道；不明佛道，则非佛嗣。谓佛嗣者，即佛子也。（《正》・320）
>
> 此佛道者，必是嗣法时，定有嗣书。若无嗣书者，是天然外道也。佛道若不决定嗣法，焉能传至今日？是故，佛佛者，定有佛嗣佛之嗣书，定得佛嗣佛之嗣书也。（《正》・321）

按现代的时间观来看，释迦牟尼佛的成道必在七佛之后。但道元却说，其成道在过去七佛之前，与一切诸佛同时，是一切诸佛的最初。

而且此成道既是从迦叶佛而来的嗣法，亦是对迦叶佛的嗣法。这也呼应了释迦牟尼佛所说的“过去诸佛，是我释迦牟尼佛的弟子”。释迦牟尼佛成道的时间，在背反逻辑的立场上，不仅是逆反的，而且是同时的。而“佛嗣佛之嗣书”，按道元的说法，不仅止于书墨，还有各种不同的形态，如袈裟、拄杖、松枝、拂子、优昙花等。这种嗣法、嗣书与佛的现成关系是同时显现的，无论是时间上的顺序（从过去而来），还是时间上的逆流（从未来而返）。简言之，佛与佛的嗣法无论是从过去到未来，还是从未来到过去，都必须成立在当下的信证。因为“嗣书”基本上是道元信受自如净的当下成道。这里也显示出佛与佛、佛与众生、师徒之间利他、教化行与时间或历史之间的关系。道元思想中的宗教与哲学、说取与说不得（道得与道不得）、得道与道得的对立统一关系，不仅成立于利他、教化行，亦和时间或历史脱离不了关系。

需说明的是，构成“种的逻辑”结构的“种、个、类”这三个概念虽然也能在上述的救济辩证结构中窥见，但最大的问题点仍然是“种究竟是否应停留在宗派团体（佛教共同体）？”[①] 此外，“种、个、类”这三个概念和佛与佛、佛与众生、师徒所构成的辩证关系之间，是否存在差异？后者的存在样态与时间或历史之间的关联又是什么？这些问题将于下一节进行讨论。

五、“有时”论

如《种的逻辑与世界图式》所示，海德格尔的“存在即时间”论因缺乏作为历史基体的种（世界、空间）的否定媒介作用，导致作为实存的个体忽视历史现实性、欠缺对现实社会的实践力，只停留在回

---

① 这从傅伟勋指出道元的出家至上主义的倒退可看见（参见傅伟勋：《道元》，第 239—243 页）。另可见于《私观》结论处对道元思想的现代转型之期待（将禅从僧堂解放出来，让它成为在家居士 —— 道元极力批判的 —— 的东西。参见 T5 · 494）。

避现实世界的观念论哲学上。（参见 T6・244—245）相对于此，道元的“道得”、“佛向上事”、“嗣书”中“言即行”、“向上即向下”、“超时间即时间”的翻转循环，因宗教的教行信证而得以可能。两者差异显然在于思维与悟觉上。这里亦包含道元自身随佛与佛的利他行。田边一方面借由对日本传统思想（道元禅思想）的解释来证成自身哲学与传统的关联，另一方面透过改造道元禅思想来批判欧洲当代（海德格尔为代表）的实存哲学，并将道元禅思想称为**“现实哲学”**。

针对实存哲学而提出现实哲学的田边主张如下：“今日历史转换期所要求的哲学，在直面转换危机之际，不能把陷入不安的人类实存性推到逃避现实的方向去。这种实存哲学毕竟无力超越现在的危机，唯有不逃离现实，以彻底委身在现实并在其中行死，方能夺取现实的限定力，作为被限定即自我限定复活于无的现成中的行为自我之绝对现实自觉。如此一来，才能得今日哲学的资格。此哲学不是实存哲学，而是现实哲学，不是人类存在的实存自觉，而是历史、社会存在的绝对现实、行为之自觉。”（T5・488）

对应此说法的论据，田边引自“即心是佛”的“谓正传之心者，一心一切法，一切法一心也”（《正》・55），“当明知：心者，山河大地也，日月星辰也”（《正》・55），并给予**绝对现实论**的评论。绝对指佛，现实则指一切存在。这种心是佛、是一切存在的说法，按木村清孝的解释，此心并非“是……”的心，也不是“创造出……”的心，现前的山河大地、生死情态便是心本身。此心和佛之间没有间隙，佛（绝对）作为山河大地（现实）而显现。[①] 道元最后指出只要“过去、现在、未来之诸佛皆为佛时，必为释迦牟尼佛，此乃即心是佛”（《正》・55），这里可呼应上述“嗣书”的时间观。时间顺序的过去、现在、未来及逆流的未来、现在、过去，最终都必须归于绝对、永恒、佛与相对、

① 参见木村清孝：《〈正法眼藏〉全卷解读》，第 54—55 页。

时间、现实（一切存在）的同时成立上。

那么作为现实哲学的道元禅思想的特质为何？笔者认为主张宗教实存与时间（乃至历史）的“有时”卷，能够提供我们一窥道元禅思想的当代性意义及其与海德格尔哲学的差异之渠道。田边指出道元的“有时”论先于海德格尔的存在即时间论（时间的存在论）。“有时”这个用语既不是佛教术语，也不是一般的宗教、哲学术语。道元将一般通用的“有的时候”、“某时”进行如此解释：“谓‘有时’者，即‘时’既是‘有’也。‘有’皆是‘时’也。丈六金身是‘时’也，以是‘时’故，即有‘时’之庄严光明”（《正》· 185）。显然有即时、时即有，两者为一。存在作为时间来显示其整体，时间样态即是存在的实现样态。

田边接着引“排列‘我’而为尽界，须觑见此尽界之头头物物为时时也。物物不相碍者，如时时不相碍者也。是故，有同时发心，同心发时也。及至修行成道，亦复如是。排列‘我’，而我见之也；自己之为‘时’之道理，其如是耳”（《正》· 186），阐明时间存在即是一种自觉存在，并指出此自觉思想先于海德格尔的实存哲学。在此若进一步来解释的话，世界是我的显现、世界是时间的显现、时间是我的显现，三者皆一。发心、修行、成道皆是时间（的样态）。通常此三者有时间顺序，但道元却认为三者都是由我来排列、观看的显现，因此无时间顺序。“我为时”的道理，便是如此。此处的我即是佛、绝对者。世界的一切存在、时间、我（佛）三者皆一，并非分别独立的存在。这和田边的解读并没有太大出入，只是田边的说明过于简略，无法让人掌握到他如何理解道元如何论述宗教体证下的无时间（绝对）与时间（相对）之关系。田边在以下引用的内容里，提炼出无时间（绝对）与时间（相对）、永恒与时间之间的辩证关系。

（1）三头八臂者，昨日之“时”也；丈六八尺者，今日之“时”也。然则，其（所谓）昨、今之道理，只是直入山中而环视千峰万峰之时节也，非（谓）过去。三头八臂即一经我之“有时”，似在彼方，然是而今也。丈六八尺，一经我之“有时”，似在彼方，然是而今也。(《正》· 186）

（2）不得只会解“时”是飞去，不得只学飞去是“时”之能。若“时”全任飞去，则当有间隙。不经闻“有时”之道者，以只学其为过去故也。取要而言，尽界所有之尽有者，皆连绵而为“时时”也；以是“有时”故，即吾“有时”也。(《正》· 186—187）

（3）“有时”有经历之功德，谓由今日经历至明日，由今日经历至昨日，由昨日经历至今日，由今日经历至今日，由明日经历至明日，以经历是“时”之功德故。(《正》· 187）

（4）“到”者，其非“来”；不到者，此非“未”。“有时”者，如是也。“到”被“到”所罣碍，而不被“不到”所罣碍。“不到”被“不到”所罣碍，而不被“到”所罣碍。“意”碍“意”，而见“意”。“句”碍“句”，而见“句”。“碍”碍“碍”，而见“碍”。“碍”碍“碍”也，是“时”也。(《正》· 189）

笔者简要解释如下:（1）无论是遇到三头八臂（不动明王）的昨日，还是遇到丈六八尺（佛像）的今日，都只是现在我直入山中环视山峰之时间，而不是所谓过去。三头八臂之时与丈六八尺之时，皆是绝对（佛）作为该时态的假现。（2）不能只知道时间会飞去，不能只理解飞去是时间的性质，若认为飞去是时间的性质，那里就会有间隙。不知“有时”之道理的人，只知道飞去的性质，而不知“有时”没有飞去的性质。一切世界的一切存在，皆不是分别的存在，是联系在一起的，亦即都是我的“有时”之现成。（3）无去来、流变的有时，以去来、流变的形式出现。此为经历。这些经历并非时间的直线流动，而是一种圆环流动。（4）时间不是去来、流变的，因此到不会被不到所阻碍，不到不会被到所阻碍。到、不到、意、句都是时间本身的显现，亦即“有时”。

田边认为：“所谓经历，意味着将时间的每个瞬间作为绝对的现成，并以绝对的方式来将它个别化的裁断，直接作为绝对统一，让它们能得以合一的连续原理。所谓非连续的连续之真义，必是禅道所言的前后裁断。前后裁断的绝对现成，便是让每一个现在绝对地变成个别的全机现。此全机现作为绝对现成，和作为裁断即连续的、经历的绝对动性即恒性相互统一。”（T5・476—477）据上可知，田边透过道元“有时”论的解释，印证了无时间（绝对）与时间（相对）、永恒与时间的绝对媒介关系。道元的“有时”论并非完全摒弃了相对、流变的时间或和我、一切世界的一切存在相对立的时间，而是要在时间、相对（哲学、思辨、语言、历史、伦理）中信证永恒、绝对。因为一切相对（时间或存在）都是绝对本身的自我显现。无疑地，这和田边试图让宗教与历史（现实世界）、宗教与哲学彼此形成对立统一的绝对媒介辩证法结构的哲学立场有密切关联。

无论从道元的“有时”论或田边对该论的当代诠释，我们都可看到，这种存在即时间的论述和海德格尔的时间存在论是完全不同的二物。在海德格尔的时间存在论里不会有宗教信证下的“佛与佛”、“佛与众生（或万物）”、“师徒”一如的真实光景。海德格尔所谓的超越，并非是超出存在者（此在）并和存在者（此在）形成否定媒介的辩证关系之绝对者。在人的存在形态即是其时间样态的海德格尔主张里，没有宗教意义上的超越者或绝对者参与在内，只有解释学现象学或此在生存论的理智操作。此种哲学言论下的时间性存在不仅缺乏哲学与宗教（合理性与非合理性）汇通下的真实体验，还缺乏绝对者（佛）指引下的谦卑态度。这种超越者（绝对者）对存在者的限制或媒介，在海德格尔的此在生存论视域里显然无法找到驻足的空间。相对于道元与海德格尔的差异性，田边的“种的逻辑”在逻辑结构上与道元禅思想有相通处，却因缺乏宗教体证的真实性堕入哲学信仰的层面。相较于道元禅思想的现实性（真实性），田边与海德格尔的哲学可说同属观念论的立场。

六、结论

以上探讨了道元禅思想之当代哲学意义及其局限。道元禅思想的独特性经由田边的当代哲学改造，在“绝对者（佛）－嗣法者－个人”的辩证结构上，和田边战后建构的忏悔道哲学之辩证结构——“绝对者（佛）－法藏菩萨－众生”或“神－耶稣基督－民众”——有其一致性。但如田边在《私观》结论处对道元禅思想的现代转型之期待所示，作为宗教共同体的种的基体，经道元本人的教行信证虽没有脱离历史现实的世界，但若无法进行自我否定即肯定的转换（脱离僧堂），那它注定无法回应当代的国家或民族问题。被田边哲学化的道元禅思想虽超越海德格尔实存哲学的局限而具绝对现实哲学的面貌，但这也意味着其思想还必须进入更深一层的溯源与发展，否则将难以处理当代人类的危机。然而当田边在《私观》之后开展以“种的逻辑”为基础的国家哲学时，却同样也陷入哲学信仰层面、缺乏宗教体证的现实论向度，为自己的哲学带来崩坏危机。

本章除了梳理道元禅思想与田边哲学之间的关系外，另从田边的海德格尔批判这条线索，来思考海德格尔哲学对田边哲学的形成与发展之影响，并以此线索考察“种的逻辑”中时间哲学与宗教哲学之间的关联。透过描绘此构思的蓝图，笔者试图为当代的田边哲学研究开拓一个新方向。在解读《私观》过程中，发现道元的“有时”论为田边哲学的发展带来极大的助力。海德格尔的实存哲学与道元（田边）的现实哲学之间的对话，究竟能为现今的比较哲学、跨文化哲学带来何种启发？又能为中日的禅哲学研究带来何种刺激与思考？笔者想将答案留到日后的研究工作上。

终章　回顾与展望

2011 年 7 月，岩波书店为田边元逝世五十周年举办了一个纪念座谈会，其成果是《田边元的思想：迎接逝世五十周年》(《思想》第 1053 号，2012 年 1 月。以下简称田边专号)。这是一本集结该座谈内容和日本国内十一篇文章而成的专号。座谈会的对谈者为合田正人（明治大学）与杉村靖彦（京都大学）。合田正人在对谈的一开始，便对田边元的“种的逻辑”之研究太少感到不可思议与不满。此外，他还为田边哲学被冷落的境遇发声，呼吁其因与战争的关联和误解而被忽视的状况应该有所改变。这两点显示出日本及海外的田边哲学之研究现况。合田所谓“被封印的哲学”成为田边哲学在历史境遇下的标语[①]。当然此情况因藤田正胜编辑的四本由岩波书店出版的田边哲学选集，已经有很大的转变[②]。

笔者在本书第四章的注当中已指出田边哲学的遭遇有其历史的渊源。田边元在广泛吸收与糅合东西方哲学的同时，对应当时时势建构

---

① 此标语尔后被合田用作其著作《田边元与海德格尔：被封印的哲学》(京都 PHP 新书 2013 年版）的副标题。合田这本著作聚焦在田边哲学的形成与海德格尔的关系，有其价值。但笔者和其主张保持了一点距离，因为田边哲学的形成有太多哲学参与其中，无法用某人或特定的哲学来加以脉络化。

② 《种的逻辑》、《作为忏悔道的哲学》、《死的哲学》、《哲学的根本问题数理的历史主义展开》这四本选集于 2010 年同一时间出版。田边元逝世五十周年专号里的文章之引用，被岩波书店编辑部要求使用此选集。据此可明显看到日本出版社与学界试图重新审视田边哲学的动机。

出来的“种的逻辑”，无论在战前或战后，都是田边哲学研究不可忽视的区块。本书的论述大多和这个研究范围脱离不了关系。这里提示了一些让我们值得思索的哲学问题，同时也让我们能时时警惕、反省哲学论述与历史现实之间的勾连与纠缠。因此当我们谈论哲学发展时，除了学院哲学这种学术脉络外，还必须得思考哲学与历史或现实世界之间的张力关系。此外，另一个比较重要的哲学问题便是跨文化运动的问题。

除了大乘佛教（禅、净土）、基督教、德国观念论、现象学、新儒家与京都学派的比较研究外[①]，我们可从合田正人与杉村靖彦的对谈及两者的文章中发现，法国哲学研究者介入的田边哲学研究之景象有很大的改变。田边专号的作者，除了合田与杉村外，另有加国尚志（立命馆大学）与桧垣立哉（大阪大学）这两位法国哲学研究者，以田边元对瓦勒里（Ambroise Paul Toussaint Jules Valéry，1871—1945）、马拉美（Stéphane Mallarmé，1842—1898）、布朗肖（Maurice Blanchot，1907—2003）等人之研究来进行比较研究。其中最典型的是合田正人的研究视野。

合田的比较哲学研究之构思如下：同样是对海德格尔的批评，在法国（列维纳斯、德里达等）和日本（田边元等）的脉络下，究竟产生了何种具有生产性意义的哲学对话和问题？另外，继藤田正胜之后担任京都大学日本哲学史研究室教授的上原麻有子亦有《田边元的象征与哲学：超越瓦勒里的诗学》（《日本的哲学》第15号，京都昭和堂2014年版）一文借利科（Paul Ricoeur，1913—2005）的翻译论批判田边元的翻译论与诗学定义。笔者认为田边的法国哲学研究和其

---

① 藤田正胜的《何谓京都学派：从近年的研究谈起》（《日本思想史学》第41号，2009年）已整理了京都学派研究史的脉络，在此不再说明。朝仓友海的《“东亚没有哲学”吗？：京都学派与新儒家》（东京岩波书店2014年版）则是继承林镇国的其中一个研究路线（京都学派与新儒家）扩大发展出来的研究成果。

晚年欲将自身的宗教哲学立场及自身哲学的转向折射到瓦勒里与马拉美的思想转换有关。当然这也和田边晚年丧妻后和文学家野上弥生子（1885—1985）之间的精神恋情不无关系。[①] 笔者认为田边在探讨这系列法国象征派诗人的语言表现及其哲学思想时，加入对海德格尔的诗论批判只是附带的产物。[②] 而这一举动竟带来意想不到的研究光景。

田边专号除了编排法国哲学研究者的研究观点外，另有小林敏明以和马克思主义有关的田边哲学研究及林晋以数理哲学为基础进行的数学、物理学等自然科学角度下的田边哲学研究。[③] 此专号为 2012 年以后的田边哲学研究开启了新的跨文化、跨领域之研究方向。在那之后到目前为止的研究趋势，除了持续有西田哲学与田边哲学的对话及同时期日本哲学家与田边元之间的比较研究外，其余都不出上述的研究范围与视点。

本书的研究和这一新的研究趋势与发展是同步进行的，除了第一章田边元的宗教哲学，因考虑汉语圈的读者加入其中外，其余均采用思想史、哲学史、比较哲学、跨文化哲学等视野来进行研究。本书第四部分“比较哲学与跨文化哲学研究”，亦是目前田边哲学研究里尚待开拓的研究区块。这里潜藏着中国哲学（儒、禅）与田边哲学、东西方哲学之间的对话可能性。另外，本书第二部分第四、第五章探讨京都学派，特别是田边元和其弟子这条历史哲学的发展脉络，亦是一

---

① 参见竹田笃司、宇田健编：《田边元・野上弥生子往复书简》，东京岩波书店 2002 年版。田边晚年的法国哲学研究之动机可见于其中。

② 关于田边晚年对瓦勒里与马拉美的批判式论述，笔者有两篇专文探讨：《田边元的艺术论》，《比较思想研究》第 34 号，2007 年，第 72—80 页；《宗教实践与“偶然”：以后期田边哲学为中心》，《比较思想研究》第 37 号，2011 年，第 82—91 页。本书因篇幅关系，无法将这些文章放在里面。笔者在田边哲学的偶然概念之探讨（《后期田边哲学的“偶然性”问题：以〈作为忏悔道的哲学〉为中心》，《哲学・思想论丛》第 29 号，2011 年，第 67—77 页）中发现，偶然概念与田边晚年的时间哲学、语言哲学有重要的关联。这部分有待日后的研究来展开。

③ 林晋《作为“数理哲学”的种的逻辑：田边哲学文本的生成研究之尝试（1）》（《日本哲学史研究》第 7 号，2010 年）可说是该研究的开端。

个可再深入开发的区块。特别是从历史观点来检视该哲学与日本军国主义之间暧昧纠缠的研究，值得我们更进一步的推动。相应历史哲学的论述部分，本书的第五、第六、第十二章可说是田边针对海德格尔“时间性存在”所开展出来的时间哲学论述。时间问题的讨论，无论在战前还是战后田边哲学的研究里，都是最缺乏也是笔者致力阐明的部分。而第一部分第二章经由笔者以净土真宗近代化为背景所勾勒出来的一条近代日本宗教哲学史脉络，更是有待后人来参与的研究区块。此外，笔者尚无余力但兴趣浓厚的是，以禅宗近代化为背景的另一条近代日本宗教哲学史脉络。京都学派的禅哲学论述，无疑是此研究的重要矿脉。这些研究牵涉到中日净土思想与禅宗思想的近代化问题，亦牵涉到中国佛教经典在近代日本被哲学化的过程。相应地，西方哲学亦会因此种宗教哲学的出现，不得不呈现出与之对话的态势。

田边元晚年的“死的哲学”，因他提到自己与往生妻子之间的实存协同，而被放大发挥的论述，亦不失其当代话题的议题性。[①] 但笔者认为这仍不出田边的亲鸾论之范围，因为协同不可能只停留在当下或现在，那是一个包含过去（往生的人）、现在、未来（未出生的人）的实存协同。[②] 关于应用哲学的可能性，相对于日本学界谈论田边或京都学派与自然、环境伦理的问题[③]，笔者则寄希望于探讨其“行动的无”，亦即“行动的无行动、无行动的行动”能带出何种实践哲学面貌的议

① 这一类应用言论的代表为末木文美士：《“死者”的发现：关于田边元的“死的哲学”》，《日本的哲学》第 6 号，京都昭和堂 2005 年版；《他者・死者与场所：西田、田边的哲学与现代》，《日本的哲学》第 16 号，京都昭和堂 2015 年版。最早论及此话题的是西谷启治。

② 笔者认为近年张祥龙在《家与孝：从中西间视野看》（生活・读书・新知三联书店 2017 年版）中借由谈论胡塞尔的内时间意识、海德格尔时间性存在来建构孝道思想中的时间哲学，和田边元的时间哲学有形成对话的可能性。相对于前者是奠基在血缘、亲缘关系上的时间论，后者则是以宗教实存的救济运动（一种宗教共同体的社会实践）为基础的时间论。张祥龙以儒家思想为基础来回应现象学的时间论，田边元则以大乘佛教（净土、禅）思想来进行回应。

③ 关于此议题的论著，有小川侃编：《京都学派的遗产》，京都晃洋书房 2008 年版；领秀树：《田边元与自然的问题》，收于其专著《西田哲学与田边哲学的对决：场所的逻辑与辩证法》，第 294—325 页。

题。除了上述的展望外，还有一个值得进行研究的是西方哲学概念的翻译问题。这种因异文化所产生的哲学概念之滑动、异化与改造，变成一种跨文化脉络下的哲学延异现象。笔者相信以这类视野出发来进行跨文化哲学的研究，将会带来意想不到的研究光景。

关于田边哲学研究的日本学界动态方面，最早有群马大学求真会（年代不详），其成立的目的在于纪念田边元。尔后，其名称改为求真会（1994），才真正开启了学术研讨会的形式。2008 年求真会由筑波大学伊藤益教授主持，不定时举办学术研讨会。2017 年改由该大学的川井博义教授主持，名称改为“田边元纪念哲学会求真会”。另一方面，2013 年由北海道大学田口茂教授发起的田边哲学研究会，正式开启新世代的田边哲学研究，研究会一年举办一次，至今已举办了五次。此外，1995 年于京都大学成立、藤田正胜教授主持的日本哲学史研究室，除了每年举办西田几多郎与田边元纪念演讲会外，还每半年举办日本哲学论坛，不定时邀请专家演讲田边元的哲学。

以上是笔者大略对田边元哲学研究及其动态的回顾和展望。在此借用藤田正胜教授的话来说，定义京都学派无论定义什么或怎么定义，都得思考一个问题，那便是该学派的整体思想在哲学上有何种建树或特殊意义？田边元哲学的研究亦是如此。相同地，今日我们若欲对某哲学家的哲学进行研究，就必须面对同样的问题。

参考文献

著作

艾伯克·布什（Eberhard Busch）:《巴特神学入门》，佐藤司郎译，东京：新教出版社，2009 年。

奥古斯丁:《忏悔录》，第 11 卷，徐玉芹译，台北：志文出版社，1985 年。

柏原佑泉:《近代大谷派的教团：明治以降宗政史》，京都：真宗大谷派宗务所，1986 年。

冰见洁:《田边哲学研究：从宗教哲学的观点》，东京：北树出版，1990 年。

朝仓友海:《“东亚没有哲学”吗？——京都学派与新儒家》，东京：岩波书店，2014 年。

大岛康正:《时代区分的成立根据》，京都：灯影舍，2001 年。

大桥良介:《日本式的东西、欧洲式的东西》，东京：新潮社，1992 年。

大桥良介:《西田哲学的世界》，东京：筑摩书房，1995 年。

大桥良介:《京都学派与日本海军》，京都：PHP 新书，2001 年。

大桥良介编:《京都学派的思想：种种图像与思想的潜在力》，京都：人文书院，2004 年。

大森庄藏:《大森庄藏著作集》，第1—10卷，东京：岩波书店，1998—1999年。

道元:《正法眼藏》，卷2，水野弥穗子校注，东京：岩波书店，1994年。

福田欢一编:《南原繁书简集》，东京：岩波书店，1987年。

傅伟勋:《道元》，台北：东大图书股份有限公司，1996年。

高坂正显:《高坂正显著作集》，第8卷，东京：理想社，1965年。

高濑武次郎:《易学讲话》，东京：弘道馆，1926年。

宫田光雄:《卡尔·巴特》，东京：岩波书店，2015年。

广松涉:《〈近代的超克〉论》，东京：讲谈社，1989年。

鬼界彰夫:《维特根斯坦是这样想的：哲学思考的全部轨迹1912—1951》，东京：讲谈社，2003年。

海德格尔:《康德与形而上学疑难》，王庆节译，上海：上海译文出版社，2011年。

海德格尔:《存在与时间》，陈嘉映、王庆节译，中文修订第2版，北京：商务印书馆，2015年。

海德格尔:《存在论（实际性的解释学）》，何卫平译，北京：商务印书馆，2016年。

河上彻太郎等:《近代的超克》，东京：富山房，1979年。

合田正人:《田边元与海德格尔：被封印的哲学》，京都：PHP新书，2013年。

和辻哲郎:《风土：人间学的考察》，东京：岩波书店，1935年。

和辻哲郎:《和辻哲郎全集》，第4卷，东京：岩波书店，1989年第3版。

和辻哲郎:《和辻哲郎全集》，第8卷，东京：岩波书店，1962年。

户坂润:《户坂润全集》，第3卷，东京：劲草书房，1966年。

加藤节:《南原繁：近代日本与知识人》，东京：岩波书店，1997年。

加藤节:《南原繁的思想世界：原理、时代、遗产》，东京：岩波书店，2016 年。

菅原润:《“近代的超克”再考》，东京：晃洋书局，2011 年。

杰米・霍巴德、保罗・史万森编:《修剪菩提树：批判佛教的风暴》，龚隽等译，上海：上海古籍出版社，2004 年。

九鬼周造:《九鬼周造全集》，第 3 卷，东京：岩波书店，1980 年。

久松真一:《久松真一著作集》，第 1 卷，东京：理想社，1969 年。

今村仁司编译:《清泽满之语录》，东京：岩波书店，2001 年。

金子大荣校注:《叹异抄》，东京：岩波书店，2000 年。

卡尔・巴特:《巴特选集 4　教会与国家Ⅰ：从“赤色牧师”、“辩证法神学”时代到反纳粹主义、教会斗争时代》，天野有编译，东京：新教出版社，2011 年。

卡尔・巴特:《教义学要纲》，井上良雄译，东京：新教出版社，1993 年。

莱因哈德・梅依（Reinhard May）:《海德格尔与东亚思想》，张志强译，北京：中国社会科学出版社，2003 年。

量义治:《宗教哲学入门》，东京：岩波书店，2008 年。

廖钦彬:《宗教哲学的救济论：后期田边哲学的研究》，台北：台湾大学出版中心，2018 年。

林镇国:《空性与现代性》，台北：立绪文化事业有限公司，1999 年。

林镇国:《辩证的行旅》，台北：立绪文化事业有限公司，2002 年。

林镇国:《空性与方法》，台北：政治大学出版社，2012 年。

铃木成高:《兰克与世界史学》，京都：弘文堂，1939 年。

岭秀树:《海德格尔与日本哲学：和辻哲郎、九鬼周造、田边元》，京都：密涅瓦书房，2002 年。

岭秀树:《西田哲学与田边哲学的对决：场所的逻辑与辩证法》，京都：密涅瓦书房，2012 年。

麻生义辉:《日本近世哲学史》，东京：书肆心水，2008 年。

木村清孝:《〈正法眼藏〉全卷解读》，东京：佼成出版社，2015 年。

末木文美士:《明治思想家论：近代日本的思想・再考 I 》，东京：トランスビュー，2004 年。

南原繁:《南原繁著作集》，第 1 卷，东京：岩波书店，1973 年。

南原繁:《南原繁著作集》，第 6 卷，东京：岩波书店，1973 年。

清泽满之:《清泽满之全集》，第 1—9 卷，东京：岩波书店，2002—2003 年。

三木清:《三木清全集》，第 3 卷，东京：岩波书店，1966 年。

森哲郎编:《世界史的理论：京都学派的历史哲学论考》，京都：灯影舍，2000 年。

实存思想协会编:《作为可能性的实存思想》，实存思想论集 XX，东京：理想社，2006 年。

辻口雄一郎:《正法眼藏的思想研究》，东京：北树出版，2012 年。

石田庆和:《日本的宗教哲学》，东京：创文社，1993 年。

石田瑞麿译:《亲鸾全集》，第 4 卷，东京：春秋社，1986 年。

松元史朗:《缘起与空：如来藏思想批判》，肖平、阳金萍译，北京：中国人民大学出版社，2006 年。

藤田正胜、安富信哉编:《清泽满之：其人与思想》，京都：法藏馆，2002 年。

藤田正胜编:《作为忏悔道的哲学》，东京：岩波书店，2010 年。

藤田正胜编:《种的逻辑》，东京：岩波书店，2010 年。

藤田正胜编:《死的哲学》，东京：岩波书店，2010 年。

藤田正胜编:《哲学的根本问题　数理的历史主义展开》，东京：岩波书店，2010 年。

田边元:《田边元全集》，第 1—15 卷，东京：筑摩书房，1972—1973 年第 2 版（1964 年初版）。

丸山真男、福田欢一编:《回想的南原繁》，东京：岩波书店，1975年。

王阳明:《王阳明全集》上册，北京：中央编译出版社，2014年。

务台理作:《务台理作著作集》，第4卷，东京：こぶし书房，2001年。

务台理作:《务台理作著作集》，第9卷，东京：こぶし书房，2002年。

吴言生编:《中国禅学》，第4卷，北京：中华书局，2006年。

西谷启治:《西谷启治著作集》，第8卷，东京：创文社，1986年。

西田几多郎:《西田几多郎全集》，第9卷，东京：岩波书店，1978年。

西田几多郎:《西田几多郎全集》，第11卷，东京：岩波书店，1978年。

西田几多郎:《西田几多郎全集》，第20卷，东京：岩波书店，2006年。

西田几多郎:《善的研究》，小坂国继全注释，东京：岩波书店，2006年。

小坂国继:《西田哲学的研究场所逻辑的生成与结构》，京都：密涅瓦书房，1991年。

小坂国继:《西田哲学与宗教》，东京：大东出版社，1994年。

小坂国继:《西田几多郎：其思想与现代》，京都：密涅瓦书房，1995年。

小坂国继:《明治哲学的研究》，东京：岩波书店，2013年。

小坂国继:《近代日本哲学中的西田哲学：比较思想的考察》，京都：密涅瓦书房，2016年。

小川侃编:《京都学派的遗产》，京都：晃洋书房，2008年。

萧萐父释义、星云大师总监修:《大乘起信论》，高雄：佛光文化事业有限公司，1996 年。

星野元丰等校注:《亲鸾》，东京：岩波书店，1971 年。

伊藤益:《爱与死的哲学：田边元》，东京：北树出版，2006 年。

野家启一编:《哲学的迷宫》，东京：产业图书，1984 年。

野矢茂树:《大森庄藏：哲学的范本》，东京：讲谈社，2007 年。

张文良:《“批判佛教”的批判》，北京：人民出版社，2013 年。

张祥龙:《家与孝：从中西间视野看》，北京：生活・读书・新知三联书店，2017 年。

竹村牧男:《西田几多郎与佛教：究明禅与真宗的根底》，东京：大东出版社，2002 年。

竹田笃司:《物语“京都学派”》，东京：中央公论社，2001 年。

竹田笃司、宇田健编:《田边元・野上弥生子往复书简》，东京：岩波书店，2002 年。

竹内好:《近代的超克》，东京：筑摩书房，1983 年。

子安宣邦:《何谓“近代的超克”》，东京：青土社，2008 年。

植村和秀:《关于对“日本”询问的斗争：京都学派与原理日本社》，京都：柏书房，2007 年。

中岛义道:《活生生的过去：大森庄藏的时间论及对其批判式的解读》，东京：河出书房，2014 年。

中央公论社编:《世界史的立场与日本》，东京：中央公论社，1943 年。

期刊・专书论文

冰见洁:《应现存在与方便存在：田边哲学国家观的暗示》，《人间存在论》，第 9 号，2003 年。

长谷正当:《田边哲学与亲鸾思想：“种的逻辑”的挫折及其从新立场的展开》，《日本的哲学》，第 12 号，京都：昭和堂，2011 年。

朝仓友海:《“存有—场所—论的”结构中之人格概念》，载蔡振丰、林永强、张政远编:《东亚传统与现代哲学中的自我与个人》，东亚文明研究丛书 100，台北：台湾大学出版中心，2015 年。

大岛康正:《大东亚战争与京都学派》,《中央公论社》，1965 年，8 月号。

渡部清:《迈向日本哲学研究的新开始：透过检证“西田哲学”的独特性之尝试》,《国际哲学研究》，第 3 号，2014 年。

合田正人:《“种的逻辑”的生成、变迁及其现代意义》,《日本的哲学》，第 8 号，京都：昭和堂，2007 年。

何燕生:《关于最近的道元研究》,《宗教研究》，82（4），日本宗教学会，2009 年。

何燕生:《中国语圈的道元踪迹》、《会议小组的宗旨与汇整》,《宗教研究》，83（4），日本宗教学会，2010 年。

吉田公平:《高濑武次郎年谱稿：东洋大学的汉学者们（其一）》,《井上圆了中心年报》，第 15 号，2006 年。

袴谷宪昭:《作为场所（topos）的真如：“场所的哲学”批判》,《驹泽大学佛教学部研究纪要》，第 47 号，1989 年。

廖钦彬:《〈作为忏悔道的哲学〉：关于战败前后的忏悔与三愿转入》,《哲学・思想论丛》，第 24 号，2006 年。

廖钦彬:《田边元净土真宗思想中的历史哲学：以三愿转入与三心释为中心》,《伦理学》，第 22 号，2006 年。

廖钦彬:《田边元的艺术论》,《比较思想研究》，第 34 号，2007 年。

廖钦彬:《田边元的“种的逻辑”及其挫折》,《求真》，第 15 号，2008 年。

廖钦彬:《田边元的国家论》,《求真》，第 17 号，2010 年。

廖钦彬:《对京都学派宗教哲学的考察：关于西田哲学与田边哲学的“逆对应”》，载藤田正胜编:《〈善的研究〉的百年：从世界到世界》，京都：京都大学学术出版会，2011 年。

廖钦彬：《清泽满之的宗教哲学：自我、世界、无限》，《揭谛》，第 20 号，2011 年。

廖钦彬：《宗教实践与“偶然”：以后期田边哲学为中心》，《比较思想研究》，第 37 号，2011 年。

廖钦彬：《后期田边哲学的“偶然性”问题：以《作为忏悔道的哲学》为中心》，《哲学・思想论丛》，第 29 号，2011 年。

廖钦彬：《两个关于世界史的哲学论述：京都学派与柄谷行人》，《现代哲学》，第 3 期，2016 年。

廖钦彬：《〈起信论〉与京都学派：回应“批判佛教”的批判》，载东京大学哲学研究中心编：《UTCP-Uehiro Booklet APF Series 4〈大乘起信论〉与主体性：近代东亚哲学的形成及论争》，vol. 14，东京大学哲学研究中心（UTCP），2017 年。

林晋：《作为“数理哲学”的种的逻辑：田边哲学文本的生成研究之尝试（1）》，《日本哲学史研究》，第 7 号，2010 年。

林镇国：《朝向多元对话的汉语世界》，《当代》，第 229 期，2006 年 9 月。

岭秀树：《日本接受海德格的一个侧面：以西田的海德格批判为线索》，《日本的哲学》，京都：昭和堂，2015 年。

岭秀树：《西田几多郎与海德格尔相遇的场所》，《哲学研究》，第 10 期，2018 年。

芦名定道：《南原繁的政治哲学及其范围》，《日本哲学史研究》，第 13 号，2016 年。

末木文美士：《“死者”的发现：关于田边元的“死的哲学”》，《日本的哲学》，第 6 号，京都：昭和堂，2005 年。

末木文美士：《他者・死者与场所：西田、田边的哲学与现代》，《日本的哲学》，第 16 号，京都：昭和堂，2015 年。

木村里奈:《卡尔·巴特〈罗马书〉中的“神认识”:第一版和第二版的比较研究》,《ICU 比较研究》,第 46 号,2014 年。

杉本耕一:《关于田边元的道元解释:重新思考京都学派的禅哲学》,《求真》,第 15 号,2008 年。

杉本耕一:《战争期京都学派的宗教哲学与时局性发言:以西谷启治为中心》,《求真》,第 16 号,2009 年。

杉本耕一:《道元的“行”与田边元的“行为”》,《伦理学年报》,第 60 号,2011 年。

辻口雄一郎:《田边哲学与道元禅》,《比较思想研究》,第 18 号,1991 年。

上原麻有子:《田边元的象征与哲学:超越瓦勒里的诗学》,《日本的哲学》,第 15 号,京都:昭和堂,2014 年。

松本史朗:《如来藏思想与本觉思想》,《驹泽大学佛教学部研究纪要》,第 63 号,2005 年。

松本史朗:《京都学派的佛教理解:批判性的考察》,《驹泽大学佛教学部论集》,第 45 号,2014 年。

藤田正胜:《何谓京都学派:从近年的研究谈起》,《日本思想史学》,第 41 号,2009 年。

藤田正胜:《“种的逻辑”是如何成立的?:前往田边哲学成立的道路》,《思想》,第 1093 号,2015 年。

田边元:《忏悔道:Metanoetik》,《求真》,第 15 号,2008 年。

田口茂:《关于时间的逆流:田边哲学中时间的媒介构造》,《日本的哲学》,第 16 号,2015 年。

小林敏明:《逻各斯与反逻各斯》,《思想》,第 1053 号,2012 年。

岩波书店编:《思想　田边元的思想:迎接逝世五十周年》,第 1053 号,2012 年。

伊藤益:《被改变的过去：大岛哲学与田边哲学》,《求真》，第 14 号，2007 年。

佐野之人:《何谓忏悔：田边哲学的根本问题》,《东亚大学纪要》，第 6 号，2006 年。

后记

田边哲学乃至日本哲学在汉语圈或者在欧美地区以何种方式被阅读，都会牵引着笔者今后研究日本哲学的方向与价值。若此种说法能成立的话，本书在某种程度上可说已处于将田边哲学推向普及的道路当中。笔者长期致力于向汉语圈的学界介绍田边哲学的同时始终抱持着一个不变的想法，那就是该哲学究竟能在当代的社会里带来何种生产性的议题及对话的问题意识。笔者希望在今后的研究生涯中能继续秉持这个想法，并虚心接受各方学者的批评与指正。本书十二章内容为下揭发表文章的修改、增补版，不尽相同。

1.《田边元的宗教哲学》,《台湾政治大学哲学学报》第 31 期，2014 年 7 月（THCI Core）。

2.《近代日本宗教哲学的开展：从清泽满之、西田几多郎到田边元》,《台湾东亚文明研究学刊》第 9 卷第 2 期，2012 年 12 月（THCI Core）。

3.《〈起信论〉与京都学派：回应“批判佛教”的批判》,《UTCP-Uehiro Booklet APF Series 4〈大乘起信论〉与主体性：近代东亚哲学的形成及论争》，vol. 14，东京大学哲学研究中心（UTCP），2017 年 3 月。（日文）

4.《战时田边元的历史观：宗教与国家的葛藤》,《当代》第 233

期，2007 年 4 月。

5.《战后京都学派的历史哲学与“近代超克”：以田边元与大岛康正为中心》,《台湾东亚文明研究学刊》第 8 卷第 1 期，2011 年 6 月（THCI Core）。

6.《田边元的历史哲学：和大森庄藏的时间论之比较》,《立命馆大学人文科学研究纪要》2018 年 3 月。（日文）

7.《日本战时下的国家主义与反国家主义：以田边元的社会哲学与南原繁的政治哲学为例》,《哲学与文化》第 40 卷第 2 期，2013 年 2 月（AHCI）。

8.《田边元与卡尔·巴特的辩证法：“种的逻辑”的转向及其问题点》,《学术研究》2018 年第 9 期（CSSCI）。

9.《京都学派与现象学：以田边元的哲学为例》,《现代哲学》2017 年第 4 期（CSSCI）。

10.《田边元〈易经〉存在论与“种的逻辑”之关联》,《台湾东亚文明研究学刊》第 13 卷第 2 期，2016 年 12 月（THCI Core）。（日文）

11.《东亚脉络下的实存哲学发展：日本哲学与洪耀勋之间》,《台湾东亚文明研究学刊》第 12 卷第 1 期，2015 年 6 月（THCI Core）。（日文）

12.《田边元的海德格尔批判与道元的现代诠释：实存哲学与现实哲学》,《哲学研究》2018 年第 10 期（CSSCI）。

笔者在此首先要感谢中山大学及哲学系对在科研工作与研究经费上对我的大力支持。接着，要感谢的是同系外国哲学部门的倪梁康教授、方向红教授、朱刚教授、张伟教授、梅谦立教授，杨玉昌、江璐副教授等师长与同仁。我的学术研究生涯及本书的研究成果，若没有这些教授在人生与学术上的鼓励与帮助，是不可能持续与问世的。除了中山大学的师长与同仁外，我还要感谢京都大学藤田正胜名誉教授在研究方向上的指导与研究资料上的无私提供，感谢台湾大学人文社会高等研究院原院长黄俊杰，台湾大学中文系蔡振丰教授，台湾大学日语系原教授徐兴庆，台湾政治大学哲学系林镇国教授，台湾“中研院”中国文哲研究所李明辉研究员、林月惠研究员、陈玮芬研究员、黄冠闵研究员，台湾清华大学哲学研究所黄文宏教授，台湾师范大学张昆将教授、藤井伦明教授的提携与照顾以及中国社会科学院哲学研究所王青研究员与龚颖研究员、厦门大学日语系吴光辉教授、日本独协大学林永强副教授、香港中文大学张政远讲师在日本哲学的推动工作上给予我的指引与关怀。

最后要感谢我的双亲，以及一路从台湾陪我到广州中山大学教书、研究，并在背后不断支持与鼓励我的家人家瑜和信宇。

本书谨献给所有爱护我的师友与家人。

2017 年 6 月 13 日
10 月 4 日修改
2019 年 3 月 13 日再修改
廖钦彬
于中山大学锡昌堂